미술치료

ART THERAPY

미술 치료

천은영·김경신·김 영 공저

동문사

PREFACE
머 리 말

요즘 우리 사회는 급격한 사회구조 변화, 가족형태의 분화, 물질주의와 개인주의로 인한 가치관의 급격한 변화 속에서 여러 부적응의 문제가 다양한 사회적 문제로 야기되고 있다.

사회 적응 문제를 다룬 연구에 따르면 이와 같은 청소년 및 성인기의 정서장애, 부적응의 원인이 유아기의 또래 관계 및 사회적 적응과 밀접하게 연관되고 있고 정상적으로 발달하는 유아라 할지라도 일시적인 정신장애나 행동상의 문제가 생길 수 있음을 말하고 있다.

유아기는 가정을 벗어나 사회적 환경이 점차 넓어지는 시기로 유아교육기관의 입학 또는 초등학교를 다니기 위한 준비(학령전기)로 환경의 변화와 함께 심리적으로 불안정해진다. 그리고 친구를 선택하게 되면서 또래집단의 생성과 탈 중심화가 이루어지고 사회성이 발달하게 된다. 그러나 이 시기 유아의 육체와 인지 발달은 미성숙한 시기에 놓여 있어 자기의 감정을 언어로 표현하는데 어려움이 있다. 유아의 시기적 특징과 환경적인 요인으로 인해 불안, 우울, 긴장과 같은 불안정한 심리는 외현적으로 표현되기보다는 내면적 상태로 잠재되어 있어, 타인에 대한 난폭한 행동, 규칙위반, 권위에 대한 저항 등의 행동적 문제들로 나타날 수 있다. 또한 이런 행동을 하는 유아들은 주위의 비난과 지적으로 자아존중감이 낮아지고 위축, 고립감 등을 느끼게 되어 문제행동들과 부적응 행동들이 나타나게 된다.

따라서 미술치료는 언어로 자신의 내면세계를 표현하는 능력이 떨어지는 불안·위축 아동들에게 비언어적으로 접근하게 되므로 거부감이 감소되어 편안함을 줄 수 있다. 또한 그 자체의 정화기능으로 인하여 아동들의 내면화된 감정을 승화시키는데 도움을 주며, 결과물이 있어서 작품의 변화를 검토하고 아동들 또한 자기의 변화를 알 수 있게 도와준다. 창조적 작업과정 안에서 아동은 흥미와 즐거움을 느끼게 되고 창조적 에너지로 인해 체내의 에너지 변화를 조절할 수 있게 된다.

미술치료는 아동의 잠재된 내면의 억압된 감정을 미술활동을 통해 표현을 자유롭게

하며 김장감이나 불안, 위축을 완화시켜 흥미와 자발적인 창작활동을 촉진시킨다. 그리고 정서 안정을 통해 긍정적인 자신의 세계를 구축하여 정상적인 사회구성원으로써 그 책임을 다할 수 있도록 하는데 적절한 활동이라고 말할 수 있다.

본서는 제1장에서 제7장으로 이루어졌으며 제 1장은 미술치료의 역사, 개념, 이론, 장점과 미술치료에서의 매체사용에 대해 다루었고, 제 2장에서는 미술치료의 기법으로 가장 많이 활용되고 있는 1) 난화기법, 2) 신체 본뜨기, 3) 9분할 통합 회화법, 4) 빗속의 사람, 5) 나의 꽃 그리기, 6) 만다라, 7) 콜라주 기법, 8) 풍경화 기법, 9) 동그라미 중심 가족화, 10) 동적 가족화, 11) 동적 학교화 기법을 소개하였다.

제 3장과 제 4장에서는 인물화를 통한 심리진단 검사인 HTP를 다루었다. 제 5장에서는 동적인 요소를 가미함으로써 내담자의 역동적 심리상태를 파악하는 방법을 소개하였고 제 6장에서는 색채에 의한 성격진단으로 구성되었다. 제 7장과 부록에서는 대상별 미술치료와 미술치료의 사례 등 본문에서 소개된 사례 외의 것을 소개하였다.

이처럼 한 장의 표현으로, 혹은 여러 미술치료 기법의 그림 속에서 내담자가 자신의 내면세계를 표출해준다면 상담자는 내담자와 보다 쉽게 가까워질 수 있고 내담자의 생각이나 행동을 예측할 수 있을 것이다. 이에 본 서는 교육현장에서 경험했던 다양한 미술치료 이론과 실제를 바탕으로 구성하였다.

부족하나마 이 책이 유아 및 아동, 청소년 더 나아가 심리적 갈등과 문제를 겪고 있는 내담자에게 도움을 주는 교육자나 미술치료 상담가들에게 많이 활용되기를 기대하며, 아울러 부모님이 자녀를 지도할 때 하나의 지침서로서의 도움을 줄 수 있기를 기대한다.

끝으로, 본 서가 출판되기까지 미술치료 실제에 도움을 주신 서해대학교 아동복지과 학생들과 동문사 사장님, 팀장님을 비롯한 편집위원 여러분께 진심으로 감사를 드린다.

저자 일동

CONTENTS
차 례

CHAPTER 07 대상별 미술치료 _ 217

부 록

01 미술치료

01 미술치료의 역사

미술은 인류가 처음 시작된 이래 동굴벽화를 시초로 발달해온 인류문화의 한 부분이다. 우리 조상들은 자신의 생활, 소망을 미술활동으로 표현하고 미래에 대한 두려움이나 공포로부터 자신을 보호하기 위한 목적으로 미술 작품을 창조해왔고 이는 알타미라 동굴 벽화나 기원전 2,500년경 생산의 여신 조각상 등의 예에서 찾아볼 수 있다. 이렇듯 미술은 태초부터 인류와 함께 해오면서 인간의 문화적, 사회적, 인격적인 발달과정을 함께 담아왔으며 비언어적인 매체로 시대와 문화를 초월하여 의미를 전달하며 내적인 경험을 나타내는 강력하고 효과적인 의사소통 양식으로 사용되어 왔다.

이러한 미술활동은 인간 개인이 처한 삶의 어려운 상황을 표출하고 받아들일 수 있는 자세, 즉 삶에 대한 용기와 의지를 키우는 데 기여하며 자기 동일화의 경험을 하게 한다. 이러한 경험은 곧 자기 치료의 효과도 가지게 하는데 이를 통해 임상차원의 치료적 접근이 시도되었다.

미술치료의 기원은 나라마다 다르나, 19세기 초반, 독일의 정신병원 의사들이 미술활동을 작업치료라는 관점의 한 부분으로 환자치료에 미치는 예술적-정서적 효과를 받아들이면서부터 시작되었다고 할 수 있다(Domma, 1990).

이를 토대로 유럽에서는 프랑스와 이탈리아 등의 정신과 의사 및 법의학자인 따르디유(Tardieu, 1872), 시몽(Simon, 1876) 등이 정신병자들의 그림에 대한 글을 기고하였고, 독일의 정신과 의사였던 프린츠호른(Prinzhorn)은 3년 동안 정신병원의 환자들이 그린 5,000여장의 그림과 소묘, 콜라주 등을 수집해서 1922년『정신병자들의 그림』이라는 책을 출판하여 미술활동이 환자의 심리에 접근하는 데 중요한 의미가 있음을 제시하였다.

또한 정신분석가인 로르샤흐(Rorschach)나 안나 프로이트(Anna Freud), 융(Jung) 등도 환자들의 그림을 분석하여 치료에 적용하였다.

1907년 이래 미국에서도, 정신과 병동의 환자들을 대상으로 미술치료를 실시하였고 1940년 초반부터 유럽의 정신과 의사들에 의해 미술표현에 대한 정신 병리학적 작업이 활발하게 진행되었다. 이중 대표적인 학자로 정신분석이론에 근거한 나움버그(Naumburg)와 크레이머(Kramer)가 있다.

이중 나움버그는 치료를 중시하는 입장으로 환자들이 심리치료에서 주로 하는 언어적 형태를 발전시킨 미술 표현, 즉 무의식에서 표현된 상징적 내용과 그림 과정과 그림과의 대화를 중요시하였다. 반면 크레이머는 미술치료에서 미술의 입장과 미술 교육적 관점을 중시하였고 프로이트의 승화이론에 입각하여 미술을 방어기제를 분출하여 승화로 이끄는 지름길로 여겼다.

이외에도 미술치료를 대학과정에 도입한 레빅(Levick)과 로빈슨(Robbins), 랜드가르텐(Landgarten) 등이 50년대와 60년대를 거쳐 미술치료의 발전을 이끌어 왔으며 1970년대에는 미술치료가 정신분석적 측면, 마약 중독 청소년, 노인과 성인 교육에 적용되어 1976년에 쇼텐로어(Schottenloher)가 뮌헨의 미술아카데미에 미술치료 강좌를 개설한 이래 지금까지 미술치료에 지도적 입장에 있다.

영국에서는 미술가 힐(Hill)이 2차 세계대전 중에 군 요양소에서 환자로 있으면서 무료함과 스트레스를 극복하기 위해 그림을 그리기 시작하다가, 그의 환자들도 합세하여 그림을 통해 자신들의 병에 대한 고통과 불안과 죽음을 표현하기 시작하였다. 그 후 힐은 미술의 치료적 역할을 사회에 알리기 시작하였고, 이러한 노력으로 1946년 영국의 국립 정신과 병원에서 최초로 정식 미술치료사로 인정받게 되었으며 그 이후로 미술치료사들의 배출이 이루어졌다(Waller, 1986).

우리나라에서도 오래전부터 정신병원에서 미술을 환자치료에 적용하였지만 본격적으로 소개된 것은 1990년대 이후이다. 1992년 11월에 한국미술치료학회가 창립되어, 미술치료프로그램 연구 및 학술 연구뿐 아니라 60차례 이상의 임상전문가들을 위한 연수나 세미나, 국제 학술 대회 등이 개최되고 있다. 그 결과 현재 사회복지 기관이나, 장애인 복지관, 아동 상담소, 노인 복지관, 병원 등에서 많은 미술 치료사들이 활동하고 있다.

이러한 발전에도 불구하고 우리나라는 미술치료에 대한 학문적 접근의 미비점과 미술치료에 대한 정보 부족, 아직 체계가 서지 않은 미술치료사 양성 등의 문제점을 내포하고 있다. 그러나 많은 임상에서 미술치료가 활발히 이루어지고 있고, 대학원에서 미술치료학과가 개설되어 미술치료의 학문적, 임상적 연구가 구체적이고 심층적으로 이루어질 것으로 기대된다.

02 미술치료의 개념

미술치료는 새로운 학문이라기보다는 미술, 미술사, 인류학, 심리학, 정신의학과 같은 여러 분야의 이론들이 결합되어 형성된 것이다.

미술치료는 심신의 어려움을 겪고 있는 사람들을 대상으로 하여 그들의 미술작업, 즉 기법이나 매체를 활용한 미술활동을 통해서 심리를 진단하고 치료하는 데 목적이 있다.

최근 의학계나 심리학계 분야는 언어로써 표현하지 못하는 인간의 감정을 이해하기 위한 대체적 수단으로 시각적 심상의 역할과 중요성에 주목하고 있다. 미술치료는 비언어적 표현방법인 미술작업을 통하여 인간 심리를 진단하고 개인의 문제를 해결하면서 원천적인 내적 갈등의 원인을 이해할 수 있는 중요한 표현수단으로 간주된다.

미술치료는 상담 과정 중에 내담자의 상태를 관찰해 가며 여러 가지 미술창작활동(그림, 조소, 디자인, 서예 등 미술 전 영역 포함)을 제시하여 내담자의 마음을 정확하게 읽고 내담자의 마음이 진정되게 하여 내담자 스스로 자신의 마음을 알고 문제를 느끼도록 돌보아 주는 것이다. 즉, 내담자들의 객관적이고 의식적인 서술만으로는 파악하기 어려운 무의식의 세계를 탐구해 가는 효과적인 치료기법이다.

이러한 미술치료에 대해 관심을 갖고 연구해온 많은 사람들이나 치료의 경험을 가진 사람들은 미술치료의 입장에 대해 다른 측면의 논쟁을 하는데 이중 대표적인 학자는 나움버그와 크레이머, 울만 등이 있다.

1) 나움버그: 치료에서의 미술치료(Naumburg: Art in Therapy)

나움버그는 초기에는 미술 교육자로 활동하였고 후기에는 정신분석학을 공부하여 왈던(Walden)의 정신분석적 원리를 토대로 특수 미술교육기관을 설립하였다.

나움버그는 자신의 자유로운 표현(꿈이나 환상을 그림으로 그리는 작업)을 통하여 자유로움을 느끼게 되며, 창작활동을 통해서 무의식을 의식화하게 되고 상징을 발견하는 것이 치료적이라는 것을 알게 되었다. 그리고 자기가 설립한 학교의 모든 교사들에게 교육 분석을 받게 하였으며, 어린이들이 자유롭게 그림을 표현할 수 있게 교사들이 지도하도록 권유하였다.

나움버그는 프로이트(Freud)의 정신분석 이론뿐만 아니라 융(Jung) 학파의 우주적인 상징개발의 치료성과 집단무의식의 치료적 현상 등에 관심을 가졌으며 설리반(Sullivan) 등 창작활동에 관계되는 분야의 학자들과 연대감을 가지고 자신의 성장을 위해 많은 노력을 했다.

나움버그는 치료자와 환자 사이의 치료적 관계 형성, 전이와 역전이의 해결, 자유연상, 자발적 그림의 표현과 해석, 그림의 상징성 등을 중시하였다.
그리고 그림은 그린 사람 고유의 표현으로서 어떤 공식이나 원칙에 따라서 분석할 수 없다고 하였으며, 그림 해석을 프로이드의 꿈의 분석과 같은 다원적인 분석에 비유하였다.

학자들은 나움버그의 이론을 심리치료 과정에서 그림을 매체로서 이용하는 '치료에서의 미술치료(Art in Therapy)'로 구분하였다.

나움버그는 정신분석 지향적 미술치료에 있어서 미술의 장점을 다음과 같이 주장하였다.

첫째, 말보다는 그림으로써 자신에게 일어나는 내적 욕망이나 꿈, 환상을 직접적으로 표현하도록 한다.

둘째, 무의식을 그림으로 투사하면 언어적 표현보다는 검열 기능을 약화시키기 때문에 치료과정이 촉진된다.

셋째, 그림으로 나타난 것은 영속성이 있어서 내용 자체가 망각에 의해 지워지지 않으며 그 내용을 부정하기 힘들다.

넷째, 전이문제가 더 쉽게 해결된다. 즉 환자의 자율성은 자신의 그림을 해석할 수 있는 능력에 의해 고무된다.

2) 크레이머: 치료로서의 미술(Kramer: Art of Therapy) - 창조와 자아성장

나움버그의 뒤를 이어 1950년대 크레이머(Kramer)는 'Art of Therapy'를 도입하여 '치료로서의 미술'로 자신의 억압된 충동에 접근하면서 자신이 겪고 있는 갈등을 재 경험하고, 자기 훈련을 통해 갈등을 해결하고 통합하는 것으로 보았다.

아동미술치료에 많은 연구를 했던 크레이머는 그림의 치료적 속성은 그림에 대한 환자의 연상을 통하여 자기표현과 승화작용을 함으로써 자아가 성숙하는데 있다고 보았다. 즉 미술작업을 통하여 환자 자신의 파괴적, 반사회적 에너지를 분출함으로써 그것을 감소시키거나 전환시킨다고 보았으며 환자는 미술작업 과정에서 자신의 원시적 충동이나 환상에 접근하면서 그 갈등을 해결하고 통합한다고 주장하였다. 그래서 치료자의 역할을 환자가 만든 작품을 해석하는 것이 아니라 승화와 통합과정을 도와주는 것이라고 하였으며 미술작품을 만드는 과정 자체가 심리치료라고 표현하였다.

크레이머는 미술치료를 다음과 같이 정의하였다. "미술은 인간 경험과 동일한 것을 창조함으로써 인간경험의 영역을 확장시키는 수단이다." 이러한 등가성을 통해서 예술가는 자신이 경험하고자 하는 것을 선택, 반복할 수 있고, 긴 역사를 통해서 미술은 인간의 본능적인 충동과 사회적 요구간의 갈등을 해소하도록 도움을 주었다. 그러나 초자아와 원초아의 상반된 욕구는 영원히 해결하기 어려운 것이며 미술치료자들은 성격이 혼란된 사람들에게 유용한 창조적 경험을 가능하게 하고 치료사들은 예술적 창의성의 내적 법칙에 비교되는 방법들을 사용해야 한다고 보았다.

3) 울만: 통합적 입장(Ulman: Therapy and Creativity) - 치료와 창조

울만(Ulman)은 크레이머와 거의 같은 시기에 미술 치료 분야에 관심을 가졌다. 미술작가로 활동해온 울만은 1950년대 초반 정신병원에서 미술교사로서 일을 시작했고 크레이머가 지은 '어린이들의 공동체에 있어서 미술 치료(Art Therapy in a Children's Community)'라는 책을 읽고, 정신분석과 미술적 통찰 사이의 미묘한 관계를 실감하였으며, 미술교사 혹은 미술치료사는 관계있다는 불분명한 그의 느낌에 이론적 지지를 받았다.

이러한 생각은 울만이 정신분석적 방법으로 환자들을 치료할 때, 많은 환자들이 그들의 그림에 내포된 상징적 내용을 말로써 전환하지 않는 것에서 발견하였다. 즉, 그림에서만 제공할 수 있는 그들의 작업으로부터 무언가 가치 있는 어떤 것을 얻은 것이 아닌가 하는 생각을 하면서부터였다. 이에 울만은 1961년 '미술심리치료'와 '치료로서의 미술'이란 용어를 다 포함하는 정의를 내리려는 노력을 하였다.

즉, 울만은 나움버그와 크레이머의 정신역동 지향적 미술치료를 통합하면서 쟁점 부분에 관해서는 융통성을 부여하고 있다고 볼 수 있다. 울만은 환자의 작품이 예술이냐 아니냐를 논하는 것보다는, 대상에 따라서 상동적인 표현이나 강박적 표현도 허용되어야 한다고 했다. 다시 말하면 때로는 예술적 성취감을 중시해야 하며, 미술치료는 치료적 측면과 창조적 측면을 모두 내포하고 있다는 것이다.

즉 미술치료란 다양한 미술활동을 통해 심리 내적 갈등을 해결하여 증상을 치유하고, 인격의 통합을 이루어 나가며, 더 나아가 개인적인 성장과 내적발달을 촉진하는 심리치료라고 할 수 있다.

03 미술치료의 이론

미술치료의 이론은 다양한 관점에서 출발하고 있으나 서로 영향을 주거나 보완하는 형태로 치료적 방법이나 기법 면에서 많은 공통점을 가지고 있다.

오늘날의 미술치료 이론은 크게 정신 분석적 미술치료, 융 학파의 미술치료, 현상학적인 미술치료, 게슈탈트 미술치료, 인간중심 미술치료, 행동적 · 인지적 · 발달적 미술치료로 나누어 볼 수 있다.

1) 정신분석적 미술치료

정신분석적 미술치료의 창시자는 프로이트(Freud)로, 자유연상법이나 꿈의 해석, 저항과 전이의 분석과 해석 등을 기법으로 사용한다. 특히 자유연상이나 꿈의 내용을 전달하는 데 있어서 그림이나 창조적 매체를 통해서 표현하도록 한다. 프로이트는 꿈의 이미지가 많은 의미를 가지는 중요한 것이라고 여기며, 꿈에서 나타난 상징은 의식세계에서 거부되고 억제된 본능현실로서 꿈을 꾼 사람의 성(性)적 욕구를 상징적으로 표현한다고 보았다.

프로이트에 의하면 내담자의 꿈에 나타나는 상징들은 내담자의 억제된 무의식적 본능을 대리적으로 표출한 것이다. 프로이트와 그의 딸 안나 프로이트는 이러한 상징의 이면에 내담자가 자신에게 새롭게 집중화하려는 시도가 있다고 보았다. 하지만 프로이트 자신은 정신분석에서 내담자에게 그림을 그리도록 시도하지 않았으나, 안나 프로이트는 내담자들의 그림 작업을 정신분석에 적용하여 사용하였다.

정신분석학적 입장인 미술치료사들은 내담자들의 꿈이나 무의식의 내용을 내포하는 백일몽, 판타지, 갈등과 유년의 기억들을 그림으로 표현하게 하며, 그림에 나타난 상징성에 대한 해석을 하고 이러한 해석은 프로이트의 상징해석에 의

거한다. 그렇지만 그의 해석이 모든 문화에서 반드시 동일하고 보편적인 것은 아니기 때문에 다른 해석이 있을 수 있다는 것을 기억해야 한다. 무엇보다 미술치료사들은 미술활동과정과 미술을 통한 의사소통을 통해 내담자가 보이는 방어기제를 완화시켜주고, 미술 작업을 통해 퇴행을 다양하게 표출하도록 도와주어야 한다.

아동의 경우는 성인에 비해 자유연상의 준비성이 부족하고, 그림을 사용하는 것이 언어로 표현하는 것보다 의사소통을 쉽게 해주며, 성인의 경우에도 난화나 핑거페인팅 등을 그려 자유연상을 하게 하거나 연상되는 것을 그리게 하는 방법을 적용하기도 한다.

정신분석적 미술치료는 내담자가 표현한 작품의 소재를 분석하여 미술을 상징적 언어의 형태로 보고 자유롭게 자신을 표현케 한다. 즉 상징과 전이를 매우 중시하여 융의 집단 무의식개념과 대상관계이론도 치료이론에 통합하고 있다.

이들의 이론적 모형은 인간의 마음을 지층에 비유한 지형학적 이론과 인간의 마음을 움직이는 힘의 종류와 특성을 나눈 구조적 이론, 인식의 수준(무의식, 전의식, 의식)에서 마음을 움직이는 힘의 요소들(원초아, 자아, 초자아) 간의 역학관계를 설명하는 역동적 이론으로 나누어 설명하고 있다.

주로 사용하는 치료 기법으로는 꿈의 분석, 자유연상, 해석, 저항의 분석과 해석, 전이의 분석과 해석 등이 있다.

방어기제

자아가 위협받는 상황에서, 무의식적으로 자신을 속이거나 상황을 다르게 해석하여, 감정적 상처로부터 자신을 보호하는 심리 의식이나 행위를 가리킨다.

① **거부(Denial)**: 가장 일반적인 방어기제 중의 하나로 고통스럽거나 위협적인 상황을 부인해 버리는 것을 말한다. 예를 들면, 죽을병에 걸린 사람이 불안, 초조한 태도를 보이다 돌변하여 평온하게 일상생활을 하는 것 등을 말한다.

② **억압(Repression)**: 고통스런 감정이나 경험을 봉쇄하기 위해 사용하며, 망각은 그 한 형태로 표현된다. 가장 대표적인 예는 기억상실증으로, 많은 심리학자들이 이러한 억압을 일반적인 의식수준에서는 도저히 표현하기가 어려운 충동과 싸움을 하고 있는 신호로 해석한다.

③ **주지화(Intellectualization)**: 어떤 문제로부터 위협을 받고 있다는 사실을 알고 있을 때, 그러한 문제들에 대해 분석하고 지성적으로 다루는 척 하면서, 사실은 그 문제에서 벗어나려는 거부(Denial) 기제를 말한다. 예를 들면 지하철 걸인들은 자신의 처지 문제를 논하기보다는 국가정책이나 국제정세에 대해서 논하는 경우가 이에 해당한다.

④ **반동형성(Reaction Formation)**: 자기가 실제로 가지고 있는 감정과 정 반대되는 감정을 나타내는 것으로 거부(Denial) 기제가 행동으로 나타나는 것을 말한다. 예로는 유별나게 자신의 경쟁자를 칭찬하는 사람은, 실은 상대방의 성공에 대한 적개심을 숨기기 위한 과장된 행동일 수 있다. 자신의 본심과 다르게 과장된 행동을 하는 것을 말한다.

⑤ **전위(Displacement)**: 어떤 대상에 대한 만족되지 않은 욕구를, 대상을 바꿈으로써 만족하려는 방어기제로 자신이 직접적으로 방어할 수 없는 상황에서 사용하게 된다. 예를 들면 아이를 갖고 싶으나 갖지 못하는 사람이 개나 고양이를 지나치게 좋아하는 경우이다.

⑥ **승화(Sublimination)**: 원래의 욕구나 충동을 보다 사회적으로 용납될 수 있는 형태로 전환시킴으로 해서 만족을 얻고자 하는 방어기제이다. 예를 들면, 아버지에 대한 적개심이 강한 사람이 그 욕구를 권투선수가 됨으로써 승화 방어 기제를 표현한다.

⑦ **투사(Projection)**: 자신이 원하지 않는 감정이나 갈등을, 다른 사람이나 대상에게 귀인시킴으로써 주변의 갈등 원인을 없애려 하는 방어기제이다. 예를 들면 '일이 잘못된 건 다 당신 때문이야'라고 하면서, 문제를 성격적 결함이나 다른 사람의 책임으로 돌리는 경우이다. 투사는 감정의 주체가 바뀌게 되어 문제의 핵심을 벗어나려는 방법이다.

⑧ **동일시(Identification)**: 투사는 자신의 바람직하지 못한 특성을 다른 사람에게 전가시키는 데 반해 동일시는 무능력에 대한 감정을 피하기 위해 다른 사람이 갖고 있는 바람직한 점을 자신에게 끌어들이는 것을 말한다. 예로는 자식이 승진하면 마치 부모자신이 승진한 것처럼 느끼는 것이다. 이 동일시 기제는 정상적인 성장과정의 일부이며 특히 청소년이나, 지식의 성장을 위해서는 전략적으로 이용하는 것이 자신의 성장에 도움이 될 수 있다.

⑨ **퇴행(Regression)**: 심한 스트레스 상황에 처해 있는 사람들이 어렸을 때의 유치한 행동이나 원시적인 방어 행동으로 돌아가는 것을 말한다. 성인들은 무력감을 감내할 수 없을 때 퇴행적인 행동을 취한다. 즉, 좀 더 어린아이처럼 행동하면 무력감이나 의존성을 쉽게 참을 수 있다.

2) 융 학파 미술치료

융(Jung)은 자신의 개인적 경험을 통해, 그림이 주는 치유력을 스스로 체험하였고, 인간에게는 자신의 내면적 심상인 상징과 꿈을 통하여, 일상적 의식의 세계가 아닌 다른 깊은 곳에 성장의 의지가 존재한다는 것을 증명하려 하였다(Jung, 1964). 그는 무의식으로부터 나온 심상을 그려내고 채색하는 데 중요한 역할을 했던 능동적 심상화(Active Imagination) 기법에 대해서 많이 논의하였으며 내담자의 그림은 종합적으로 해석되어야 한다고 지적하고 그림을 지적, 감정적으로 이해해야 한다고 했다.

융의 분석적 미술치료는 프로이트와 달리 인간의 심상을 임상적 자료로 사용하기보다는 내담자의 개인적 요소와 원형적 요소를 종합하는 방식으로 내담자와 치료자간의 상호통찰과 이해의 자료로서 사용하였다.

융의 분석 심리학을 이론적 근거로 삼은 미술 치료사들은 모든 그림의 표현에 나타나는 원형적 형상을 재구성하는 것, 즉 '원형'과 '근원적 상징'을 재구성하는 것을 중요한 것으로 보고, 즉흥적인 판타지, 능동적 상상 및 꿈이나 꿈의 시리즈를 그림으로 그리는 과정을 중요시한다. 또한 융은 자신의 체험을 통해 만다라 그리기의 치유적 의미를 발전시켜 만다라의 상징의미를 심리분석에 적용하였다(정여주, 2001).

따라서 미술치료의 목표는 미술을 증진시키는 데 있는 것이 아니라 미술이라는 매체를 통해서 숨겨진 자원(근원)을 찾고 이해와 성장과 변형을 증진하고자 하는 데 있다.

원형

집단무의식의 소인으로 인간들이 삶을 영위해 가면서 형성해온 수없이 많은 원초적 이미지를 일컫는다.

① **페르소나(Persona)**: 페르소나는 인간이 사회의 인습과 전통의 요청과 그 자신의 내적 원형의 요구에 부응해서 채택한 가면으로, 이것은 사회가 그에게 부과하는 역할이며 사회가 인간에게 생활에서 담당하기를 기대하는 배역이다. 가면의 목적은 남에게 뚜렷한 인상을 주려는 것이며 그리고 반드시 그렇지는 않지만 이따금 그 사람의 본성을 감추기도 한다.

② **아니마와 아니무스(Anima & Animus)**: 남성 속의 여성적 원형은 아니마이고 여성 속의 남성적 원형은 아니무스로 오랫동안 여성과 함께 생활함으로써 남성이 여성화되고 남성과 함께 생활함으로써 여성이 남성화되어 온 것이다. 이러한 원형은 각 성에게 이성의 특징을 나타내게 할 뿐 아니라 또한 남성에게 반응하고 이성을 이해하도록 동기화시키는 집단적 심상으로서 작용한다.

③ **그림자(Shadow)**: 그림자의 원형은 인간이 하등형태의 생명체로부터 진화하면서 지녀온 동물적 본능들로 이루어지며 원형에서의 그림자는 인간의 원죄란 개념이 생겨난 근원이 된다. 이것이 외부로 투사될 때 그것은 악마 혹은 적이 된다. 그림자의 원형은 또한 의식과 행동에 불쾌하고 사회적으로 비난받는 생각, 감정, 그리고 행동을 일으키는 원인이 된다. 활기 있고 열정적인 동물적 본능을 가진 그림자는 성격에 이차원적 특성을 부여한다.

④ **자기(The Self)**: 자기는 성격의 중심으로서 그 주위에 다른 모든 체계가 무리지어 있다. 이것은 이들 요소를 함께 장악하여 성격의 통일성과, 평형과, 안정성을 제공한다.
만약 무의식과 반대되는 것으로 자아를 그 중심에 놓고 의식적인 마음을 그려본다면, 그리고 만약 이러한 정신적 영상에 무의식을 동화하는 과정을 더한다면, 우리는 아동화를 의식과 무의식의 일종의 접근으로 생각할 수 있으며 이때 전성격의 중심은 이미 자아에 있지 않고 의식과 무의식의 중간점에 있는 것이다.
자기는 사람들이 계속 그것을 위해 노력하지만 드물게 도달될 수 있는 생의 목표이다. 모든 원형과 마찬가지로 자기는 인간의 행동을 수반하며 인간으로 하여금 특히 종교가 제공하는 길을 통해서 완성을 추구케 한다.

3) 현상학적 미술치료

현상학은 어떤 것 그 자체, 그리고 어떤 것들에 대한 선입관이나 추론적인 이론과는 달리 충분히 주관적인 경험을 강조하는 철학으로서 미술치료에 적합한 이론이다.

현상학의 기본개념은 의도성으로, 내가 보고 있는 것에 열중하는 것이며, 우리들의 의식은 어떤 대상과 항상 관계하고 있다는 것을 의미한다. 그래서 내담자들은 의도성을 가지고 새로운 세계를 분석하고 생활 속에서 자기와 관계하는 대상들을 찾으려 한다. 내담자가 자유롭게 선택한 미술매체를 가지고 자유롭게 표현하는 과정이나 자신의 미술작품을 감상하고 고찰하는 과정을 통해서 현상학적 목표를 달성할 수 있다.

또한 의식의 현상학은 존재의 숨겨진 차원(무의식의 현상학)을 밝혀낸다는 점에서 미술치료와 가장 가까울지도 모른다. 내담자가 자유롭게 선택한 미술매체를 가지고 자유롭게 표현하는 과정이나 자신의 미술작품을 감상하고 고찰하는 과정을 통해서 현상학적 목표를 달성할 수 있을 것이기 때문이다.

현상학적 미술치료의 방법

① **현상학적 묘사단계**: 내담자가 미술재료를 선택→미술작업을 통해 현상을 창조→직관단계로서 인지를 촉진→현상학적 묘사→전시된 자기의 완성된 작품을 거리를 조정하여 의도적으로 관찰하는 과정이다.

② **현상학적 논의단계**: 치료자가 "당신은 무엇을 봅니까?"라는 질문에 내담자는 자신이 보는 것을 정확하게 묘사하여 답을 하게 된다. 이때 치료자가 내담자의 마음을 열도록 도와주고 미술작품에 나타난 요소와 대상들을 설명하면서 토론 점을 지적해 주게 된다.

③ **현상학적 통합단계**: 내담자가 만든 작품의 결과를 놓고 원래 의도와 실제 표현간의 관계를 파악하여 자기를 발견하게 된다. 그러고 나서 내담자가 만든 동일한 미술작품을 통해서 유사점과 차이점을 찾는다. 즉 이전의 작품과 치료의 작품을 비교해서 내담자는 자신의 작품 속에서 되풀이되는 요소와 주제를 발견할 수 있다.
이로써 내담자의 행동양식을 인식하도록 도와주어 내담자의 노력과 실제 생활경험에 대처하기 위한 그의 노력사이의 유사점을 찾게 함으로써 미래의 대처능력과 설계의 능력을 기른다.

4) 게슈탈트 미술치료

실존주의 철학이 현상학적 방법에 기초를 두고 있다면 게슈탈트 치료는 현상학-실존주의 영향과 정신분석, 게슈탈트 심리학의 영향을 받아 정립된 것이다. 게슈탈트 치료의 인간관은 실존적인 삶을 통한 성숙한 인간에 두고 치료의 목적은 분석이 아니라 자아의 통합에 있다.

특히 '지금-여기'를 강조하며 미해결과제를 완성하게 하고 순수자아의 표출과 의식 훈련의 기법을 사용한다. 즉 여러 가지 연습에 의한 전경과 배경을 자연스럽게 변화시킬 수 있도록 돕는다. 때문에 치료자와 내담자의 실존적인 만남이 중시되며 주로 워크숍 형태의 치료법을 사용하는데 이때 치료자는 연출가의 역할을 하게 된다. 결국 게슈탈트치료는 개인의 생활과정에 대한 개인적 책임을 강조한다.

게슈탈트 기법을 보면 꿈 작업 기법(Dream Work)은 미술치료기법과 유사하며 그들의 시각적 심상에서 자발적으로 표현된 의미에 대한 내담자의 의식을 불러일으킨다. 즉, 꿈의 형태를 그들 자신이 만들어 냈다는 것을 인식하게 한다. 꿈을 현실화하고 재연시켜서 지금 일어나고 있는 것처럼 재생시키는 것이 목적이므로 미술매체를 통해 생생하게 끌어낼 수 있다.

또한 점토작업 게임이나 느낌에 대한 그림 그리기 기법, 선 게임(Line Game) 등의 미술치료 방법과 역할놀이, 연주 등과 함께 사용하기도 한다.

구조화된 미술치료에서는 내담자에게 정서적으로 괴로움을 겪고 있는 일련의 단어에 대한 추상화를 그리게 하고(예: 분노, 공포, 슬픔, 놀람 등) 그림을 동시에 볼 수 있게 정리하여 토의한다.

치료사는 선과 형에 포함된 방향성에 유의하여 주목을 끄는 형태를 확인하고 시각적 도형이 내담자의 실제 생활에서 현재 관심과 어떻게 관련되는지를 질문하여 내담자가 설명하게 한다.

게슈탈트 미술치료는 내담자와 치료자 사이에 책임 있고, 정직하며, 직접적인 의사소통을 이끌어내고, 시각적으로 묘사된 진술을 상호간에 탐구하면서 두 사람이 상호작용하게 한다.

5) 인간중심 미술치료

인간중심치료 모형은 한 개인은 총체적으로 연구되어야 하고 적응과 편안함보다는 의미와 주체성을 제공하는 자기실현과 성취가 인간존재의 기본목표가 된다.

인간중심 미술치료는 정신의 깊은 곳까지 탐색할 수 있는 의지와 힘을 길러주며 상반되는 양극성(선과 악)의 태도보다는 인간이 사랑할 수도 미워할 수도 있는 존재라는 신념을 확신케 한다.

여기서 강조하는 전인격적 통합은 몸과 마음, 영의 조화로운 협력을 말한다. 그래서 내담자가 두려움이나 불행, 불안에서 탈피하려는 것보다는 진정한 표현의 성취로부터 나오는 기쁨, 유쾌한 흥분을 얻도록 이 느낌들을 창조적 표현으로 변화시키는 것이다. 미술치료 과정에서 융의 이론과 같이 꿈을 깊은 무의식에서 나온 상징적 메시지로 간주하는 경향처럼 심상의 중요성을 인식하고 통합적 치료에 활용하고 있다. 즉 꿈의 기억이나 대인관계 개선, 통증의 치료 등에서 소조활동이나 크레용 등으로 그림을 그리게 하는 기법을 사용할 수 있다.

즉, 통증을 상상하고 통증을 그림으로 그리고, 통증이 몸에서 떠나가는 것을 상상하고 그것을 다시 그림으로 그리게 하는 방법을 응용하고 있다.

자신의 전체성을 경험한 사람은 자신은 물론 타인의 통합성, 주체성, 개성, 이상주의를 인정하고 그러한 통합 철학은 관심, 돌봄, 동정의 삶의 방식을 이끌어 내는 것이다.

6) 행동적 · 인지적 · 발달적 미술치료

미술치료에서 행동주의적 접근은 행동치료기법을 미술치료에 실제로 적용시킨다는 것을 의미한다.

심리치료와 행동치료는 상호 공유하는 점이 많은데 두 치료가 강화를 이용하는 점이나 전이현상의 의존, 통찰의 적용 등 유사한 점이 많이 있다.

행동치료적 미술치료는 발달장애아동(정신지체, 정서장애 등)이나 행동문제를 지닌 성인에게 유용하다. 이 모형에서 실제로 유용한 기법은 '실제적 행동형성법'이다. 이 기법은 미술치료기법과 행동치료 원리를 결합한 것이며 교육적 조치도 포함되어 치료교육의 의미가 크다.

그 외에도 촉구, 정적 강화, 모델링 등도 유용하다. 미술치료에서 인지적 접근은 인지가 외부세계의 자극을 조절하는 수단이며 인지는 언어와 관련이 있고 인지와 언어는 미술의 상징성과 관련이 있다는 기본적인 이론을 바탕으로 하고 있다. 언어를 통해 발달된 개념들은 미술형태를 통해 비언어적으로 발달될 수 있고 이들 개념에 대한 이해는 스케치나 채색화, 조소와 같은 미술작품의 형태에서 추론될 수 있다.

실버(Silver, 1983)의 연구에 의하면 그림을 통해서 공간개념이나 계열적 순서, 부류 등의 개념을 사정할 수 있으며, 특히 신경학적 손상(학습장애 등)의 진단으로 매우 유용하다.

색채의 농담(유채색+흰색)을 혼합해 가면서 계열성 개념을 개발하거나 관찰화를 통한 공간개념의 개발, 찰흙으로 모양 꾸미기를 통한 공간, 순서, 분류의 개념을 발달시키는 것이 인지적 미술치료의 기법이다.

미술치료의 발달적 접근은 프로이트와 에릭슨, 피아제 등의 발달이론을 기초로 하고 있다. 발달적 미술치료라는 용어를 처음 사용한 윌리엄스와 우즈(Williams & Woods, 1977)는 인지와 운동능력은 정상이나 정서장애가 있는 아동에게 그들의 기법을 적용하며 효과를 거두었다. 발달적 미술치료 방법은 내담자의 특성에 따라 다르게 적용된다.

① **정형의 매체와 비정형매체(모래, 물, 밀가루 등)를 활용한 비지시적 미술활동**: 매체의 선택, 활동, 주제, 내용을 내담자에게 허용

② **정형의 매체를 이용한 구조적 · 지시적 미술활동**: HTP 검사 등

③ **비정형의 매체를 이용한 구조적 미술활동**: 내담자의 성향, 조작, 조직의 관점에서 관찰

발달적 미술치료는 아동의 발달과업에 맞추어 각 발달단계에 따라 미술활동내용이 달라질 수 있다.

예를 들면 생활연령은 6세이나 0~2세(감각 운동기) 수준에 머물고 있을 경우에는 미술매체에 있어서 비정형매체들이 중심을 이루게 될 것이며 자기와 타인, 사물의 애착과 분화를 촉진시키기(점토활동 등) 긍정적인 감각성향과 단순한 운동도식을 습득하기(때리기, 흔들기 등), 인과관계를 발견하기(색 조합 활동 등) 등을 치료의 목표로 할 수 있다.

전조작기(2~7세)의 경우는 폭넓은 미술매체가 요구되며 자율성증진, 감정표현과 분화의 촉진, 감각분화의 발달, 상징화 능력발달에 중점을 둔다.

04 미술치료의 장점

학자들의 견해에 따르면 미술치료는 두 가지 범주로 나눌 수 있다. 첫째, 스스로 작품을 제작하는 과정을 통해 치료가 된다는 것으로 미술작업에 몰입함으로써 내면의 불안과 갈등을 스스로 이겨낼 수 있는 치유력을 갖게 된다는 것이다. 둘째, 내담자가 자신의 문제점을 그림을 통해 상징으로 표현함으로써 치료사가 이 상징을 읽고, 그것을 바탕으로 심리 치료를 하는 것이다. 이 두 가지의 공통점은 치료를 받는 내담자가 미술활동이라는 치료 활동에 스스로 참여하고 활동해야 한다는 것이다. 즉, 미술치료는 내면의 작업이므로 그 누구도 대신할 수 없는 자기 자신의 직접적 활동을 통해 자아 성취감이 높아진다. 또한 미술치료는 어린아이부터 노인까지 다양한 연령대의 사람들에게 적용할 수 있고 육체적 질병이나 정신적 문제의 모든 대상에게 적용이 가능하다. 그 밖의 미술치료의 장점을 살펴보면 다음과 같다.

1) 미술은 심상의 표현이다

우리는 심상(Image)으로 생각한다고 볼 수 있다. 말이란 형태를 취하기 전에 심상으로 사고한다.

즉, '어머니'라고 말하기 전에 '어머니'의 심상부터 떠올릴 것이다. 생애의 초기의 경험이 중요한 심상의 요소가 되며, 그 심상이 성격 형성에 중요한 역할을 하게 된다. 미술치료에서는 꿈이나 환상, 경험이 순수한 언어적 치료법처럼 말로 해석되기보다는 심상으로 그려진다. 예술매체는 종종 심상의 표출을 자극하는, 즉 일차적 과정의 매체를 자극하여 창조적 과정으로 나아가게 된다.

2) 미술은 방어가 감소된다

심상과 밀접한 관련이 있는 것이 방어이다.

우리는 어떤 다른 의사소통 양식보다 언어화시키는 작업에 익숙해있다. 그러나 미술은 비언어적 수단이므로 통제를 적게 받는다. 예상치 않았던 작품이 그림이나 조소에서 제작될 수 있는데, 가끔 창작자의 의도와는 완전히 반대가 되기도 한다.

이러한 것은 미술치료의 가장 흥미 있는 잠재성 중의 하나이다. 예상치 않았던 인식은 가끔 환자의 통찰, 학습, 성장으로 유도되기도 한다. 예를 들어 정적인 활동을 거부하던 청소년이 치료자가 준비한 찰흙 던지기 활동을 반복하다가 어느 순간 찰흙을 둥글게 빚어 자신의 가족을 만들었고 가족 내에서 자신의 모습을 표현한 과정을 통해 내담자는 방어없이 자신을 통찰하게 된다.

3) 미술은 자료의 영속성이 있어 자신을 회상할 수 있다

미술작품은 보관이 가능하기 때문에 환자가 만든 작품을 주요한 시기에 재검토하여 치료 효과를 높일 수 있다. 때로는 새로운 통찰이 일어나기도 하며, 환자 자신도 이전에 만든 작품을 다시 보면서 자신의 감정을 회상하기도 한다. 즉 그림이나 조소가 주관적인 기억의 왜곡을 방지할 수 있다.

또한 환자의 작품 변화를 통해서 치료의 과정을 한 눈으로 이해할 수 있으며, 치료팀의 회의에서도 작품을 통해 그 환자의 생생한 목소리를 들을 수 있다.

4) 미술은 공간성을 지닌다

언어는 일차원적인 의사소통 방식인 반면 미술표현은 문법, 통사론, 논법 등의 언어규칙을 따를 필요가 없다.

즉 본질적으로 공간적인 것이며, 시간적인 요소도 없다. 미술에서는 공간속에서의 연관성들이 발생한다.

이를테면, 우리가 가족을 소개할 때도 먼저 아버지, 어머니를 소개하면서 두 분의 관계를 얘기하고 그리고 형제들과 그들의 관계, 그러고 나서 이 모든 식구들과 나와의 관계를 말할 것이다.

그러나 분명한 것은, 우리는 이 모든 것을 동시에 경험하고 있다. 미술의 공간성은 바로 경험을 복제한 것이다. 우리는 나의 가족을 말로 소개하고 그림으로는 그것을 동시에 나타낼 수 있다. 가깝고 먼 것이나 결합과 분리, 유사점과 차이점, 감정, 특정한 속성, 가족의 생활환경 등을 표현하게 되므로 개인과 집단의 성격을 이해하기가 쉽다.

5) 미술은 창조성과 신체적 에너지를 유발한다

미술작업을 시작하기 전의 개인의 신체적 에너지는 다소 떨어져 있지만, 미술작업을 진행하고, 토론하며, 감상하고, 정리하는 시간에는 대체로 활기찬 모습을 띈다.

체내의 에너지 정도가 변화한다는 것을 느끼는 사람이 많다. 그것은 단순히 신체적인 운동이라기보다는 '창조적 에너지'의 발산이라고 해석된다.

연극이나 영화에서 역할을 맡은 배우처럼, 미술치료는 하나의 작업이라기보다는 놀이와 레크리에이션과 음악과 열정이 있는 창조적 에너지를 발산하는 것이라 할 수 있다.

05 미술치료에서의 매체사용

미술치료에서 개인은 어떤 형태의 시각표현에 참가하게 되는데 일반적으로는 구성하기, 배열하기, 혼합하기, 만지기, 조형하기, 붙이기, 그리기, 사진찍기, 촬영하기, 형성하기 등의 활동에 속한다(Malchiodi, 2002). 최근에는 디지털 기기의 발달로 심상 형성을 위한 키보드, 컴퓨터 화면, 새롭고 비 전통적인 장치 등도 미술활동에 포함된다(Malchiodi, 2000).

미술치료에서는 다양한 매체가 모두 쓰일 수 있다. 미술치료의 매체는 목적에 부합하도록 선택해야 하는데 특히 미술활동을 강조하는 비교적 느슨한 환경에서는 내담자가 선택할 수 있도록 배치되어야 하고, 활동이 가족의 대화나 자유연상을 위한 수단이라면 비교적 빠른 매체인 파스텔, 크레파스 등을 제공하는 것이 좋다. 그리고 장애인, 유아, 노인들은 비교적 다루기 쉬운 재료가 좋다. 또한 다양한 색, 적절한 크기의 종이나 캔버스 그리고 점토를 충분히 제공하는 것이 좋으며 자발성을 촉진할 수 있는 적당한 크기의 공간도 필요하다. 매체를 선택할 때 중요한 요인은 간편성과 통제이다. 연필은 통제가 쉬운 반면, 물감이나 찰흙은 기술적인 통제하기가 조금 더 어렵다. 즉, 마구 문지르는 재료는 매우 억제하는 내담자에게는 기술적으로 굉장히 재미있지만 위협적인 매체가 될 수도 있다. 반면 너무 통제되어 있고 판에 박힌 생활을 하는 내담자에게는 재료를 바꾸어 다양한 경험을 제공해 주는 것도 좋다.

여기에서 중요한 점은 미술치료사는 어떤 재료를 사용함에 따라 어떤 효과를 볼 수 있는지, 다른 재료가 각각 어떤 이점을 줄 수 있는지, 어떤 한계가 있는지 등을 살펴 적합한 재료를 선택해야 한다.

이를 살펴보면 다음과 같다.

① 쉽게 찢어지는 신문지나 잘 부서지는 분필: 잘 부서져 좌절을 유발시킬 수 있으므로 이러한 재료들은 사용하지 않는 것이 좋다.

② 연필과 점토: 연필은 조작하기에 보다 쉽지만 물감이나 점토는 조작에 있어서 기술적인 문제가 있으므로 개인마다 다르게 활용해야 한다.

③ 물감: 물감으로 마구 칠하는 것과 같은 행동은 심하게 억압되어 있는 내담자에게 활기를 불어넣어 줄 수도 있으나 반면 아주 두려움을 갖게 할 수도 있다.

예를 들어 지극히 산만한 아동에게 차분한 활동으로 선을 따라 건빵을 붙이는 활동을 제공하여 마음을 진정시켜보고자 하였으나 도리어 자신이 원하는 모양대로 잘 붙여지지 않자 좌절하고 실망하게 되는 사례도 있을 수 있다.

02 미술치료의 심리검사 기법

01. 난화 기법
02. 신체 본뜨기
03. 9분할 통합 회화법
04. 빗속의 사람
05. 나의 꽃 그리기
06. 만다라
07. 콜라주 기법
08. 풍경화 기법
09. 동그라미 중심 가족화
10. 동적 가족화
11. 동적 학교화

01 난화 기법

난화란 '긁적거리기(Scribble)'라는 단어로, 번역하면 '미분화' 상태를 의미한다. 인간은 어릴 때부터 난화를 그리기 시작했기 때문에, 난화는 미술치료에서 특히 미술 경험이 많지 않거나 어디서부터 시작해야 할지 모르는 사람들에게 자연스러운 출발점이다. 난화를 시작하기 이전에, 마음을 가라앉히고 긴장을 풀기 위한 시간이 필요할 수도 있다. 이 활동을 시작하기에 좋은 방법은 눈을 감거나 긴장을 풀어주는 음악을 듣거나 명상을 하는 것이다.

주제나 방법을 내담자 스스로 결정하여 그리기 때문에, 친밀감과 즐거움을 갖는 데 도움을 주며, 그림 그리기를 싫어하거나 거부감을 느끼는 사람에게 아주 좋은 방법이다. 난화는 다양하게 활용이 가능한데 주로 사용되는 몇 가지를 나열해 보면 다음과 같다.

① 긁적거리기
② 빙빙 돌리며 그리기
③ 긁적거리면서 빙빙 돌리기
④ 자극(동기화)을 주어 그림 그리기
⑤ 이름 또는 사인을 한글, 한자, 영어 등으로 표현하기
⑥ 집단으로 그리기
⑦ 콜라주를 이용하여 그리기
⑧ 분할법을 이용하기
⑨ 여러 가지 통합하여 만들거나 그리기
⑩ 이야기 만들기
⑪ 이미지 찾기

1) 눈뜨고 낙서하기

(1) 검사도구

- **준비물**: A4용지나 도화지, 색연필
- **소요시간**: 1~5분 정도

(2) 실시방법

종이는 가로로 제시한 후 색연필을 제공한다.

- **검사자의 지시**: 검사 도구를 아동이 앉아 있는 책상 위에 두고 다음과 같이 지시를 한다.
  - "여기에 마음껏 그리세요.", "그리고 싶은 것을 그려 보세요." 등의 말과 함께 아동을 향해 손으로 그리는 시연을 해 보여도 좋다.
- **검사자의 태도**: 아동은 성인과 달리 집중력이 짧으며 한 번에 그리는 특성이 있다. 그러므로 검사자는 절대 자리를 이탈하거나 그리기 행동에 대한 방해 요인을 철저히 차단하여야 한다.
  - 한 장의 종이에 오랜 시간이 걸린다면 알아볼 수 없을 정도의 그림이 되기에 아동의 표정과 행동을 관찰한 후 그리기를 중지시켜야 한다.
- **유의사항**: 어떤 형태가 나타나는가를 단어로 표현해 보고, 그 단어가 갖는 의미가 자신이 그린 그림과 관계가 있는지에 대해 이야기를 해보게 한다. 여기에서 관계는 어떤 관계인가? 어떤 경험이 있었는가의 문제이다. 아무 의미가 없다고 해도 그것은 무의식의 상징이 될 수 있다.

필압에 따른 표현을 보기 위해 크레파스, 사인펜, 볼펜, 연필 등은 사용하지 않도록 한다.

필압이나 스트로크를 통해서 그린 사람의 정서를 알 수 있고 또한 그린 사람의 성격 등을 파악할 수 있다.

① 나타난 형상은 나와 어떤 관계가 있는가? (여기서는 관계나 경험에 대하여 알아본다.)

② 나타난 형상은 나와 무슨 의미인가? (여기서는 상징성을 살펴본다.)

③ 욕구나 바람과 관계가 있는가? (희망하는 것이나 욕구를 알아본다.)

2) 난화 상호 이야기법

(1) 검사도구

- **준비물**: 연필, 크레파스(좋아하는 색 한 가지 선택), 볼펜, 사인펜, 용지(내담자의 상태에 따라 크기조절)

(2) 실시방법

❶ 두 장의 그림을 가지고 실시하는 법

- 검정색 사인펜으로 종이에 테두리선을 그어 서로 교환한다.
- 상대방과 서로 다른 사인펜이나 색연필을 선택한다.
- 상대방이 자신에게 준 종이 위에 난화를 그린 후 다시 상대방에게 돌려준다.
- 상대방에게 받은 난화에 부가해서 형상을 그린다.
- 그려진 형상이 무엇처럼 보이는지 서로 이야기해 본다.
- 한 사람씩 번갈아 가며 두 장의 그림으로 이야기를 꾸며본다.

❷ 종이를 4등분하여 실시하는 법

- 먼저 치료자가 종이에 테두리를 설정(내담자가 그림을 그리게 쉽게 하며, 저항을 제거)하고 용지를 4등분한다.

- 내담자가 난화를 그리고 치료자가 이미지화하여 그림을 그린다.
- 반복하여 지면의 네 곳을 모두 그린다.
- 그린 순서에 관계없이 서로 이야기를 꾸며 나간다.

표 2-1 | 난화에 나타난 감정 표시

감정	그래픽의 특성	
분노, 화	• 지그재그, 뾰족한 형태 • 전체적 인상: 톱니 모양, 굵은 선	• 반복된 선들
기쁨	• 곡선적, 원모양의 형태 • 전체적 인상: 둥근, 가는 선	• 반복된 원
고요, 평온	• 수평적 선 • 전체적 인상: 부드러운, 가는 선	• 반복이 없음
우울, 의기소침	• 음영, 빗금 친 선들이 종이를 메움 • 가는 선	• 구부러지고 아래로 내려오는 선들
인간적 에너지	• 위로 향하는 삼각형 • 굵은 선	• 반복적 선들 • 전체적 인상: 폭발적인
여성적 성향	• 구부러진 선 • 반복이 없음 • 전체적 인상: 부드러운	• 십자 형태 • 가는 선
병	• 특정한 타입의 형태가 다른 것을 덮어씌움 • 전체적 인상: 부드러운	• 반복이 없음

출처: 타카하시, 1995; Sehringer, 1999

| 그림 2-1 |

집단으로 그리기. 삼남매가 함께 낙서를 한 후 상징 찾기. 나온 상징으로 함께 이야기를 만듦.

| 그림 2-2 |

긁적거리기 후 상징 찾기. 상징을 찾은 후 사인펜으로 색칠하기.

02 신체 본뜨기

1) 손 본뜨기

(1) 검사도구

- **준비물:** 도화지, 연필, 지우개, 색연필

(2) 실시방법

도화지에 두 손을 대게 한 후 손을 정성스럽게 떠주고 손가락에 자신의 장단점을 각 각 쓰도록 한다. 그 후 색연필 등으로 예쁘게 꾸며주고 다 완성된 후 읽어보며 이야기를 나눈다. 다른 방법으로는 자신에게 상처를 주었던 사람이나 자신이 사랑하는 사람에게 하고 싶은 말이나 듣고 싶은 말을 각각 한손에 5개씩 쓰도록 하는 방법도 있다.

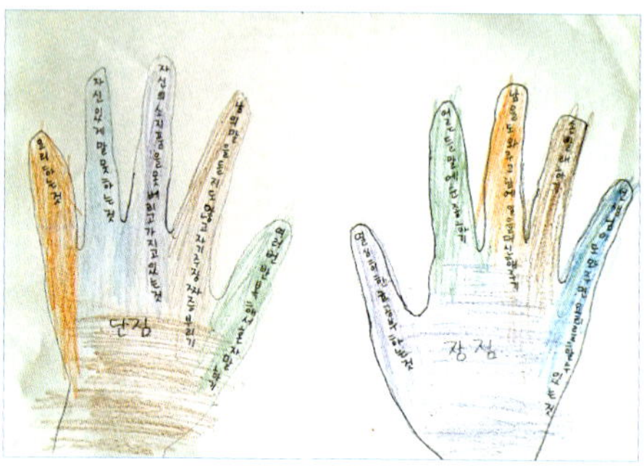

| 그림 2-3 |
공부하기, 순종하기, 선생님 도와주기 등을 장점으로 뽑고 남의 말 안 듣기, 짜증내기 등을 단점으로 뽑음.

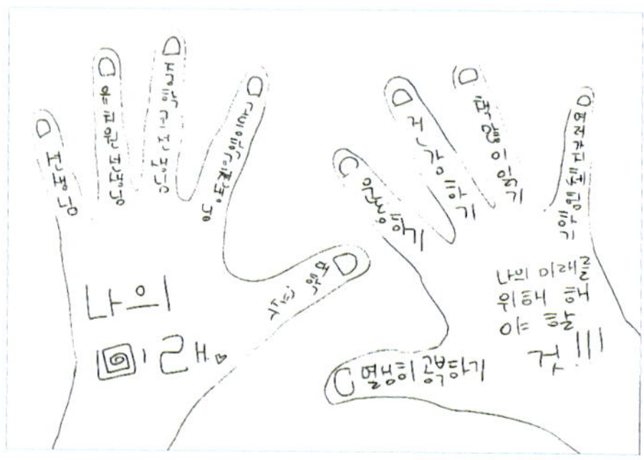

| 그림 2-4 |
나의 미래와 미래를 위해 해야 준비해야 할 일. 미래의 꿈을 이야기하고 이를 위해 할 일을 찾아봄.

2) 신체 본뜨기

집단활동시 전지 2장을 세로로 붙이고 내담자중 한명을 모델로 선정해 신체상을 본뜨기 한 후 모델 외에 내담자들이 신체상을 함께 꾸미도록 한다.

다른 방법으로는 내담자의 신체를 본뜬 후 자신의 미래상에 대해 말할 시간을 갖고 미래상을 신체상에 투영해 자신이 원하는 모습으로 꾸며 보도록 하여 자아존중감을 높여준다. 이는 자신의 신체를 꾸며보고 자신에 대한 뿌듯함을 느끼게 해주며 신체의 소중함을 알게 한다. 특히 신체 본뜨기의 경우 협동력을 길러주는 요소가 되어 집단 미술치료에도 유용하다.

| 그림 2-5 |

신체 본뜨기. 왼쪽은 청순하고 수수한 여성이 되고자 하는 미래상. 오른쪽 위는 얼굴을 본 뜬 후 왼쪽 얼굴은 내면의 나, 오른쪽 얼굴은 보여지는 나를 표현. 오른쪽 아래는 아이의 손을 호일위에 놓고 눌러 손 본뜨기를 함.

03 9분할 통합 회화법

일본의 의과대학 심리학과 교수인 모리타니(1986)가 제안한 기법으로 이 기법은 도화지에 테두리를 친 후, 화면을 3×3으로 9분할하여 각각의 칸 속에 그림을 그리게 하는 방법이다. 이 기법은 복잡하게 얽혀서 하나로 정리할 수 없는 다양한 이미지를 포괄적이고 통합적으로 표현하기 위한 기법으로 자신, 가족, 친구에 대한 이미지를 깊게 다룰 수 있다.

9개의 구분이 된 칸에 생각나는 순서대로 그림을 그리는 방법으로, 이는 종이 위에 이루어지는 자유연상의 표현이다. 심리치료 장면에서 가족(혹은 자신 및 친구)과의 관계가 중요한 주제가 되고 있는 시점에서 실시하는 것이 좋다.

구분할은 공간적, 시간적 요소를 동시에 한 장의 종이에 표현하는 특성을 지니고 있고 그림순서를 추적해봄으로써 그 사람의 자유연상의 모습과 자기방어기제까지 파악이 가능한 기법이다.

(1) 검사도구

- **준비물**: A4용지, 연필, 지우개, 색연필

(2) 실시방법

치료사가 A4용지에 검은색 펜으로 자유로이 테두리를 그린 후 화면을 3×3으로 분할하여 제시한다.

① 오른쪽 밑 칸부터 시계 반대방향으로 중심을 향하여 순서대로 그리든지 또는 그 반대로 중심에서부터 시계방향으로 오른쪽 밑 칸을 향하여 순서대로 그리든지 어떤 방법이라도 상관이 없습니다. 어머니(아버지, 가족, 형 등)에 관하여 일상생활 중에서 느낀 대로, 생각나는 대로, 머리에 떠오르는 대로

무엇이라도 상관이 없습니다. “자유로이 그림을 그려주세요.”, “그래도 그림을 그리지 못할 경우에는 문자, 도형, 기호 등 무엇이라도 상관이 없습니다.”라고 지시한다. 이때 그림의 순서는 제약하지 않는 것이 좋으며 9칸 모두 그리지 못하는 경우 ‘전부 그릴 필요가 없다’는 것을 덧붙여준다.

② 각 그림에 간단한 설명을 써 넣게 한다.

③ 그림을 색연필이나 크레파스로 색칠하게 한다.

④ 그림을 그린 후 “전체를 보면 어떤 주제가 생각납니까?”라고 질문을 한다.

⑤ 그려진 그림, 문자, 도형, 기호를 근거로 하여 떠오르는 연상을 묻고, 그러한 이미지를 넓혀나간다.

(3) 9분할 통합 회화법의 특성

종이 위에 이루어지는 자유 연상의 표현으로 공간적, 시간적 요소를 동시에 한 장의 종이에 표현하는 특성이 있다. 모리타니의 연구에 따르면, 이미지 순서에 의한 반응은 연상의 첫 부분이 피험자에게 중요한 이미지를 주기 쉬우며, 그림의 중앙(마지막 반응)에 그려진 이미지도 중요하다고 하였다. 그러나 이러한 반응은 일반적인 것이며 신경증이나 정신병적인 내담자는 경우에 따라 자아방어기제의 작용에 의해 다를 수도 있다고 한다. 따라서 9분할 통합 회화법은 그림순서를 추적해 봄으로써 그 사람의 자유연상의 모습과 자아방어기제까지 파악이 가능하다고 할 수 있다.

❶ 공간 축소의 영향

9분할 통합 회화법은 A4용지를 9등분하여 그림을 그리기 때문에 공간이 축소되며 그 속에 그리는 내용도 제한을 받게 된다. 따라서 그림 공간이 축소되면 상징성이 강조되는 특성이 있다. 이때 그 사람의 소유물과 같은 작은 상징물이 표현되기도 하는데, 이 작은 상징물 속에는 중요한 정서적 내용이 포함되는 경우가 많다. 사람에 따라 그림보다는 문자를 적기도 하는데, 공간이 축소됨으로써 간단한 단어를 쓸 수도 있다(성인의 경우 언어표현이 중요한 역할). 단어연상검사에서와 마찬가지로 간단한 단어 중에 치료의 중요한 단서가 포함되는 경우도 있다.

❷ 상담과정으로 적용

그림을 그릴 때 그리는 순서에 대해 언급하지만 한정시킬 필요는 없고 내담자가 그리는 대로 수용하는 것이 좋다. 처음 그린 것과 마지막에 그려진 이미지가 내담자에게 중요한 심리적 반응을 나타내므로 내담자가 그림을 그리는 과정을 잘 관찰할 필요가 있으며 그림 중에서 가장 나의 마음을 잘 표현한 것이 무엇인지 등을 질문하고 이야기를 하게 한다.

이 기법은 심리치료 장면에서 가족 및 자신 혹은 친구와의 관계가 중요한 주제가 되고 있는 시점에서 실시하는 것이 좋으며 그에 따라 적절한 주제를 제시할 수 있다.

예 가장 갖고 싶은 것, '엄마'하면 떠오르는 것, '아버지'하면 떠오르는 것, '나', '자신', '가족', '친구' 등 다양한 주제를 제시하여 대상자에 대한 이미지를 깊게 다룰 수 있다.

■ 가족에 대한 이미지를 다룰 경우

예 가족의 부정적인 면을 나타낼 때 내담자들은 가족에 대한 분노도 있지만 죄책감도 함께 느낄 수 있다. 이러한 경우 아이들이 느끼는 양가감정에 대해 충분히 공감반응을 해주고 아이들이 느끼는 감정을 충분히 다루어 줄 필요가 있다. 즉 죄책감이나 분노표출을 위한 작업이 이루어져야 하며 이 작업을 마친 후 가족의 긍정적인 모습도 생각해 보게 하는 것이 필요하다.

■ 부정적인 감정을 표현하지 못하고 주저하는 경우

양가감정으로 혼란을 느낄 수 있으므로 활동 시 좋은 가족의 모습과 부정적인 가족의 모습을 분리시켜 작업을 시키는 것이 좋다.

예 "가족(아빠)에게는 긍정적인 점도 있고 부정적인 점도 있습니다. 오늘은 긍정적인 부분에 대해서 잠깐 보류하고 아빠의 부정적인 면에 대해 이야기 해 봅시다."라고 제시하며 작업을 진행시킨다.

| 그림 2-6 |
자신에 대해 떠오르는 상징으로 나, 불, 따뜻, 봄, 소풍, 사랑 등을 이야기함.

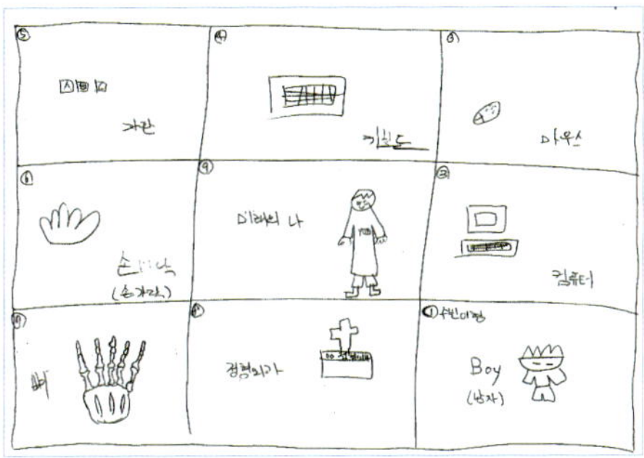

| 그림 2-7 |
자신에 대해 이야기하자 남자, 컴퓨터, 손가락, 뼈, 정형외과, 미래의 나를 찾음. 미래상으로 정형외과 의사가 되고픈 마음을 이야기함.

04 빗속의 사람

빗속의 사람(RITR: Person In The Rain)은 인물화를 변형하여 비가 오는 장면이 첨가된 것으로 아놀드 에이브람스(Anold Abrams)와 에이브러햄 암친(Abraham Amchin)에 의해 개발되었다. 이 기법은 현재 겪고 있는 스트레스 정도와 스트레스 대처양식을 파악하는 것이다(Hammer, 1958; 1967).

(1) 검사도구

- **준비물**: A4용지, 연필, 지우개

(2) 실시방법

"비가 내리고 있습니다. 빗속에 있는 사람을 그려주세요. 만화나 막대기 같은 사람이 아닌 완전한 사람을 그리세요."라고 지시한 후 완성되면 그림속의 인물이 누구이며 무엇을 하고 있는지에 대해 질문을 한다.

내담자의 질문에는 "자유입니다. 그리고 싶은 대로 하면 됩니다."라고 한다.

(3) 진단 및 해석

일반적으로 비, 구름, 웅덩이, 번개 등은 스트레스를 나타내며, 비를 피할 수 있는 우산, 비옷, 보호물, 장화, 얼굴표정, 인물의 크기, 위치 등은 스트레스 대처자원으로 보고 있다. 비의 질을 스트레스의 양을 의미하고, 비의 강도는 스트레스에 대한 압박감을 나타낸다.

(4) 그림 그린 후의 질문

- 이 사람을 무엇을 하고 있습니까?
- 이 사람은 몇 살입니까?
- 이 사람의 현재 기분은 어떨까요?
- 이 사람에게 필요한 것은 무엇일까요?

| 그림 2-8 |
번개가 치는 폭우 속에 혼자 우산이 있어도 비를 맞고 화를 내고 있는 모습. 스트레스가 극심한 상황 표현.

| 그림 2-9 |
약간의 스트레스를 받고는 있지만, 장화, 우산, 밝은 얼굴 표정 등을 보아 스트레스 대처방법도 잘 가지고 있음을 의미함.

05 나의 꽃 그리기

꽃은 아름다움과 여성스러움을 상징하고 개화에서 결실에 이르는 최초의 단계이기 때문에 자아의 성장 발달 과정의 상징이 되기도 한다. 꽃그림 검사는 나무그림 검사와 공통적인 해석이 많은 편이다.

(1) 검사도구

- **준비물**: A4용지, 연필, 지우개, 색연필
- **소요시간**: 1~5분 정도

(2) 실시방법

화분이 그려져 있는 A4용지를 주고 이 화분에 나만의 꽃을 그려보도록 한다. 한 송이의 꽃도 좋고 여러 송이의 꽃도 무관하므로 자유롭게 그리도록 유도한다.

(3) 진단 및 해석

- **뿌리나 화분 땅**: 뿌리는 전체적인 양분을 흡수하고 꽃이 설 수 있도록 해주는 부분이며 지지기반으로 지나치게 강조해서 그렸다면 과도하게 보상 받으려는 욕구가 강한편이고 없으면 자기 자신에 대한 불안감, 불신감이 있고 의존적 성향도 강한편이다.
- **줄기**: 자라온 성장과정이나 자기 대상의 힘을 나타내는데 휘거나 꺾임이 심한 것은 우울감과 좌절감을 시사하고 가느다란 외선인 경우 자기 자신에 대해 위축감을 느끼고 약하고 무기력함을 시사한다.
  아에 줄기가 없는 꽃은 심한 자기 부적절감, 회피성, 수동성을 시사하며, 잔털이나 자세하고 투명적 섬유질들의 표현은 강박 증세와 자기애적임을 시사한다. 간혹 보이는 줄기의 가시나 잔털 등은 성장과정에서 보이는 불안감, 상처, 공격성으로 해석 된다.
- **잎사귀**: 활엽과 침엽의 개념처럼 넓을수록 외적 세계와 타인에 대한 관심, 인정받고 싶고 자아를 드러내고 싶어 하는 욕구의 정도라고 볼 수 있다. 즉 좁고 긴 잎은 내적, 외적 환경에 대한 좌절감과 무력감을, 잎이 없다면 사회적으로 상호 교류에서 오는 위축감을 시사하며 잎맥 등의 자세한 표현은 자기애성이 강한 것으로 볼 수 있다.
- **꽃**: 과장되게 큰 정면을 보는 해바라기 종류는 자신의 성격적 결함을 과도하게 보상받으려는 욕구가 강하여 과시적인 표출과 소망 충족적 상상에 몰두할 가능성이 있으며 꽃을 줄기나 잎의 크기와 비례해 볼 때 작게 그렸다면 성격적 위축감이나 자기주장 표현에 있어 부적절감등을 나타낸다고 볼 수 있다. 꽃잎 끝이 뾰족하거나 찢기어 지거나 톱날과 같이 표현되었다면 예민하고 날카로워 스트레스나 긴장감을 느끼면 쉽게 좌절하는 편이다. 꽃받침까지 그려 줄기와의 정확한 연결 구조를 보이는 것은 자신의 사고나 인식의 적절한 관련성으로 자아 통제감의 원활함을 시사한다.

반면 꽃의 정면이 아닌 측면이나 뒷모습은 회피감, 거부감, 부적절감, 양가감정으로 해석 할 수 있다.

- **그 밖의 첨부 드로잉**: 아이들의 그림에서는 주로 울타리, 태양, 나비, 벌 등이 등장하는데 이런 아동의 경우 의외로 내적 공허감이나 외로움, 소외감을 느끼는 경우가 많다. 그리고 다양한 종류의 꽃을 적절한 크기로 여러 송이 그리는 경우의 아동이 교우관계나 사교에 원만하고 적극적이며, 똑같은 종류의 꽃을 여러 송이 그린 경우는 과잉 행동 장애나 급하고 분열형에 가까운 것 것이다.

|그림 2-10|
넓은 잎은 자아를 드러내고 싶은 욕구를 표현하며, 나비는 내적 외로움을 가지고 있음을 의미.

|그림 2-11|
조금씩 난 가시는 성장과정에서의 상처나 약간의 불안감과 공격성이 있음을 보여줌.

06 만다라

융(Jung, 1875~1961)은 20세기 초기 서구문화에서 최초로 만다라(Mandalas)가 지니는 우주적 영적의미를 발견하였다. 융은 만다라는 모든 인간에게 각인된 원형으로 통일체의 상징이며, 정신적 성장을 위한 과정에서 꿈이나 그림의 형태로 즉흥적·무의식적으로 나타난다고 보았다.

이러한 만다라는 자신에게 침착함과 고요함을 주며, 자신과의 일체감을 경험시키고, 더불어 자아 존중감을 키워주는 등 여러 가지 심리 치료적 측면에 장점을 지니고 있다.

(1) 검사도구

- **준비물**: 만다라 본, 색연필이나 색칠 도구

(2) 실시방법

① **명상적 분위기**: 명상적 분위기란 일상에서 물러날 수 있는 내적, 외적, 시간적, 공간적 준비가 된 상태를 의미한다. 만다라를 그리는데 필요한 책상, 편안한 의자나 매트, 명상음악, 초와 향을 준비하고 종이나 만다라 문양, 자, 연필, 컴퍼스, 지우개, 색을 칠하기 위한 재료를 준비한다.

② **호흡과 이완 연습**: 명상적 환경이 마련되었다면 심신을 고요하게 할 음악을 틀어두고 눈을 감고 자신의 숨소리에 귀를 기울이기 시작하고 다른 생각이 떠오르는 경우 그 생각을 잡지 말고 다시 호흡의 흐름에 집중하며 복식 호흡한다.

③ **만다라 선택**: 만다라 그리기는 일반적으로 문양이 있는 만다라를 색칠하는 경우와 스스로 자유롭게 만다라를 그리는 방법으로 나눌 수 있다. 초기에는 만다라 문양을 선택하게 하는 것이 좋은데 6종류 정도의 만다라를 제시한 후 선택하게 한다. 피곤하고 긴장된 날을 보낸 경우 윤곽이 분명하고 형태가 너무 크지 않은 것이 좋고, 기분이 저조하고 슬플 때는 리듬감과 곡선형태가 많은 문양이 좋다. 그러나 더 중요한 것은 만다라를 그릴 때, 그 순간의 기분을 나타낼 수 있는 것을 선택하는 것이다.

(3) 진단 및 해석

인간의 마음이란 워낙 복잡 미묘한데다 개인적 경험이나 그리는 당시의 환경(언제, 어디서, 어떤 분위기에서, 어떤 기분으로)에 따라 달라지기 때문에 한 두 장의 그림을 보고 단정적으로 말하는 것은 매우 위험하므로 상담사는 내담자의 만다라를 이해하려면 진솔한 대화가 필요하다.

만다라를 매개로 내담자와 소통하는 과정과 일반적인 기준을 열거해보면 아래와 같다.

❶ 대화의 순서

① 만다라를 살펴보고 제목과 어떤 연관성이 있는지 알아본다.
② 주로 많이 사용한 색은 무엇인지 알아본다.
③ 중앙 부분과 가장자리 부분의 색상은 어떻게 다른지 알아본다.
④ 꼼꼼하게 칠했는지 아니면 대충대충 칠했는지 살펴보고 질문한다.
⑤ 그림에 어떤 남다른 특징이 있는지 살펴보고 떠오르는 질문을 한다.
⑥ 질문에 따른 대답을 어떻게 하느냐에 따라 더욱 구체적이고 밀도있는 대화를 한다.

❷ 색의 의미

만다라에 조화로운 색상이 나타나면 내면의 균형이 이루어지고 있으며 마음의 평화 혹은 치유가 이루어지고 있음을 의미한다. 반면 만다라의 색상이 서로 부딪히는 것 같이 보일 경우 내면의 갈등이나 생동하는 활력, 어떤 차원의 부조화 등이 있음을 시사한다. 또한 한 가지 색을 지나치게 집착하는지, 다양한 색을 사용하는지는 그 사람의 정서 상태와 관련이 있고, 무슨 색이 중심부에 있고, 어떤 색이 압도적으로 많은지는 따라 관심의 정점을 알 수 있다.

만다라에서 처음 사용하는 색은 외부 세계에 대한 그 사람의 태도에 대한 중요한 단서가 되며 혼합색의 경우 한 가지 색 위에 다른 색을 겹쳐서 칠하면 처음 칠한 색은 내적 감정이 투사된 것으로, 그 위에 덧칠한 것은 외면적 행동의 패턴이 반영된 것으로 본다.

색이 가진 상징성과 일반적인 의미

• 빨강
- 긍정적 측면: 사랑, 감각, 열정, 자기신뢰, 힘, 권위, 지구력, 자립심, 삶의 기쁨, 생의 욕구, 획득, 생명력, 강한의지, 용기, 즉흥성, 정직, 감사, 외향적
- 부정적 측면: 본능, 분노, 미움, 자기연민, 자기만족, 급한 성격, 무례, 지배적, 오만, 격렬, 잔인
- 빨강이 너무 많으면 심리적 정신적 상태에 의심을 해 보아야 하며, 반면 빨강이 너무 적으면 심한 수동성과 자기주장을 위한 의지력 결핍으로 볼 수 있음

• 파랑
- 긍정적 측면: 고요, 평화, 이완, 안전, 충실, 성실, 섬세한 감각, 원만함, 온유함, 세련된, 침착한, 순진한, 소박한, 다정한, 감격시키는, 창의력 풍부
- 부정적 측면: 권태. 무력, 공허함, 야망을 품고 있는 불성실한, 의심이 많은, 거드름을 피움
- 밝은 파랑은 사랑과 보살핌이 긍정적으로 반영
- 어두운 톤의 파랑은 지배적이고 주도적인 어머니상을 의미

• 남색
- 긍정적 측면: 신뢰, 현실적 이상주의, 꿈이 있는, 직관력이 있는, 제삼의 눈-심안을 가진, 두려움이 없는 의무를 충실히 수행하는, 환경에 적극적
- 부정적 측면: 겁을 내는 편협한, 아량이 없는, 비판적, 어두운 면만 보며 우울
- 남색이 많은 경우 어머니와의 부정적 관계에 관련하여 마음속 깊이 자리 잡고 있는 불안과 갈등

• 노랑
- 긍정적 측면: 빛, 태양, 기쁨, 자유, 발전, 지성, 지혜 사교성, 환상, 자유에 대한 욕구, 정신적 역동성, 높은 정신력, 직관
- 부정적 측면: 질투, 자기 과대평가, 협소함에 대한 불안, 피상적, 염세적, 회의적, 아첨을 잘하는 교활한, 소심한 비겁
- 노랑이 만다라에 항상 우세하게 나타나는 경우: 갈등을 극복하는 시기, 내면화된 아버지의 영향에서부터 자유
- 강렬한 노란색에 음양의 대비가 강한 만다라인 경우에는 의식과 무의식의 싸움 표현

• 녹색
 –긍정적 측면: 균형, 성장, 희망, 저항력, 생명, 자연, 의지, 치유, 완쾌, 새로운 시작, 일체성, 건강, 건전함, 목적달성, 강인성, 지구력, 조화
 –부정적 측면: 거짓, 욕심, 권력, 판별력이 없는, 무모한, 인색한, 잔인한, 무자비
 –녹색(파랑과 노랑이 고르게 섞인 녹색):긍정적이고 조화로운 자기발전
 –전나무색: 안정된 자신감과 자존감의 표현
 –검은 전나무색: 죽은, 위험, 부패의 위협을 경고

• 주황
 –긍정적 측면: 에너지, 낙천주의, 생의 욕구, 생명력, 활동성, 용기, 강함, 개방성, 젊음의 활력, 건강, 자기신뢰, 친절, 순수한, 진심, 기쁨, 열정, 자기 확신
 –부정적 측면: 권세욕, 자기 과시, 경망함, 다른 사람들로 하여금 문제를 해결하도록 하는 성향, 병적 거식증(혹은 폭식증), 알코올 오용, 거만
 –긍정적 측면과 부정적 측면을 동시에 표현, 자의식과 자기회의의 동시 표현을 의미

• 분홍
 –긍정적 측면: 즐길 수 있는 능력, 낭만, 우아, 애정, 자제력, 헌신, 자기망각, 부드러움, 겸양, 소녀나 젊은 여성, 여성성
 –부정적 측면: 보호욕구, 억제, 경쟁심 상실, 센티멘털, 허약
 –매우 섬세한 감정과 강한 보호욕구 표현
 –병을 감추고 있거나 스트레스를 받는 신경 증세를 의미

• 보라
 –긍정적 측면: 신비주의, 신비한 힘, 영성, 초자아, 변화, 영감, 정서 존중, 대립의 극복, 개별성, 강한 정서, 창의성, 상상력, 정신력, 영적 지도자
 –부정적 측면: 우울증, 고통, 단식, 포기, 전향, 노이로제 경향, 내적 긴장, 오만한, 거드름을 피우는, 속물적인, 불성실한, 광신적
 –보라색이 우세하면 내적으로 긴장 상태, 특히 성역할과 사회적 위치에서 긴장

• 터키색
 –긍정적 측면: 사교성, 우정, 의사소통능력, 독창력, 우아, 매력, 자아의식, 유머감각, 자기치유의 역할
 –부정적 측면: 자기중심, 고집, 인정받고자 하는 욕구
 –상처와 아픔에 대한 의식화를 두려워하는 위기의 과정에서 자기치유의 역할

• 흰색
 –긍정적 측면: 순결, 완전성, 덕, 구원, 고결함, 명료함, 천진, 공평성, 신뢰성, 사업수완, 정직성, 진실함, 여성성, 영적 풍요로움, 지혜
 –부정적 측면: 완전주의, 추상적 경향, 차가움, 심리적 압박감, 감추어진 감정과 정열, 화

-심오한 영적 풍요나 강한 심리적 압박 표현

• 검정
-긍정적 측면: 정복 불능, 개혁, 복구, 가치, 회귀
-부정적 측면: 권태, 강요, 압박, 희망상실, 고독, 죽음, 파괴, 정체 상태, 죄, 슬픔, 상실, 공포, 위협, 희미함, 우울증
-죽음과 상실과 슬픔과 대결을 하는 것이나 자신 안에 있는 부정적인 인성을 통합하고자 하는 상태를 암시할 수 있음

• 회색
-긍정적인 측면: 참회, 지혜
-부정적인 측면: 우울증, 무기력, 무관심, 무감각, 억제, 미결정

• 갈색
-긍정적 측면(따뜻한 갈색 톤): 어머니인 대지와 관련, 보호하고 영양분을 주는 역할과 과제, 고난의 시기를 극복, 검소, 퇴비
-부정적 측면: 가난, 대변, 죄인, 억압
-갈색이 우세하면 자신감 부족이나 보호와 안정에 대한 욕구로 추측할 수 있거나 대지와의 결속, 모성, 비옥함, 다산, 힘든 인생여정의 종말을 상징

❸ 숫자의 상징적 의미

숫자는 원형의 현실적 실현을 통해 무의식적으로 발현되는 상징으로 만다라 그림에 빈번히 나타나는 형태와 연결된 개수는 만다라의 구조와 기하 형태와 리듬감 있고 정돈된 분할을 위해 중요한 요인이 되며, 심리적 의미를 지닌다.

- **0** : 비어있는 원, 무, 영원, 완전한 형태, 모든 것의 결핍, 허무 등을 상징함.
- **1** : 대립되는 양극성이 없는 사고력을 가진 마음 상태를 의미하며 자신을 나타내는 이미지라고 할 수 있음.
- **2** : 반으로 나눔과 반복, 그리고 대칭을 나타내며 긴장, 분리, 갈등을 내포하거나 치유를 위한 연결을 의미함.
- **3** : 생명력, 에너지, 방향, 시간(과거, 현재, 미래), 새로운 창조, 활력, 고조된 감정, 독립하고자 하는 욕구를 경험하고 있음을 의미함.

- **4** : 균형과 전체성과 완성을 시사하는 숫자로서 경계의 지정과 확실한 제한, 공간을 구조화 함. 스스로 치유하며 새로운 것을 창출하는 내면적 과정을 보여줌.
- **5** : 자연 속에서 볼 수 있는 꽃잎 혹은 사과 속의 씨방 등을 나타냄. 자신의 비전을 현실 속에 실현하는 것으로 현실에 능동적으로 대처하는 것을 의미함.
- **6** : 창조성과 완전함, 평형적인 조화의 숫자임. 자신의 노력과 성취에 대해 만족함을 의미하거나 영성적인 체험으로 보다 깊은 차원의 느낌을 가지게 되었음을 나타냄.
- **7** : 정신적인 발달, 내면세계의 성장, 다산, 우리 삶 속에서 어떤 단계의 완성이나 어떤 사건이 마무리되고, 혹은 열심히 구하던 것이 성취되는 것을 시사함.
- **8** : 안정감과 조화, 새로운 탄생을 의미. 부활한 그리스도, 전체성, 자기 안정성을 의미함.
- **9** : 자비와 영성의 존재, 신체적, 정신적, 영적 차원의 통합을 의미함. 에너지, 영성성에 의하여 생성된 전능한 상태를 반영하고 있음.
- **10** : 완성이나 완벽한 윤리성, 현실성을 나타내는 숫자. 현실에 능동적으로 접근함을 반영. 당신을 지지하는 사람들이 주위에 둘러서 있음을 시사. 영성적인 영감, 균형에 대한 감각, 혹은 삶에 구체적으로 대처하는 자세를 보여줌.
- **11** : 변화, 갈등, 균형을 회복하기 위한 도전을 나타내는 숫자. 존재에 대해 보다 완전하게 성찰할 수 있는 변화과정에 요구되는 갈등을 반영.
- **12** : 우주적인 질서나 헤라클레스의 노역, 구원을 상징하는 숫자. 전체성의 완성과 나선형으로 진행되는 성장을 위한 끊임없는 동작을 시사.
- **13** : 사기와 기만, 불행한 종말, 종말을 맞이해야 하는 내적과정을 의미, 새로운 시작, 양가감정, 이중가치를 의미하며 내면에 강력한 과정이 일어나고 있음을 보여줌.

❹ 만다라 해석 기준

- 만다라에 제목을 붙이도록 하는데 이때 가급적이면 많은 생각을 하지 않는 것이 좋다. 제목은 만다라를 멀리서 보았을 때 느껴지는 첫인상을 요약하는 것이 좋다.
- 만다라에 나타난 색상의 목록을 만드는데 가장 두드러지게 나타나는 색에서 시작하여 가장 미미하게 나타난 색깔의 순서로 적어나간다. 만다라에 대해 매번 기록하는 경우 이 색깔을 볼 때 연상되는 어휘나 느낌, 이미지들과 기억 등을 적어두면 도움이 된다.
- 숫자와 형태의 목록을 만든다. 숫자는 만다라에 나타난 대상물의 수를 기록해 두는 것이다. 형태가 확실하지 않은 경우에는 서술문을 사용하여 '아래쪽에 있는 난화', '분홍색의 불꽃' 등으로 나타낼 수도 있다. 이러한 모든 형태에 대하여 돌아가면서 떠오르는 단어, 느낌, 기억 등을 기록해 두면 도움이 된다.
- 연상에 관련된 목록이 완성되면 만다라에 붙인 제목과 연관시키면서 한번 쭉 읽어본다. 만다라의 중심 주제와 연상들과 만다라의 제목을 사용하여 몇 개의 문장을 만들어 보도록 한다.
- 이러한 여러 단계를 거쳤을 때 내담자의 만다라가 지니고 있는 상징들이 시각적인 것에서 언어적인 것으로 해석될 수 있다.
- 특별히 진하게 칠해진 곳은 그 색상이 지니고 있는 상징성을 강조하는 것으로 그 색이 상징하고 있는 요소를 보다 강렬하게 표현하고 있는 것이다.
- 색깔이 연하게 칠해진 경우는 일시적인 과로로 인한 피로감이 그 원인이 될 수도 있지만 자신을 신뢰하지 못하거나 뭔가 슬퍼하고 있음을 나타낸다.

| 그림 2-12 |
초록의 잎은 자연, 생명, 시작을 의미하고 파랑의 둘레 선은 보살핌을 의미.

| 그림 2-13 |
노랑색을 띤 주황은 강한 자아의식과 더불어 자기 회의의 양가감정을 의미.

07 콜라주 기법

콜라주(Collage)란 원래 'Coller'라고 하는 프랑스어로부터 유래된 말로서 '풀로 붙인다.'라는 의미로 여러 가지 재료를 이용하여 자신만의 독특하고 개성 있는 화면구성을 만드는 것이다. 콜라주에 사용할 수 있는 재료의 종류로는 종이, 화보, 사진, 헝겊, 색지, 톱밥, 모래, 한지 등을 들 수 있다.

콜라주 기법은 모래상자, 놀이치료자들이 많이 이용해 왔으며, 직감이나 감각 등의 비합리적 기능을 이용한 현대적인 치료기법이다. 이 기법은 자신을 개방시키고 심상을 발견하거나 개발시킨다. 또한 내담자의 관심과 흥미를 분명히 해 주며, 아울러 이상과 현실의 차이를 이해하는 데도 유용하다.

콜라주 기법은 입체생활매체와 사진이나 그림을 이용하여(포토몽타주, 오브제 형식) 자신의 감정(선물, 하고 싶은 일, 남편에게 원하는 것, 퇴원 후의 계획 등)을 쉽게 나타낼 수 있는 장점이 있다. 표현 할 수 있는 다양한 평면, 입체 재료들이 충분히 준비된다면 콜라주 장점의 효과를 높일 수 있다.

(1) 검사도구

- **준비물**: 각종 잡지, 신문, 사진과 같은 인쇄매체, 풀, 가위, 종이, 빈 상자
- **소요시간**: 30분~1시간 정도

(2) 실시방법

- 잡지나 사진 속에서 주제와 관련된 화면을 선택하여 손으로 찢거나 가위로 오려 붙인다.
- 그림이 완성된 후에는 그림속의 상징 이미지에 대해 서로 이야기를 나눈다.
- 실시하는 방법으로는 대화 없이 각자 실시하는 방법, 내담자가 작업하는 것을 곁에서 치료자가 도와주며 실시하는 방법, 치료자와 내담자가 함께 제작하는 방법, 이야기를 하면서 각자 실시하는 방법 등이 있다.

(3) 콜라주 기법을 응용한 프로그램

❶ 별칭 짓기 콜라주

- **실시방법**: 잡지나 사진 속에서 자신과 관련되는 화면을 선택하여 가위로 오리거나 손으로 찢어서 붙이게 한다. 완성된 후에 자신의 그림에 알맞은 별칭을 붙인다. 별칭 속에 자신의 내재된 이미지가 담겨 있다.
- **의미**: 사진 속에 함축되어 있는 자신의 이미지를 선택하여 붙여봄으로써 내적인 이미지를 파악할 수 있다.

❷ 자신의 과거, 현재, 미래 콜라주

- **실시방법**: 잡지 속에서 자신의 삶과 관련이 되는 영상을 찾아 가위로 오리거나 손으로 찢어서 붙여 완성한다.

- **의미**: 완성된 후에 사진을 선택하여 자신의 현재, 과거, 미래를 표현한 의미를 설명하게 한다. 자신의 인생 이야기를 한눈에 볼 수 있는 영화와 같은 느낌을 주며 자신의 인생을 설계 할 수 있다. 즉, 자아의식이 증진이 되는 미술치료 방법이다.

❸ 나를 광고하기

- **실시방법**: 나를 광고할 수 있는 광고문이나 글자, 문구, 영상 이미지를 찾아 붙여 표현한다.
- **의미**: 자기 자신에 대한 객관적인 인식과 자아감의 척도를 확인 할 수 있다. 타인과 비교하거나 자신의 독자적인 개체로서의 삶에 대한 인식 정도를 파악할 수 있다. 자아감의 높고 낮음에 따라 강화를 해 주면 효과가 있다.

❹ 나의 장점과 단점(장단점 생각 후 글쓰고 꾸미기)

❺ 내가 변신한다면(자신이 변하고 싶은 모습 표현)

| 그림 2-14 |

내가 좋아하는 것들을 찾아보는 콜라주로 주스, 만두, 선물, TV, 돈을 붙임. 음식물이 주를 이뤄 애정욕구의 불만족이 나타남.

| 그림 2-15 |

추석에 타지에 있는 자녀들이 오면 이런 상을 차려 함께 먹고 싶다고 함. 과거를 회상하고 이야기하는 주제가 나오기도 함.

❻ 선물해 주고 싶은 것, 받고 싶은 것(가족, 애인, 부모, 아이, 남편 등)

❼ 사진을 순서대로 붙여놓고 이야기하기

❽ 아무 그림이나 몇 장 붙여놓고 심상의 이야기하기(역할 교환법)

08 풍경화 기법

풍경화 기법(LMT: Landscape Montage Technique)이란 단적으로 그림에 의한 자기표현 활동이다. 그린다고 하는 행동은 뭔가 새로운 것이 아니라 고대로부터 인류가 연결되어온 자발적인 행동이다. 거기에는 그린다는 것에 의해 무언가를 표현하고 전달한다는 내적인 욕구가 있다. 언어로 표현하지 못하는 감동이나 개인을 초월한 무언가를 그림에서 느끼기도 한다. 상담에서 내담자를 이해하는 것은 쉬운 일이 아니다. 다른 사람을 완벽하게 이해한다는 것은 불가능하기 때문이다. 그러나 이해한다는 자세를 가지고 노력하는 것이 상담자, 내담자 모두 성숙한 사람이 되어 가는 길이 된다.

풍경화 기법은 4면이 테두리로 그어져 있는 구조화된 공간에 통합적 지향성을 지닌 하나의 전체를 구성하는 구성적 표상을 기초로 하는 방법이라고 말할 수 있다.

(1) 검사도구

- **준비물**: 도화지, 사인펜(보통 흑색 사인펜 사용), 크레파스 혹은 색연필

(2) 실시방법

먼저 치료사가 4면에 테두리를 그린 도화지와 사인펜을 내담자에게 건네준다.

그 다음에 치료사가 말하는 사물을 차례대로 그려 넣어서 풍경이 될 수 있게 한다. 그리는 순서는 다음과 같다. ① 강, ② 산, ③ 밭, ④ 길, ⑤ 집, ⑥ 나무, ⑦ 사람, ⑧ 꽃, ⑨ 동물, ⑩ 돌 등 이상 10가지 요소이다. 그리고 마지막에 그려 넣고 싶은 사물이 있으면 그려 넣게 한다. 모두 다 그린 경우에 색을 칠하도록 한다.

① 치료사가 한 장의 도화지를 꺼내어 사인펜으로 테두리를 그리게 한 다음 사인펜과 도화지를 내담자에게 가로로 건네주고 "자, 지금부터 풍경을 그릴 거예요. 잘 그리는 것을 보려는 것이 아니니까 자신이 원하는 대로 그려주세요. 단, 내가 말하는 순서에 따라서 그려주세요. 먼저 강을 그려주십시오."

② "자, 강을 그렸습니다. 다음은 산입니다. 산을 그려주세요."

③ "다음은 밭입니다. 밭을 그려주세요.", 혹은 "논이라도 상관없습니다."라고 말을 덧붙이면 좋다.

④ "자, 다음은 길입니다. 길을 그려 넣어 주세요."

⑤ "길 다음은 집입니다. 집을 그려주세요."

⑥ "나무를 그려주세요."

⑦ "사람을 그려주세요."

⑧ "자, 다음은 꽃입니다. 꽃을 그리세요."

⑨ "다음은 동물입니다. 어떤 동물이라도 상관없습니다. 동물을 그려 넣어 주세요."

⑩ "다음은 돌입니다. 돌을 그려주세요. 자, 내가 말하는 것은 이것뿐입니다. 마지막으로 무엇인가 부족한 것이나 자신이 그려 넣고 싶은 것을 그려주세요. 또한 지금까지 완성시키지 못한 것부터 더 첨가해서 그리고 싶은 부분이 있으면 그려도 좋습니다. 아무튼 풍경을 완성시켜 주세요."

풍경화 완성 후 크레파스나 색연필을 제시하고 "자, 여기에 색칠해 주세요."라고 지시하고 색칠이 끝난 뒤 치료사는 내담자가 그린 그림을 보고 2~3가지 질문을 한다. "이것은 사계절 중 언제 입니까?", "시간은 몇 시경 입니까?", "기후는?", "강은 어디로 흐르고 있습니까?", "사람은 몇 살이며 남자입니까? 여자입니까?" 등의 질문을 한다.

(3) 풍경화 기법의 상징과 의미

❶ 강

강은 일반적으로 무의식의 흐름에 비유할 수 있다. 자신이 통제할 수 없는 영역으로 1/3 이상이면 무의식에 영향을 많이 받고 있음을 의미한다. 무의식에 지배되어 있는 상태의 환자들은 흔히 물이 세차게 흐르는 큰 강을 그리고, 군데군데 범람하여 물이 넘쳐흐르고 있는 그림을 그리는 경우가 많다.

강박경향이 심한 자나 무의식에 대해서 자아경계가 약한 자는 강가를 정성껏 돌로 쌓거나, 콘크리트로 방파제를 만든 그림을 그린다. 때로는 강에서 도랑으로 분류되어 내려오는 그림을 그려서 갑작스럽게 평온한 분위기를 자아내는 경우도 있다.

분열증의 발병기에 있는 자와 신경증 환자는 강을 너무 크게 그리거나 물의 양이 많은 강을 그리는 경우가 있다. 소위 무의식의 세계에 지배되어 있는 듯한 느낌이 강하다.

❷ 산

산은 그리는 사람의 주어진 상황과 앞으로의 전망을 나타내는 경우가 있으며 극복해야 할 문제의 수를 시사하는 경우도 있다. 산봉우리 수는 극복해야 할 문제의 수를 의미하며 봉우리 끝이 잘려있다면 "아버지와의 의사소통"이 충분치 못하다는 것을 의미한다. 눈앞에 우뚝 서 있거나, 앞길을 막고 있는 경우는 곤란이나 장애 등이 가로 놓여 있는 것을 의미하는 경우도 있다.

❸ 밭 (또는 논)

논에 모를 심고 있을 때, 벼가 푸르고 번성할 때, 벼 이삭이 돋은 것, 벼 베기, 수확한 후, 수확한 후의 한가한 논의 모습을 그린 경우에는 그린 사람의 마음이 지향하고 있을 때를 암시하며, 때로는 발병의 시기, 즐거웠던 시절을 회상하며, 때로는 미래를 암시하는 경우도 있다. 밭에서 일하는 사람의 모습이나 논 혹은 밭을 갈고, 정리하고, 손질하는 모습에 있어서 학생과 아동의 경우에는 면학과의 관계를 나타낸다. 일반적으로는 과제나 의무와의 관계를 나타내는 경우도 있으며 인격이 통제된 부분으로 볼 수도 있다. 공간 구성상 흔히 밭만 조감도적 구성을 취하고 있으며, 공간이 왜곡되고 이질적인 부분으로서 나타내는 경우도 있다. 만일 지도 기호로 대처하고 있는 경우는 인물화에 있는 막대기 그림의 해석과 비슷하다.

❹ 길

강을 무의식에 비교한 반면에 길은 의식이며, 방향을 암시하고 인생의 길로서 명확하게 의식되는 것을 표현하는 경우가 있다. 수평인 길은 안정의 욕구, 수직의 길은 상승의 욕구를 의미하며 넓고 곧은길은 미래에 대한 강한 자신감을 시사한다. 그 길이 확실하게 강위의 다리와 연결되어 있으면 안심할 수 있다. 그러나 일반적으로 여성의 경우에 길이 강으로 차단되어 그대로 끝나있는 경우가 1/4이나 된다. 여성에게 있어서는 강을 건넌다는 의미가 강을 건너서 다른 세계로 간다는 것 즉, 결혼을 의미한다. 남성에게 있어서는 결혼이란 다른 세계로 향한다는 정도의 큰 변화는 없다. 남성에게 있어서 강을 건넌다는 의미는 다른 뜻으로 생각되어진다.

❺ 집, 나무, 사람

기존의 HTP 그림검사에서 언급된 것과 같다. 집은 창문과 출입문은 개방성이며 크면 클수록 외향적인 사람이며 울타리는 심리적인 보호막을 나타낸다. 나무는 자신의 성장 에너지로 5그루 이상은 지나친 욕심이며 열매는 일의 성과나 결과를 중시하는 심리적 기저를 의미한다.

사람을 졸라맨(막대모양)으로 그린 경우 약한 자아존중감이며 어디에서 무엇을 하고 있는지가 중요하다.

❻ 꽃

꽃은 아름다움과 사랑을 상징한다. 또 개화에서 결실에 이르는 최초의 단계이기 때문에 성장발달의 상징이기도 하다. 꽃을 크게 많이 그린 경우 내적으로 성장 발달을 하고 있으므로 아픈 상처나 고통을 스스로 치유할 수 있는 가능성이 있음을 시사한다. 일반적으로 여성스러움을 의미하고 강조하는 경우에 그리는 일이 많다. 그러나 높은 산봉우리의 꽃, 장례식용 꽃, 새빨간 색으로 길가에 피어있는 꽃등은 그대로 자신의 영혼을 공감하는 꽃이며, 양친의 죽음을 애도하는 그림에서 많이 나타난다. 꽃에 색칠을 하지 않은 경우는 정신분열증 환자에게 많이 나타나는데 이것은 감정이 실감나지 않는다는 하나의 표현이다.

❼ 동물

동물 그 자체가 상징성을 나타낸다. 판다, 기린, 공작 등 눈에 띄는 것, 코알라, 강아지, 고양이와 같이 귀여운 동물, 뱀, 돼지 등 일반적으로 싫어하는 동물 등 각 동물이 지닌 속성을 중심으로 부여되는 인간의 여러 가지 이미지와 동물의 세심한 특성과 생태, 신화, 전설 등에 그 의미를 맞출 수 있다.

분열증 환자나 대인공포증 환자는 토끼를 좋아하며 그리는 경우가 있다. 혹은 싸워서 상처를 입은 고슴도치, 매, 사자 등을 많이 표현하기도 한다. 등교거부 아동은 자주 소나 말을 그리는 경우가 많다. 학교 내 폭력 소년은 고양이에게 몰려있는 듯한 쥐 모습을 그린다.

- **소**: 업무 과다 또는 등교 거부
- **강아지**: 사교성
- **고양이, 쥐**: 가출 심리
- **사자**: 공격성
- **토끼, 사슴**: 대인기피증
- **새, 물고기, 곤충**: 자유 열망 등

❽ 돌

돌의 의미는 상당히 중요하다. 그 속성은 단단함, 냉정, 불변성이다. 돌이 길이나 강 옆의 일렬로 놓여 있는 경우는 '강박증'을 시사한다. 돌은 일반적으로 눈에 띄지 않고 무수히 많은 것으로 그 존재를 알아차리기 어려운 경우가 많다. 그러나 그것이 큰 돌이나 큰 바위로서 전방을 가로막고 있으면 장애가 되고 큰 짐이 되며 어려움을 나타낸다. 그러나 큰 돌이라 하더라도 그 위치에 따라서 여러 가지 의미를 준다.

| 그림 2-16 |
산에 호랑이가 있어 공격성을 의미하고 큰 강은 무의식에 영향을 받고 있음을 시사함.

| 그림 2-17 |
넓은 밭은 자신이 앞으로 해 나가야 할 일이 많음을 의미.

09 동그라미 중심 가족화

동그라미 중심 가족화(FCCD: Family Centerd Circle Drawing)는 번스(Burns)에 의해 처음으로 개발된 투영적 묘화법이다. 동그라미 중심 가족 묘화법은 원의 중심에 그려지고 각 인물은 그 인물 주위에 그려진 상징에 둘러싸여 있어 내재되어 있는 부모와 자신과의 관계를 보고, 그 관계를 통해 자기 자신을 바라보도록 하는 방법이다.

동그라미 중심 가족화는 부친상, 모친상, 자기상을 각각 따로 그려 각각을 분석하는 방법이 있는데, 개인의 문제는 많은 경우 인간관계의 문제이므로, 부모와 자신을 하나의 원안에 그리는 것이 부모와 자녀의 관계를 더 명확히 진단할 수 있고, 여기서의 부모와 자신은 현실에서의 부모가 아니라 심리적 부모와 자신이다.

(1) 검사도구

- **준비물**: 직경 19.1~22.9cm의 둥근 원이 그려져 있는 A4 정도의 용지, 연필, 지우개
- **소요시간**: 10~30분

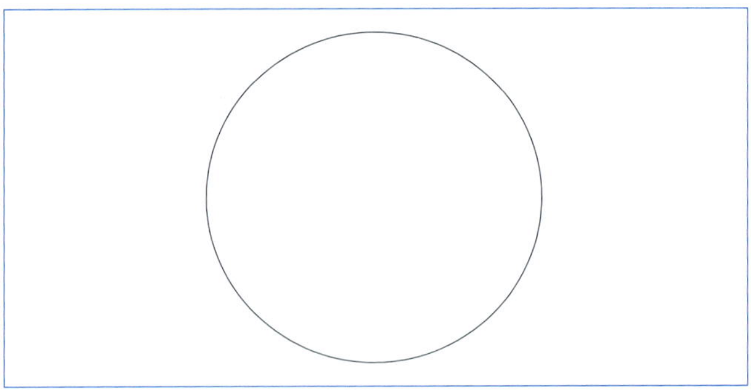

| 그림 2-18 | 동그라미 중심 가족화 검사도구

(2) 실시방법

동그라미 안에 부모와 자신을 그리라고 지시한다.

"원의 가운데에 아버지와 어머니, 그리고 자기의 모습을 그려 주세요. 막대기나 만화 같이 그리지 말고 몸 전체를 그려 주세요. 그리고 아버지, 어머니, 자기의 주변에 이들과 관계된 것이나 떠오르는 것을 무엇이나 그려주세요. 글로 써도 되고 그려도 됩니다."라고 말한다.

그림의 모호한 부분을 분명히 하기 위해서 검사가 끝난 뒤 그림에 대해 질문을 할 필요가 있다. 검사자는 "당신이 그린 그림에 대해 설명 좀 해주시겠어요?" 혹은 "이 그림은 무엇입니까?"라고 질문한다.

(3) 진단 및 해석

❶ 일반적인 기준

■ 인물상의 상대적 크기

각각의 심리학적 크기나 그 인물의 내부에 포함 되어 있는 힘의 양을 반영한다.

■ 신체 각 부분의 생략과 과장

- **눈의 생략**: 보고 싶지 않음을 나타내며, 눈의 과장은 과도한 경계를 의미한다.
- **코의 생략**: 분노를 나타내지 않으려는 것으로, 대개 분노가 수용되지 않는 가정에서 양육된 사람들에게서 나타난다. 코의 과장은 외부로 향한 분노이다.
- **입의 생략**: 의존성과 약함을 표현할 수 없는 것을 나타내고 입의 과장은 의존성을 나타낸다.
- **팔의 생략**: 힘에 대한 불안을 의미하며, 길게 늘어진 팔은 힘과 조정에 대한 욕구를 나타낸다.
- **허리 밑 부분의 생략**: 성에 관한 부정을 의미하고 있다.

- **발의 생략**: 불안정과 집시 같은 성격을 나타내는 반면 길게 늘어진 발은 안정성 및 안정성에 대한 욕구의 표현이다.

■ 얼굴의 표정

누가 웃고, 울고 있는가, 행복한가, 불행한가, 인물상의 눈이 있는가, 그들은 볼 수 있는가.

■ 인물 바로 위의 상징

이 상징은 종종 그 인물에 관련되는 첫째로 연상된 감정이다. 상징이 많음은 관심을 의미하며, 적음은 상호작용의 단절을 의미한다. 그리고 인물상의 상징이 긍정적인지, 부정적인 상징인지를 파악한다. 인물상 바로 위의 하트는 사랑을 의미하며, 인물상 위의 칼은 분노를 나타내는 것이다.

■ 인물간의 거리

거리는 심리적 거리를 의미한다.

■ 인물간의 위치

중심에서 어느 위치에 있는가를 의미한다.

❷ 건강하게 내재화된 부모상과 자기상의 그림 특징

- 전체의 인물상이 생략되거나 왜곡되어 있지 않다.
- 신체 각 부위가 적당한 크기로 균형을 이루고 있다.
- 인물상의 눈, 코, 입이 그려져 있고, 화목한 얼굴표정을 보인다.
- 자신의 상이 중심에 있고, 통제되고 있다.

- 인물상이 상호간에 지나치게 접촉되어 있지 않고 적당히 떨어져 있다.
- 부모상이 대조적으로 위치하고, 자신의 상에 인접하는 쪽의 신체적 왜곡이 없다.
- 이상적으로는 부모상은 자신의 상을 부상시켜 바라보고 있다.
- 주위의 상징이 긍정적이고 희망적이다.
- 살고 싶은 세계가 그려져 있다.

❸ 불건강하게 내재화된 부모상과 자기상의 그림 특징

- 인물상의 신체 각 부위가 생략된 사람이 있다.
- 인물상의 지나친 크기 및 왜곡이 있다.
- 화목하지 않은 얼굴표정이나 생략이 있다.
- 부친상과 모친상이 중심부에 있거나 중심부가 비어있다.
- 인물상들이 멀리 떨어져 있다.
- 부모가 자신을 보지 않고, 눈이 없거나 앞만 보고 있다.
- 주위의 상징들이 부정적이다.
- 살고 싶지 않은 듯한 세계를 그리고 있다.

| 그림 2-19 |

아버지와 어머니가 밀착되어있고 아버지의 상징에서 낫은 신체적 체벌이 있었을 가능성을 제공함.

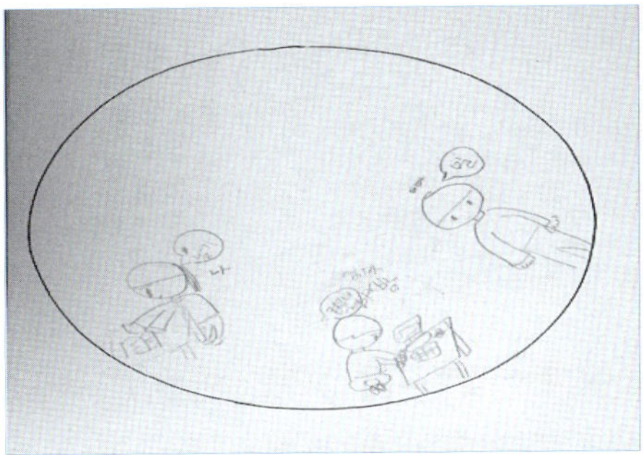

| 그림 2-20 |

엄마는 게임을 하고 아빠는 일을 하고 있고 자신은 공부를 하고 있음. 가족 간의 친밀감이 없고 자신과 엄마에 대해서는 양가감정을 보임.

10 동적 가족화

동적 가족화(KFD: Kinetic Family Drawing)를 처음으로 도입한 헐스(Hulse, 1951)는 아동에게 자신의 가족을 그려보게 한 후 자신이 그린 인물에 대해 자유롭게 이야기해 보도록 하는 과정에서 아동의 심리적 어려움의 원인, 부모와의 관계, 형제와의 관계를 알 수 있고, 아동이 가족 안에서 자신의 위치를 어떻게 지각하는지를 알 수 있다고 하였다. 그러나 이때는 단지 "가족을 그려 보자."는 지시만 하므로 가족 간의 역동적 상호작용이 나타나지 않는 가족화가 그려지는 것이 일반적이었다.

KFD는 번스(Burns)와 코프먼(Kaufman, 1970)에 의해 발전되었다. 가족들이 무엇인가 하는 것을 그리도록 지시한 동작성 가족화는 가족 안의 상호작용을 보다 쉽게 파악할 수 있게 해준다. "당신을 포함해서 당신 가족들이 무엇인가를 하고 있는 그림을 그리세요."라고 지시와 함께 수용적인 분위기를 제공하여 아동이 그림을 편하게 그릴 수 있도록 격려한다.

(1) 검사도구

- **준비물**: A4용지, 4B 연필, 지우개 등
- **소요시간**: 30~40분 정도

(2) 실시방법

KFD는 투사기법으로 연필로 그림을 그리는데 아동들은 연한 4B 정도의 것을 선호하며, 치밀한 묘화를 그리기 쉬운 청년기 피험자는 단단한 연필의 종류를 더 선호한다. KFD를 색채화를 하지 않는 이유는 색채에 부여되는 심상과 감정을 제외시키기 위해서이다.

- **검사자의 지시**: 검사 도구를 피험자의 책상 위에 두고, "당신을 포함해서 당신의 가족 모두에 대해서 무엇인가를 하고 있는 그림을 그려보세요. 만화나 막대기 같은 사람이 아니고 완전한 사람을 그려 주십시오. 무엇이든지 어떠한 행위를 하고 있는 그림을 그려야 합니다.
  이와 같은 지시를 한 후에 종종 피험자가 하는 질문은 "가족 전원이 무엇인가 하나의 일을 하고 있는 것입니까? 그렇지 않으면 개인이 각각 다른 일을 하고 있는 것을 그리는 것입니까?"라고 묻는다. 물론 어느 쪽이라도 괜찮다.
- **검사자의 태도**: 검사 장면을 설정하고, 지시를 한 후에 검사자는 피험자의 그림을 그리는 과정을 주목하지 않는 것이 좋다. 혹은 검사자는 검사실을 나와서 가끔씩 돌아보는 것이 좋다. 피험자가 그림을 거부하는 일은 거의 없지만, 만약 그와 같은 일이 생기면 피험자에게 용기를 주고, 그림을 완성할 때까지 방에 머물도록 한다. 이 같은 검사 장면의 설정 외에는 시간제한을 하지 말고, 피험자가 말이나 몸짓으로 그림의 완성을 이야기할 때까지 그 장면을 유지하도록 한다.

(3) 그림 완성 후의 절차

그림을 완성한 후에는 그림 속에서 각각의 인물상이 누구인가, 연령, 그리고 무엇을 하고 있는 것인가(행위 종류)를 확인하고, 용지의 여백에 기입해 두는 것이 바람직하다. 이것은 상세하지 않은 그림을 다시 확인하기 위한 절차이고, 기록의 산만을 막아 정확한 자료를 얻기 위한 것이다. 또 피험자의 그림에 대한 확인 질문이 피험자의 애매한 가족 인지에 통찰을 촉진하는 것 같은 유효한 상담 효과를 수반하는 경우도 있다.

(4) 진단 및 해석

아동이 그린 가족화는 일반적으로 활동내용, 그림의 양식, 상징, 역동성, 인물의 특징에 따라 해석한다.

❶ 활동내용(Action)

활동내용은 두 가지 관점에서 해석될 수 있다.

첫째는 활동의 상호작용적 측면이다. 가족 모두가 상호작용을 하는 지, 일부만 하는 지, 아니면 전혀 상호작용이 없는 지에 따라 가족의 전체적 역동성을 파악할 수 있다. 예를 들어 가족 모두가 함께 다과를 하는 모습을 그리면 가족 전체의 상호작용을 나타내는 것이다.

둘째는 활동 내용으로 가족 내의 역할 유형 등을 알 수 있다. 대체로 아버지는 신문 보기, 컴퓨터 하기, 책읽기, 일하기 등, 엄마는 요리하기, 청소하기 등, 본인은 공부하기, 놀기 등으로 묘사되는 경우가 많다.

이와 같은 활동내용으로 아동이 가지고 있는 성역할 의식에 대해서도 알 수 있다. 그러나 활동내용에 관한 해석은 다음에 언급할 그림의 양식, 상징 등을 함께 고려하여 전체적 관점에서 해석되어야 한다.

❷ 양식(Styles)

일반적으로 양식은 아동이 가족들에 대해 가지고 있는 감정 상태나 신뢰감 등을 드러내는 것으로서 구획 나누기, 포위하기, 가장자리에 그리기, 특정 인물 밑에 선 긋기, 상부나 하부의 선 긋기 등으로 분류할 수 있다.

- **구획 나누기**: 직선이나 곡선을 이용하여 인물들을 의도적으로 분리하는 경우 또는 미리 검사지를 접어서 사각형의 태를 만들고 그 안에 가족 구성원을 따로따로 그리는 경우도 있다. 이것은 구획 나누기의 극단적인 형태로 각 가족 구성원들 간의 정서적 교류를 차단시키려 하는 고립된 아동들이 전형적으로 보이는 형태이다. 솔직한 애정표현이 허용되지 않을 때 또는 내성적이고 위축된 아동에게서 나타난다.

- **포위하기**: 위협적인 개인을 분리하거나 제거하고 싶을 때 어떤 사물이나 선으로 둘러싸는 경우이다. 예를 들어 엄마가 자신을 힘들게 하거나 스트레스 받을 때 어머니를 원 안에 가두어 버리는 경우로 두 인물을 함께 포위할 경우는 둘 사이가 밀접하게 동일시된 경우이다. 주로 줄넘기, 자동차, 그네 등으로 표현되는 경우가 많다.
- **가장자리에 그리기**: 인물을 용지의 가장자리를 따라서 그리는 경우이다. 상당히 방어적이며 가족 구성원들과 친밀감을 맺는데 저항을 갖고 있을 경우에 많이 그린다.
- **특정 인물 밑에 선 긋기**: 자신 혹은 특정 가족 구성원에 대해서 불안감이 클 경우에 그 인물상 밑에 선을 그리는 경우가 많다. 자기 그림 밑에 선을 긋는 경우는 견고한 토대를 만들어 안정감을 유지하려는 아동의 노력이 심리적으로 드러내는 경우이다.
- **상부의 선**: 여러 선을 용지 상단에 걸쳐서 그린 경우이다. 불안이나 걱정, 공포가 큰 아동의 그림에서 나타난다.
- **하부의 선**: 여러 선을 용지 하단에 걸쳐서 그린 경우이다. 심한 스트레스를 받고 있는 아동이 안정되고 싶고, 구조 받고 싶은 욕구가 강할 때 나타내는 형태이다.

❸ 상징(Symbols)

상징은 과잉해석을 하거나 잘못된 해석을 하기 쉬운 주제이다.

상징은 무의식적 표현으로 가정하기 때문에 해석을 할 때에는 또 다른 해석도 가능할 수 있다는 것을 생각하여 되도록 아동의 전체성을 고려하여 해석하려는 자세가 필요하다.

동작성 가족화에 나타나는 사물들은 너무 많기 때문에 일일이 열거하기 어렵고 임상적으로 의미를 부여할 수 있는 사물들을 영역화하면 다음과 같다(한국미술치료학회, 1994).

- **힘의 과시를 나타낸 그림**: 오토바이, 자동차, 기차, 비행기, 자전거 등이다. 자전거를 제외한 모든 것은 의존적 요소에 의한 힘의 과시를 반영한다.
- **분노, 거부, 적개심을 나타낸 그림**: 총, 칼, 날카로운 물체, 불, 폭발물 등
- **공격성, 경쟁심을 나타낸 그림**: 축구공, 공, 던지는 물건, 빗자루, 먼지떨이 등
- **애정적, 온화함, 희망적을 나타낸 그림**: 전등, 난로 등 열과 빛이 표현될 때이다.
- **우울감, 억울함을 나타낸 그림**: 바다, 호수, 강 등 물과 관련되는 모든 것이다.

❹ 역동성

가족 구성원들 간의 감정을 용지의 전체적 맥락 안에서 파악할 수 있는 영역이다. 인물묘사의 순서, 인물의 크기, 인물 간의 거리, 인물의 얼굴방향, 인물상의 생략 등이 여기에 포함된다.

- **인물묘사의 순서**: 가족 구성원들을 그린 순서는 가족 내의 서열을 나타내는 것이다. 제일 먼저 그린 구성원이 가족 안에서 가장 중심적인 위치를 차지하고 있는 것을 알 수 있다.
- **인물의 크기**: 인물묘사의 순서와 마찬가지로 인물의 크기 역시 가족 내의 힘의 서열을 반영한다. 키를 크게 그린 인물은 권위의 대상이 되고, 작게 그린 인물은 경멸이나 무시의 대상이 된다.
- **인물 간의 거리**: 아동과 가깝게 그린 가족 구성원과 멀리 그린 가족 구성원은 아동이 가지고 있는 친밀감의 정도에서 다르다. 이것은 감정적인 거리를 반영하는 것이기 때문에 아동과 가족 구성원들 간의 상호작용이나 의사소통의 수준을 보여 주는 것이다.
- **인물의 얼굴 방향**: 그려진 가족 구성원이 앞모습, 옆모습, 뒷모습 중 어느 것이냐에 따라서 아동이 느끼는 가족관계의 방향성을 알 수 있다. 앞모습은 긍정적 관계, 옆모습은 반 긍정 또는 반 부정적 관계, 뒷모습은 부정적 관계로 지각한다고 볼 수 있다.

- **인물의 생략**: 가족 구성원 중 누군가를 그리지 않았다든가, 또는 그렸다가 지운 경우, 그 구성원과의 갈등이 있음을 보여 준다. 또한 누군가를 용지의 뒷면에 그린 경우는 그 구성원과 간접적인 갈등이 있음을 반영한다.

❺ 타인을 그린 경우

아동이 함께 살고 있는 가족 구성원이 아닌 타인을 그렸다면 이는 아동이 가족 누구와도 정서적 교류나 친밀감을 느끼지 못함을 나타낸다. 아동이 그린 타인은 아동이 정서적으로 가장 친밀하게 느꼈거나 초기의 애착대상일 가능성이 크다.

❻ 인물의 특징

아동의 동작성 가족화에 흔히 나타나는 인물의 특징은 다음과 같다.

- **음영**: 어떤 인물의 특정 신체 부위에 음영을 그릴 경우, 이는 그 신체 부분에 대한 몰두나 불안감을 나타내는 것일 수 있다.
- **표정**: 얼굴 표정은 정서반응을 나타내는 것으로 인물의 표정은 실제 가족활동 안에서 아동이 지각하는 정서 반응일 수 있다. 표정이 없는 경우 가족 안에서 느끼는 정서적 어려움을 회피하려는 시도로 해석해 볼 수 있다.
- **막대기 인물**: 가족 간의 정서적 유대감과 따뜻한 정서교류가 부족함을 반영한다.

지금까지 아동의 그림에 대한 전반적인 해석방법을 설명하였다, 그러나 그림을 요소별로 잘 분석했다 하더라도 이것으로 아동의 심리적 특성을 파악하고 진단하는 데는 무리가 있다. 그림검사의 결과를 해석할 때에는 다른 검사결과나 검사 실시 과정에서 아동이 보인 행동과 아동의 환경 등과 종합하여 분석되어져야 한다.

| 그림 2-21 |
가족 중 엄마는 뒤로 돌아 식사하는 모습으로 부정적인 관계를, 언니는 카페트로 포위해 불편한 감정을 표현함.

| 그림 2-22 |
모든 가족을 옆모습으로 그려 가족에 대한 양가감정을 가지고 있음을 보여주고 엄마와 여동생은 서로를 바라보아 친밀감을, 자신은 책상과 의자로 포위하여 가족관계 내에서의 단절을 보여줌.

11 동적 학교화

동적 학교화(KSD: Kinetic School Drawing)는 크노프(Knoff)와 프루트(Prout 1988)가 개발하였다. KSD는 학교 내에서 학생들과 관련성이 있는 학교 인물이 무엇인가 하고 있는 모습을 그리게 하여 학교 환경 내에서의 상호관계 및 역동성(심리적 거리나 우월감, 관계상 갈등)을 파악한다.

학업 성취성과 학교생활 적응수준을 어느 정도 파악할 수 있고, 건전하게 성장할 수 있는 학교 내 환경을 조성하기 위한 기초자료가 되기도 한다.

아동의 학교생활을 파악하는 데 좋으며, 치료에도 활용하고 가족화와 함께 받아보면 아동생활 전체를 이해하는 데 유용하며 그릴 때는 교사, 친구, 본인을 포함해서 그리게 한다. 대부분의 아동은 학교생활에 대한 그림을 거부하는 경향이 적으며 역동성의 변인은 인물의 우월성, 그린순서, 인물간의 방향, 크기, 표정 등 7가지이다.

만약 유치원 아동을 대상으로 그릴 경우에는 유치원 생활을 그리게 하거나 일반 사회인의 경우에는 직장생활을 그리게 하여 소속집단에서의 생활적응성을 파악할 수 있다.

(1) 검사도구

- **준비물**: A4용지, 연필, 지우개

(2) 실시방법

"당신 자신을 포함하여 선생님과 한 명 이상의 친구가 학교에서 무엇인가 하고 있는 그림을 그려보세요.", "만화나 막대기 같은 사람이 아닌 완전한 사람을 그려주세요.", "모두가 무엇이든 하고 있는 그림을 그려보세요." 하며 지시한다.

용지의 방향은 내담자가 자유롭게 선택하도록 놔두고 내담자의 질문에 대해서는 "자유입니다. 그리고 싶은 대로 그리세요."라고 하며, 그림 완성 후 질문을 하고 이야기를 나눈다.

(3) 그림 그린 후의 질문

- 학교생활에서 어떤 부분이 어려운지 또는 즐거운지 묻는다.
- 친구나 교사와의 관계 등이 원활하지 못할 경우 어떤 요인에 의한 것인지 알아본다.
- 관계 개선을 하고 학교생활에 적응하기 위해서는 어떤 부분이 변해야 하는지 묻는다.
- 그 같은 변화를 위해 자신이 할 수 있는 것은 무엇인지 등에 대해서도 이야기를 나누는 것이 좋다.

(4) 진단 및 해석

- **홀로 그려진 경우**: 주위의 교우관계가 좋지 않을 경우가 많다. 또한 표면적인 관계는 좋아 보일지라도 내면속의 관계는 좋지 않을 경우가 많다.
- **반복해서 지우고 다시 그리는 경우**: 불안과 갈등이 있다는 것을 의미한다.
- **뒷모습만 그린 경우**: 사람의 얼굴을 나타내지 않고 뒷면을 그리거나, 측면을 그리는 것은 자신에 내한 거부감, 갈등을 의미하고, 뒤통수는 자신의 얼굴을 보기 싫어하는 것처럼, 자신에 대한 거부감, 보기 싫거나 외면하고 싶음을 의미한다.

| 그림 2-23 |
학교에서 벌을 서고 있는 모습을 표현함. 학교에 대한 부정적 사고를 볼 수 있음.

| 그림 2-24 |
자신과 친구는 옆모습과 뒷모습으로 그려 학교에 대한 양가감정과 부정적인 생각을 볼 수 있음.

03

HTP(House, Tree, Person) 검사

01 이론적 배경

19세기 말 유럽에서는 정신장애 환자들의 그림에 대한 관심이 증가하면서 그림이 정신 병리의 진단에 도움을 주는 도구로 사용될 수 있다는 인식이 싹트기 시작하였고, 20세기 초에는 정신장애 환자들의 그림이 정신분열증과 같은 정신장애 진단을 확증해 줄 수 있을 만큼 타당성을 지닌다는 견해가 당대 학자들 사이에 광범위하게 퍼지게 되었다.

이러한 이론적 분위기에서 한스 프린츠호른(Hans Prinzhorn)은 정신장애와 그림간의 밀접한 관계를 경험적으로 입증하고자 하였고 프로이트와 융 또한 20세기 초반 예술적 표현과 정신세계 간의 관련성에 대한 인식을 확장시키는 데 많은 기여를 하였다.

HTP(House, Tree, Person) 검사는 1948년 벅(Buck)에 의해 개발되었는데 그는 단일과제의 인물검사보다는 집-나무-사람을 그리게 하는 것이 피검자의 성격과 심리를 이해하는 데 더욱 효과적이라고 하였다. 따라는 집-나무-사람(House-Tree-Person) 그림을 발달적, 투사적인 측면에서 연구한 결과 첫째, 집, 나무, 사람은 누구에게나 친밀감을 주며, 둘째, 모든 연령의 피검자가 그림을 쉽게 받아들여 그릴 수 있으며, 셋째, 다른 검사보다는 솔직하고 자연스럽게 언어로 표현할 수 있도록 쉽게 접근할 수 있기 때문에 집-나무-사람 그림은 누구에게나 적용이 가능하다고 하였다.

02 검사 방법

1) 검사도구

- **준비물**: A4용지 4장, 4B 연필 3~4자루, 지우개, 크레파스
- **소요시간**: 각 그림마다 5~10분 정도

2) 실시방법

(1) 개별검사 시

- 먼저 A4 용지 우측 상단에 작은 글씨로 1부터 4까지 번호를 적어둔다.
- 그림 지시는 "지금부터 그림을 그릴 것입니다. 그림을 잘 그리고 못 그리는 것을 보는 것이 아니므로 편안한 마음으로 그리면 됩니다. 그림을 그릴 때는 자기가 생각한 대로 그리면 됩니다."
- 1번이 적혀 있는 종이를 가로로 제시하면서 "이 종이 위에 집을 그리세요." 라고 지시한다. 여러 가지 질문에 대해서는 단지 "당신이 생각한대로 그리면 됩니다."라고만 대답해주며 피검자의 질문을 기록한다. 지시를 한 후부터 그리기 시작부터 그리기를 마칠 때까지의 시간과 행동을 기록해 둔다.
- 2번 종이를 세로로 제시하며 "이번에는 나무 한 그루 그리세요." 하고 지시한다.
- 3번 종이를 세로로 제시하며 "이번에는 사람을 한명 그리세요. 사람 전신을 그립니다. 단, 막대인물이나 만화인물은 그리지 마세요."라고 지시한다. 만일 피검자가 다시 한 번 그리게 하였을 때도 역시 만화적으로 그리거나 막대형의 그림 또는 추상적인 그림일 경우에는 해석적인 유의미성을 지닌다고 할 수 있다. 즉, 검사에 대한 거부감으로 표시일 수 있다.

- 검사자는 피검자가 사람을 다 그리고 나면, 그 그림이 남자(성)인지 여자(성)인지 질문하여 피검자의 대답을 ③번의 아래에 기입한다.
- 그리고 ④번의 종이를 세로로 제시하며, “그러면 이번에는 남자(혹은 여자)를 한 사람 그려보십시오. 역시 얼굴만이 아니고 전신을 그려보십시오.”라고 ③번의 인물과 반대되는 성의 인물을 그리도록 지시한다.

HTP 각각의 그림에 대개 10분 정도 필요하다고 한다. 대개 집 그림은 5~6분 정도, 나무 그림은 그보다 더 짧은 시간인 3-5분, 인물화인 경우는 8~10분 남짓 소요된다. 그림에 소요되는 시간이 지나치게 짧거나 혹은 긴 시간이 소요될 경우는 해석적인 유의미성을 지닌다고 할 수 있다.

(2) 집단검사 시

HTP를 집단검사로 실시할 경우에는 옆 사람의 그림을 보지 않도록, 그리고 사생을 하지 않도록 강조하며 덧붙여 만화 혹은 막대형의 그림 등으로 그리지 않도록 피검자들에게 주의시킨다. 그리고 지시사항은 개별검사 때와 같다.

또한 검사를 실시하기 전에 반드시 준비한 백지의 우측 상단에 조그맣게 ①~④까지 번호를 써두어야 한다. 피검자들에게 각각의 그림에 이름을 기록하게 하고 그림 ③과 ④의 인물화에 대해서는 남자인지 여자인지 성별을 기록하게 해야 한다.

실시하는 데 사람그림과 가족그림을 함께 그리게 하는 경우도 있다. 이는 피검자의 가족에 대한 태도를 좀 더 정확히 파악하여 아동의 심리를 이해하는 데 도움이 된다.

집단검사에서도 개별검사와 같은 시간이 소요된다. 그림에 소요되는 시간이 지나치게 짧거나 혹은 긴 시간이 소요될 경우는 해석적인 유의미성을 지닌다고 할 수 있다.

03 그림 그린 후의 질문

HTP 그림을 그린 후 질문을 통해 피검자가 표현한 것의 독특한 의미와 문제를 파악하는 것이 매우 중요하다. 질문에 대한 특별한 형식은 없으나 검사자의 필요에 따라 질문하는 것이 좋다. 그러나 질문에 대한 대답은 그대로 기록해 두고 질문에 대답을 머뭇거리거나 한참 생각하는 모든 행동 관찰까지도 상세히 기록하는 것이 바람직하다. 또한 피검사자에게 질문 후 질문지에 기록을 할 때는 피검자가 사용한 용어를 그대로 기록하는 것이 피검자에 관한 정보를 한 층 더 알 수 있다.

<표 3-1>은 아동용 질문지이며 <표 3-2>는 성인용 질문지로 다음에 일반적인 질문사항을 소개한다.

표 3-1 | House 그림 그린 후 질문지

질문사항	피검사의 답변
이 집은 도심에 있는 집입니까? 교외에 있는 집입니까?	
이 집 가까이에 다른 집이 있습니까?	
이 집은 당신에게서 멀리 있는 집입니까? 가까이 있는 집입니까?	
이 집에는 누가 살고 있습니까?	
안에서 무엇을 하고 있습니까?	
이 집을 보면 무슨 생각이 납니까?	
이 집을 보면 누가 생각이 납니까?	
이 집은 당신의 집입니까?	
당신의 방은 어디 입니까?	
이 집은 행복합니까?	
이 그림에 첨가해서 더 그리고 싶은 것이 있습니까?	
이 집이 가장 필요로 하는 것이 무엇입니까? 왜 그렇게 생각합니까?	
이 집의 날씨는 어떻습니까? 계절은 어느 계절입니까?	

표 3-2 | Tree 그림 그린 후 질문지

질문사항	피검사의 답변
이 나무는 어떤 나무입니까?(불확실할 경우에는 상록수 혹은 낙엽수인지 질문)	
이 나무는 어디에 있습니까?	
한 그루만 있습니까? 여러 나무와 함께 있습니까?	
이 그림의 날씨는 어떠합니까?	
바람이 불고 있습니까? 바람이 분다면 어떤 바람이 어느 방향으로 불고 있습니까?	
이 나무는 몇 살입니까?	
이 나무는 살아있나요? 말라죽었다면 언제쯤 어떻게 말라 죽었나요?	
이 나무는 강합니까? 약합니까?	
해가 떠 있습니까? 떠 있다면 어느 쪽에 떠 있습니까?	
이 나무는 누구를 생각나게 합니까?	
이 나무는 남자입니까? 여자입니까?	
이 나무는 당신에게 멀리 있습니까? 가까이 있습니까?	
이 나무에 필요한 것은 무엇입니까?	
이 나무는 당신보다 큽니까? 작습니까?	
(상흔 등이 있으면) 이것은 무엇입니까? 어떻게 해서 생겼습니까?	
이 그림에서 더 첨가해서 그리고 싶은 것이 있습니까?	
(그림에서 이해하기 곤란한 부분에 대하여) 이것은 무엇이며 왜 그렸습니까?	

표 3-3 | Person 그림 그린 후 질문지

질문사항	피검사의 답변
이 사람의 나이는?	
결혼했습니까? 가족은 몇 명이며, 어떤 사람들입니까?	
이 사람의 직업은?	
이 사람은 지금 무엇을 하고 있습니까?	
지금 이 사람은 무슨 생각을 하며, 어떻게 느끼고 있습니까?	
이 사람의 신체는 건강한 편입니까? 약한 편입니까?	
이 사람은 친구들이 많습니까? 어떤 친구들입니까?	
이 사람의 성격은 어떻습니까? 장점과 단점은 무엇입니까?	
이 사람은 행복합니까? 불행합니까?	
이 사람에게는 무엇이 필요합니까?	
당신은 이 사람이 어떻습니까? 좋습니까? 싫습니까?	

표 3-4 | Family 그림 그린 후 질문지

질문사항	피검사의 답변
가족들이 무엇을 하고 있습니까?	
가족들은 지금 어디에 있습니까?	
가족들의 기분은 어떠합니까?	
가장 친한 가족은 누구입니까?	
아빠, 엄마(부부)는 사이가 좋습니까? 아니면 자주 싸웁니까?	

표 3-5 | HTP 검사 보고서

<table>
<tr><td>이름</td><td>연령</td><td>성별</td><td>생년월일</td></tr>
<tr><td colspan="2">주소</td><td colspan="2">전화</td></tr>
<tr><td colspan="2">직업</td><td colspan="2">학교</td></tr>
<tr><td colspan="4">의뢰 사유</td></tr>
<tr><td colspan="4"></td></tr>
<tr><td colspan="2">가족배경과 개인력</td><td colspan="2">FAMILY TREE</td></tr>
<tr><td colspan="2"></td><td colspan="2"></td></tr>
<tr><td colspan="4">검사 시 행동관찰</td></tr>
<tr><td colspan="4"></td></tr>
<tr><td colspan="4">전체 해석 요약</td></tr>
<tr><td colspan="4"></td></tr>
<tr><td>검사일시</td><td colspan="2">검사장소</td><td>검사자</td></tr>
</table>

표 3-6 | 그림의 느낌과 내용

그림의 전체적 느낌				
개별 그림 분석				
집		유무	표현 특징	상징 및 해석
주제				
필수요소	지붕			
	벽			
	문			
	창문			
기타요소	굴뚝과 연기			
	방			
	울타리			
	길			
	계단과 보도			
	기타 및 행동특성			
나무		유무	표현 특징	상징 및 해석
주제				
필수요소	줄기			
	가지			
	수관			
기타요소	뿌리			
	꽃, 열매, 잎			
	지면선			
	동물			
	옹이구멍			
	나무껍질			
	기타 및 행동특성			

04 그림에 대한 해석

그림의 순서는 첫째, 집, 나무, 인물화를 전체적 맥락에서 다른 그림과 비교하는 것과 둘째, 한 그림 내에서 부분이 그려지는 순서를 보고 분석해야 한다. 해머(Hammer)에 의하면 전체적 맥락에서 경계선급의 정신질환자는 한 그림에서 다음 그림으로 넘어갈 때마다 정서반응을 나타낸다. 이는 집, 나무, 사람이라는 그림의 순서에 따라 점차적으로 대인관계 영역의 주제로 들어감으로써 곤혹스러움이 공포로 되고 공포는 공황 상태로 변한다고 하였다.

레비(Levy)는 그림이 역동적 과거력의 산물이라고 주장하면서 집, 나무, 사람 그림이 각각 특수한 상징을 드러낸다고 하였다. 집은 공상, 자아, 현실과의 접촉, 현실에의 접근 가능성, 가정생활과 가족 내부 관계, 유년기 부모와의 관계 등을 나타내 준다. 나무는 신화, 종교, 전설, 무속 등에서 인생과 성장을 상징하는 가장 보편적인 은유로 사용되는데, 나무 그림은 방어적인 태도의 개입이 적어서 보다 깊은 무의식적 감정과 갈등을 반영한다. 가족그림은 신체적 자기, 심리적 자기, 이상적 자기, 중요한 가족관에 대한 지각상등을 상징한다(장연집 · 김중술, 1999).

1) 집 그림의 해석

집 그림은 집의 전체적인 모양이나, 구도, 집을 그린 위치, 집의 크기 등을 통해서 내담자의 심리상태를 진단하는 것이다. 주로 내담자가 외부환경과 어떤 관계를 맺고 있는지를 드러내고 있다.

첫째, 집은 피검자가 자신의 가정생활과 가족관계, 가족들을 어떻게 인지하며, 그것에 대해 어떤 감정과 태도를 가지고 있는가를 반영한다. 피검자가 현재의 가정을 어떻게 바라보고 있는가 하는 것 외에도 성장하여 온 가정에 대한 과거의 기억이나 경험, 그리고 이상적인 가정에 대한 소망을 나타내기도 한다. 또한 집 그림은 피검자의 자아, 현실과 관계를 맺는 정도와 양상, 그리고 개인의 내적 공상에 대한 정보를 준다.

둘째, 집 그림에서는 그림을 전체적으로 평가함과 아울러 필수부분인 지붕, 벽, 출입문, 창문 등을 어떻게 그리는가에 유의하여 해석해야 한다.

셋째, 단독주택을 그리는 것이 보통이며 약 8%의 사람이 교회, 학교, 절, 아파트, 빌딩 등의 특수한 집을 그린다. 이러한 경우에 그림에 대한 질문이 꼭 필요하다.

(1) 문

문은 집과 외부를 연결하는 통로로서 타인이 자신의 삶에 들어오는 것을 허용하고 자신이 세상으로 나가는 것과 관련된다. 그러므로 문은 타인과의 친밀한 관계 형성에 대한 욕구, 그에 대한 불안감, 두려움, 거부, 양가감정, 그리고 타인의 인정이나 애정에 의존적인 정도, 공감능력, 실제로 현실과 세상과 접촉하는 정도 등을 나타낸다.

문에 관련된 해석은 다음과 같다(Buck, 1948; Jolles, 1964).

- **문이나 문의 손잡이를 생략**: 세상과의 접촉에 대한 불안 또는 저항감을 나타내며, 자기만의 세계에 고립되고 위축되어 있음을 나타낸다.
- **마지막에 그려지는 문**: 사람과의 접촉을 꺼리거나 수줍음을 나타내며, 현실 도피경향, 사회적 불안을 시사한다.
- **너무 작은 문**: 친밀한 관계에 대한 양가감정, 두려움, 자신의 경계 침범에 대한 두려움, 위축되어 있는 사회적인 관계, 대인관계 기술의 부족을 반영한다.
- **너무 큰 문**: 과다한 사회적 접근, 타인과의 친밀한 관계에 지나친 비중을 두는 것을 시사하거나 타인의 인정이나 수용에 지나치게 의존적인 것, 과도하게 예민한 것을 보상하려는 것을 나타낸다.
- **양쪽으로 여는 두 짝 문**: 세상에 대한 접근에 불편감을 과잉 보상하는 마음이나 실제행동을 의미할 수 있고, 측면의 문은 현실 도피를 나타낸다.

| 그림 3-1 |
측면으로 난 문은 현실을 도피하고자 하는 마음.

| 그림 3-2 |
문을 생략함으로써 자신만의 세계에 고립되어 있고 대인관계를 피하려 하나 작은 창문을 그려 소극적인 관계를 맺고자 함.

(2) 창문

창문은 인간의 눈과 같은 곳으로 문이 환경과의 직접적이고 능동적인 접촉을 나타낸다면 창문은 환경과의 수동적인 접촉을 나타낸다(김동연 · 공마리아 · 최외선, 2006; Jolles, 1964). 또한 창문은 문의 의미와 비슷하나 창문은 좀 더 감정과 관련이 있다. 대인관계, 세계와의 접촉 및 상호작용 능력에 대한 주관적인 감정과 경험을 나타낸다.

- **창문을 그리지 않는 경우**: 대인관계에 대해 주관적으로 불편하고 심리적 위축과 대인관계 철회와 상당한 편집증적 경향성을 나타낸다.
- **많은 창문**: 과도한 자기개방과 타인에 대한 과도한 접근을 통하여 타인에게 인정받고 싶은 소망을 나타낸다.
- **커튼이나 창가의 화분**: 창을 가리지 않는 범위라면 환경에의 접촉에 좀 더 능동적으로 개입함을 의미하나 창문이 가려질 정도면 대인관계에서 상처 받지 않으려는 방어적인 태도나 자기 은폐를 나타낸다.
- **작은 창문**: 대인관계에서의 심리적인 거리감, 수줍음을 나타낸다.
- **스테인드글라스**: 죄의식 및 더럽혀진 존재 또는 아름다움에 대한 정신적 탐색을 시사한다.

- **닫힌 덧문**: 극단적인 철회를 의미한다.

| 그림 3-3 |
많은 창문은 타인과의 관계에서 많은 개방을 하고 싶은 욕구를 표현함.

| 그림 3-4 |
창가의 작은 화분은 대인관계 시 수줍은 접촉을 능동적으로 행해고자 하는 마음을 의미함.

(3) 지붕

지붕은 사람의 머리에 해당하는 부분으로 내적인 공상 활동 특히 내적인 인지 과정과 관련이 있다

지붕에 관련된 해석은 다음과 같다(김동연 · 공마리아 · 최외선, 2006; Jolles, 1964).

- **지붕생략**: 사고장애 및 현실검증능력의 장애를 시사한다.
- **지붕 강조(덧칠하기, 그물무늬나 빗금, 음영)**: 공상에의 몰두, 집착, 공상을 통한 욕구충족, 공상에 대한 과잉 통제와 관련된다.
- **작은 지붕**: 내적인 인지활동이 활발하지 않음을 나타낸다.
- **지붕에 문과 창문을 그린 그림**: 세상과 접촉하는 주된 방식이 공상이나 사고활동임을 의미하여 자폐적인 공상세계속에 몰두해 있는 정신분열증과 관련된다.
- **지붕이 허물어지거나 금이 감**: 자신의 통제력을 완전히 능가한 힘에 의해 자신이 압도되었다는 감정을 상징적으로 나타냄.
- **담 너머 지붕만 보이는 그림**: 자아의 붕괴를 감지하고 현실과의 접촉이 불성실한 것을 나타냄.

(4) 벽

벽은 집을 지탱해주고 집의 내부와 외부의 경계를 말하며 집의 내부를 보호하는 역할을 하므로 자아강도와 자아통제력, 자아붕괴와 관련이 있다.

적절한 수준의 자아강도와 자아통제력은 직선으로 그려진 벽, 선의 연결이 잘 되어 있거나, 투시적으로 표현되지 않는 그림이다.

- **견고해 보이는 벽**: 강한 자아를 나타내지만 견고함이 지나치게 강조되어 있는 벽은 위협받는 자아에 대한 두려움과 자아통제에 대한 과도한 욕구를 나타낼 수도 있다.
- **얇은 벽, 허술한 벽**: 약한 자아, 상처입기 쉬운 자아를 나타낸다.
- **부서진 벽, 선이 연결되지 않는 벽, 벽을 안 그린 그림**: 분열된 성격, 현실왜곡, 자아의 붕괴, 자아통제력의 와해, 현실검증력의 손상을 나타낸다.
- **정면과 측면 그림, 2차원적인 그림**: 신경학적 손상이나 사고장애, 현실검증력의 장애를 가질 소지가 크다.
- **벽돌이나 통나무**: 사소한 것에 대한 과도한 집착, 완벽주의적 성격 경향을 시사한다.

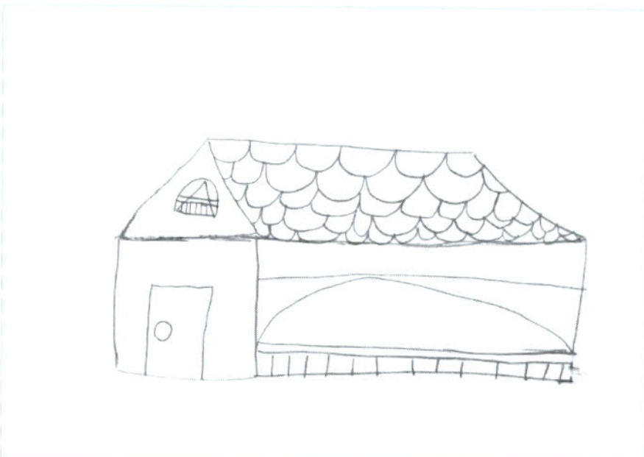

| 그림 3-5 |

지붕의 그물무늬 음영은 죄의식 및 공상에 대한 과잉 통제를 의미함. 전망창은 개방되기를 원함을 의미함.

| 그림 3-6 |

지붕과 울타리의 과도한 음영은 강박적인 성향을 보여주고 울타리는 타인의 접근을 차단하고 싶은 마음을 의미함.

|그림 3-7|
지붕과 벽을 벽돌모양으로 쌓아 강박증적이고 완벽주의적인 성향을 보여줌.

|그림 3-8|
지붕과 벽을 통나무로 무늬를 만들어 완벽주의적인 성향을 보여줌.

(5) 굴뚝

굴뚝은 가족 내의 온정적인 분위기, 가족 간의 애정과 교류에 관한 정보를 제공해주며, 굴뚝의 연기는 이러한 애정과 관련된 욕구, 상실감, 좌절감, 우울감 등을 시사한다.

굴뚝과 관련된 해석은 다음과 같다(Buck, 1948; Jolles, 1964; Hammer, 1858).

- **굴뚝의 생략**: 따스한 가족관계를 맺는데 대한 상당한 수동성, 양가감정을 나타낸다.
- **연기**: 많은 연기를 진하게 그리는 것은 마음 속의 긴장이나 가정 내의 갈등이나 정서 혼란이 있음을 시사한다. 또한 남성성에 대한 성적 관심이나 권력에 대한 관심을 시사하기도 한다.
- **연기의 방향**: 연기가 오른쪽에서 왼쪽으로 흐르는 것은 미래에 대한 염세적 견해를 나타내며, 왼쪽과 오른쪽 동시에 흐르는 것은 현실검증력이 결핍된 병적 경향을 나타낸다.

|그림 3-9|
많은 연기는 내면의 긴장감을 표현함.

(6) 방

방은 일반적으로 특별한 방과 관련된 부정적 혹은 긍정적 경험이나 방에 대한 특별한 상징을 나타낸다(Burns, 1980).

방과 관련된 해석은 다음과 같다(Burns, 1980).

- **욕실을 강조**: 항문기적 성격, 청결에 대한 강박적 강조, 가족들과 긴장하며 싸운 아동기 때의 경험, 가족 내에서의 은신처의 요구 등과 관련이 있다.
- **침실을 강조**: 침실은 우울증적 경향이 있는 사람을 위한 은신처, 성적 행위를 위한 장소, 병자를 위한 장소와 관련이 있다.
- **식당과 부엌을 강조**: 양육을 위한 장소로 애정에 대한 강한 욕구를 반영한다.
- **거실을 강조**: 가족 간의 상호교류에 대한 관심이나 욕구를 나타낸다.
- **불결한 방**: 가정 혹은 자신에 대한 적개심을 나타낸다.

(7) 계단과 길

계단과 길은 세상과의 연결통로로서 타인과의 접촉과 근접성을 의미한다.

계단과 길에 관련된 해석은 다음과 같다.

- **계단 또는 길을 그린 그림**: "우리 집에 오신 것을 환영합니다." 하는 사회적 상호관계의 환영을 뜻한다.
- **집을 향한 구불구불한 길 또는 긴 도로**: 타인과의 접촉에 대한 접근과 회피의 양가감정이 있다. 즉 처음에서 접근하기 힘들어 하지만 나중은 접근에 적응을 할 수 있다.

| 그림 3-10 |
특수한 집은 가정에 대한 불만으로 보며 집을 향해 난 사다리는 대인관계의 접촉을 피하려는 경향을 보여줌.

| 그림 3-11 |
위에서 내려다 본 집의 모습은 본인의 가정상황에 대한 불만과 뾰족하지만 간격이 넓은 울타리는 접근을 차단하면서도 소통에 대해 갈망하고 있음을 의미.

| 그림 3-12 |
고층 집은 망상을 통해 욕구를 충족하려는 시도를 가지고 있고 울타리는 자신이 느끼고 있는 안전을 방해받고 싶지 않음을 나타냄.

| 그림 3-13 |
커튼이 쳐진 창문은 가정의 아름다움에 대한 관심과 여성성에 대한 관심을 나타냄.

2) 나무 그림의 해석

나무는 사람 그림과 같이 피검자의 자아상을 나타내주는데, 특히 나무그림은 좀 더 깊은 무의식이고, 심층적인 수준에서의 자기와 자기개념에 대한 감정의 투사되는 반면 사람 그림에는 좀 더 현실적으로 느끼고 있는 자기 자신에 대한 태도와 감정들이 투사된다. 또한 나무그림에 대한 해석은 먼저 전체를 직관적으로 바라보는 것이 중요한데 이를 통하여 피검자의 정신적 성숙도를 추측해 볼 수 있다.

또한 나무의 형태는 뿌리와 줄기와 가지가 표현되는 수관으로 이루어진다. 그리는 순서는 보통 줄기부터 시작하여 잎으로 그려가지만 화가 또는 통합되어 있는 사람은 뿌리부터 그리기도 한다.

나무 그림에 대한 해석은 다음과 같다.

- **지면의 선을 먼저 그린 그림**: 지면의 선을 먼저 그리고 나무를 그리는 것은 타인에게 의존적이며 타인으로부터 인정받고 싶어 하는 사람이다. 한편 나무를 그린 후에 지면의 선을 그리는 것은 행동에 있어서 처음에는 침착하지만 곧 불안해지며 타인의 인정을 구하는 사람이다.
- **잎을 먼저 그린 그림**: 잎을 맨 먼저 그리는 것은 마음에 안정감이 없고 표면적인 허영과 허식을 구하는 경향이 있음을 나타낸다.

(1) 뿌리

뿌리는 생명의 원천으로 현실이나 세상에 안정되게 설 수 있는 기초를 제공하며 나무를 지탱하는데 필요한 영양분을 만들고 확고한 힘을 제공한다. 뿌리는 피검자가 내적으로 느끼는 자기 자신에 대한 안정감, 자기 자신의 근본적인 모습에 대한 이해, 현실을 지배하는 능력과 관련이 있다.

- **뿌리 강조**: 보통 뿌리를 강조하는 사람은 미성숙하거나 과거에 고착되어 있으며, 자기 자신에 대한 불안정감의 보상과 관련이 있다. 정신병자나 알코올 중독자들은 뿌리를 크게 그리는 경향이 있는데 이는 현실에 발판을 붙이기 어렵거나 정신적 발판이 약한 사람들이 강하게 발판을 찾는 것과 같다고 볼 수 있다. 또한 유아들이 뿌리를 강조하여 그리는 경우는 자기 자신에 대한 안정감을 찾고 싶거나, 부모에 대한 부정적인 감정을 가지고 있어 자신의 부모가 맞는지를 의심하는 경향을 보이기도 한다.

| 그림 3-14 |
뿌리를 강조함은 안정감을 갖고 싶은 마음과 미성숙함을 표현함.

| 그림 3-15 |
커다란 기둥을 지면 하부의 선까지 이어져 현실에 대한 불안한 심리를 표현함.

(2) 나무기둥(줄기)

나무줄기는 성장과 발달과정에서 획득한 힘, 활력, 생명력, 성격구조의 견고성, 자아강도에 대한 주관적인 느낌을 반영한다(Buck, 1948).

- **줄기의 윤곽선을 지나치게 진한 그림**: 자아가 혼란되고 분열되는 것에 대한 두려움과 이에 대한 방어적 경향성을 의미한다.
- **줄기의 윤곽선이 연한 그림**: 지나치게 연하게 그린 경우 자아붕괴에 대한 불안감이나 위험성을 의미한다.
- **안 그린 그림**: 자아강도가 극도로 약화되어 있거나 와해되어 정신증적 상태에 있거나 심한 자기 부적절감, 지나친 억제 경향성, 수동성을 의미한다.
- **줄기를 너무 넓게 그리거나 높이 그린 그림**: 약한 성격구조와 자아강도에 대한 불안감의 보상으로 볼 수 있다.
- **어린나무 그림**: 미성숙, 공격성을 나타낸다.

| 그림 3-16 |
줄기의 진한 음영을 외계와의 사이에서 긴장감을 가지고 있으며 우울한 기분과 불안을 표현함.

| 그림 3-17 |
줄기에 상흔은 다람쥐 집이라고 함. 상흔은 피검자가 알고 기억하는 외상 경험이고 다람쥐는 따뜻하고 보호되던 자궁을 동경하고 있음을 표현함.

(3) 가지

가지는 성장을 위해 뻗어나가는 부분으로 환경으로부터 만족을 추구하는 부분이다. 또한 피검자의 능력, 양육과 성장을 위해 환경과 접촉하려는 노력, 현재 상황에 대처할 수 있는 능력, 성취하고자하는 소망을 이루기 위한 노력을 의미한다. 일반적으로 가지는 조직화되고 조화롭게 형성되고 가지들이 균형을 이루면서 활발하게 자라는 그림을 그린다(Hammer, 1960; Jolles, 1964).

- **꺾여 있거나 잘려진 가지**: 내적, 외적 자원에 대한 좌절감과 무력감, 외상 혹은 거세에 대한 감정을 나타낸다.
- **죽은 가지**: 생활 속에서의 상실감이나 공허함을 나타낸다.
- **버드나무처럼 아래로 늘어진 가지를 그린 그림**: 과거에의 집착하는 사고, 현실에서의 우울증을 호소하고 있다.

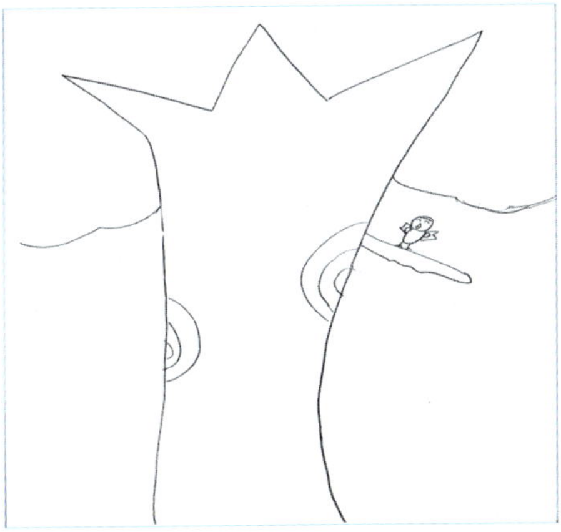

| 그림 3-18 |
가지 위에 앉은 새는 자유에 대한 열망을 가지고 있음을 보여줌. 가지 위에 앉은 새는 자유에 대한 열망을 가지고 있음을 보여줌.

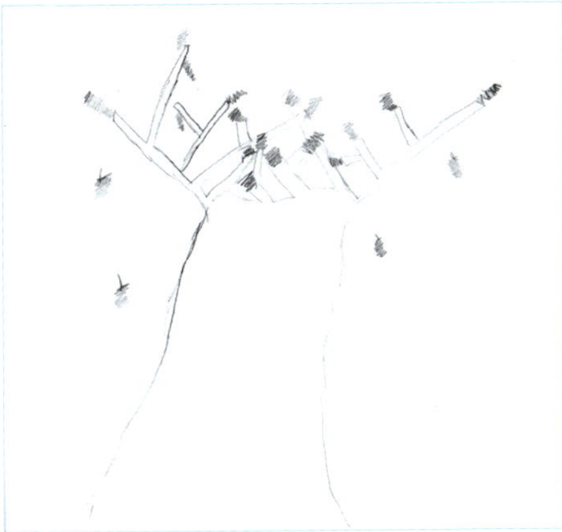

| 그림 3-19 |
가지 끝이 예리한 창처럼 그려진 것은 비판성과 감수성이 강하고 공격적 충동성이 있음을 의미함.

(4) 수관

수관은 나무잔가지와 잎들에 의해 이루는 것이 보통이다. 수관을 장식하는 잎, 꽃, 열매들은 나무에서 가장 불안정한 요소로 일시적인 장관으로 깊은 인상과 감명을 주지만 시간의 흐름에 따라 사라짐을 뜻한다.

꽃을 그린 경우는 자아도취적이고 피상적인 성향과 허영심이 많고 성급한 결실을 바라고 계획성이 부족하고 성취보다는 허식이 많은 사람과 관련이 된다. 또한 커다란 잎은 부적합성과 의존성을 나타내며(Burns, 1972; Burns & Kaufman, 1972; Jolles, 1964), 떨어지거나 떨어진 열매는 상실감이나 죄의식을 나타내며 종종 강간과 같은 외상 후 에 보이기도 한다(Jolles, 1964).

- **줄기의 부분이 길고 수관을 적게 그리는 나무**: 아동이나 노인들의 그림에 많이 나타나며 이것이 성인이나 청소년들이 그린 경우에는 정신의 발달이 지체되어 있고 퇴행함을 의미함.

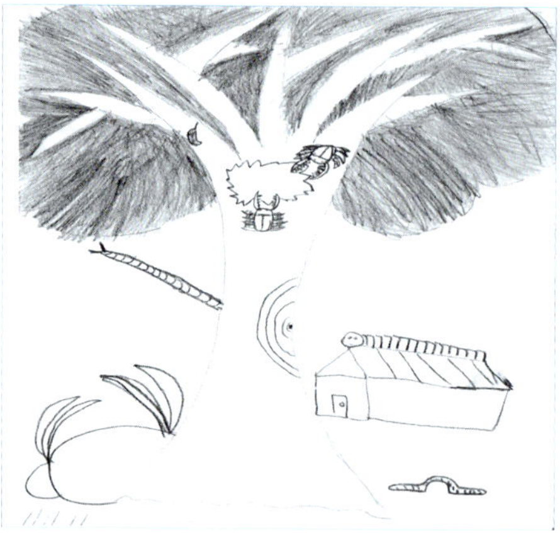

| 그림 3-20 |
수관의 진한 음영은 내향적이고 사소한 일에 마음을 쓰는 사람임을 의미함. 나무에 있는 곤충들은 자신이 동일시 할 수 있는 인물을 나타냄.

| 그림 3-21 |
수관에 그려진 열매는 아동의 그림은 강한 의존욕구를 의미하고 성인의 그림에서는 미성숙이나 과시적인 사람임을 표현함.

(5) 나무에 있는 동물

나무에 그린 동물들은 그림을 그린 피검자의 동일시 할 수 있는 속성을 나타낸다(Jolles, 1964).

- **다람쥐를 그린 그림**: 다람쥐는 나무 안에서 가장 흔하게 볼 수 있는 동물로 흔히 '비축' 행동을 한다. 다람쥐 그림은 안전감을 걱정하는 사람들이 그린다. 즉, 자신의 행동에 대해서 연속적으로 박탈 경험을 가지고 있는 경우에 종종 그린다.
- **나무속의 새, 나무 구멍 그림**: 새가 흔히 둥지 속에 있는 것으로 그리는 사람은 대개 은신처에서 보호받는 것을 좋아하는 의존적인 경향을 갖고 있다. 그리고 밖으로 뻗어 있는 가지 위에 앉아 있는 새를 그린 경우 자유에 대한 열망과 연관이 있다. 본능적으로 따뜻하고 보호적인 자궁 속에 있는 것의 상징으로 안전한 곳을 찾고자하는 경우이다.
- **옹이 구멍안의 동물 그림**: 일시적인 퇴행으로 자궁으로의 회귀를 통해 손상되고 고갈된 자아를 회복하고 싶은 욕구를 나타낸다.

| 그림 3-22 |

나무의 구멍은 다람쥐의 집이라고 하며 다람쥐나 작은 동물들은 행동에 대해 연속적으로 박탈 경험을 가진 사람들이 자주 그림.

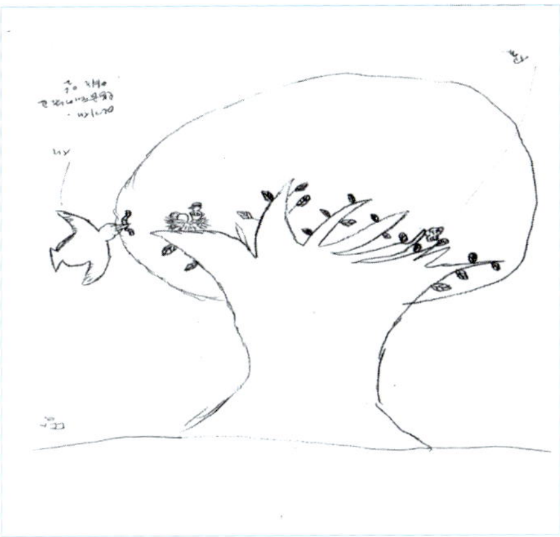

| 그림 3-23 |

나무의 비둘기는 평화를 상징하는 것으로 새로운 생명에 대한 잉태와 보호를 의미함.

(6) 나무의 나이

나무의 나이는 피검자에게 질문지를 통해 얻을 수 있는 것으로 좀 더 정서적, 심리적 성격적 성숙의 정도의 정보를 얻을 수 있다.

나무를 자신의 현재 나이보다 어리게 말한 것은 미성숙한 상태를 의미하며, 나무의 나이를 자신의 현재 나이보다 너무 많게 말하는 것은 피검자의 내적인 미성숙함을 부인하거나 과시적인 태도를 통해 보상하고자 할 가능성이 있다. 즉 노인의 경우 자신이 늙었다는 것에 대한 보상으로 아주 어린 나이를 말하는 경향이 강하다.

(7) 나무의 주제

나무의 그림 중 소나무나 삼목 등의 상록수를 그리는 사람은 자신을 활력이 넘치는 존재로 보며, 그와 같이 행동하고 싶다는 소망을 나타낸다. 특히 삼목을 그리는 사람은 성취하고자 하는 욕구가 강하며, 자기를 통제하고 질서정연한 성격이다.

낙엽수를 그린 사람은 자신이 외계의 힘에 의해 움직여지고 있다고 생각하며 버드나무와 같이 밑으로 처지는 나무를 그린 사람은 현실에 대해 폐쇄적이고 우울증을 가진 경향이 많다.

고목나무는 열등감, 무력감을 나타내며 고목나무가 완전히 말라죽었으면 부적응의 징후이다. 고목나무가 말라 죽은지 얼마나 되었는지를 피검자에게 질문함으로써 피검자의 부적응감, 실망감 등이 어느 정도 계속되었는지를 알 수 있다. 고목나무에 몇 개의 잎이 있다면 외계의 힘에 대해 자신의 통제력이 남아 있음을 나타낸다. 또한 밑둥치만 남은 고목에 몇 개의 잎만 나온 그림은 피험자의 힘으로는 어떻게 할 수 없는 심적 외상이 있음을 나타내며 동시에 무의식중에 새로운 출발을 하려는 노력을 뜻한다.

| 그림 3-24 |
나이가 많은 소나무를 그려 자신이 소나무처럼 강하고 활력 있는 존재가 되고 싶음을 표현함.

| 그림 3-25 |
수관에 잎을 그리는 것은 인정욕구가 강하거나 쾌활한 성격과 예리한 관찰력을 가지고 있음을 의미함.

(8) 나무의 위치

- **집 꼭대기에서 자라고 있는 나무**: 나무가 집의 꼭대기에서 자라고 있는 것은 의미 있는 애착이 있음을 시사한다. 가족에게 의존하거나 가족이 없이는 아무것도 할 수 없는 '상실감'을 갖고 있는 사람들이 그리곤 한다.
- **집 쪽으로 나무가 흩날리며 구부러져 있는 그림**: 집 쪽으로 구부러져 있는 나무는 가정의 안전감과 안정감을 갈망하는 특성으로 이것은 과거로의 퇴행과 과거에 고착되어 있음을 나타낸다.
- **나뭇가지가 아래쪽으로 처져 있게 그린 그림**: 나뭇가지가 아래쪽을 향하고 있는 것으로 그려진 경우는 과거에 해결되지 못한 문제가 있어서 에너지가 과거를 향하고 있는 경향을 가진 사람들에게서 나타난다. 또한 가지를 축 늘어뜨린 버드나무는 흔히 우울증이나 과거에 고착되어 있는 것을 나타낸다.
- **나뭇가지가 위쪽으로 뻗어 있게 그린 경우**: 감정이 고양되기 쉽고, 활동적이고 현실을 무시하는 경향이 있으며 사물에 열중하고, 억제력이 부족하며 성을 잘 내거나 혹은 환경 속에서 기회를 찾아가는 사람이다.
- **나무가 땅에 잘 뿌리내리고 있는 것처럼 그려진 그림**: 높은 목표를 두고 삶을 잘 지속시켜나가는 경향을 갖고 있는 사람들에 의해 그려지곤 한다.
- **은신처를 제공하는 것처럼 그려진 나무**: 대개 타인을 보호하거나 잘 보살피는 성향을 갖고 있는 사람들이 그리곤 한다.

(9) 과일나무

- **과일이 떨어진 것을 그린 경우**: 경쾌한 느낌을 주면서 과일이 가득히 달린 과일나무를 그린 경우 과일은 집과 나무와 사람의 그림을 윤택하게 해주는 부분으로 각별한 보살핌을 상징한다. 그러나 전체적인 그림이 비교적 빈약하게 그려진 경우의 과일나무는 양육을 받았던 과거로 되돌아가고자 하는 소망을 나타낸다. 이런 경우 나무에 매달린 많은 사과들은 고착시기와 관련된 숫자를 나타낼

수 있다. 과일이 떨어진 것을 그린 경우는 의식적으로 자신이 '타락했다고 느끼거나' 죄책감에 시달리는 사람들에게서 가장 흔히 나타난다.

- **썩어가는 과일**: 죄를 범했다는 것과 관련된 우울증과 타락감을 나타낸다.
- **열매가 있는 나무의 그림**: 아동에게 있어서 강한 의존욕구와 지속성의 결여를 나타내며 성인에 있어서는 유아기에의 고착이나 미성숙성을 나타내고 자기 현시적이고 과시적인 사람이 많다.

| 그림 3-26 |
수많은 과일은 강한 의존욕구를 가지고 있음을 의미함.

| 그림 3-27 |
밝은 느낌의 과일과 꽃은 양육적인 환경을 뜻함.

| 그림 3-28 |
소나무 그림은 자신을 활력 넘치는 존재로 느끼고 있음을 반영함.

| 그림 3-29 |
나무껍질은 불안을 반영하고 윗부분이 벌어진 가지는 이성과 감정의 불균형을 의미.

3) 특수한 표현 해석

(1) 집 그림에서 특수한 표현 해석

표 현	해 석	표 현	해 석
집 그림	피검자가 성장해온 가정상황을 나타내며 자신의 가정생활과 가족관계를 어떻게 인지하며 그것에 대해 어떤 감정을 갖고 있는가를 보여주는 경우가 많다. 따라서 집 그림은 피검자가 현재의 가정을 어떻게 바라보고 있는가 하는 것 외에 이상적인 장래의 가정과 과거의 가정에 대한 소망을 나타낸다.	지붕이 없음, 양쪽 끝의 벽을 한 개의 선으로 처리한 높이가 없는 지붕	공상력이 없는 사람에게서 흔히 보인다. 정신지체인에게 많이 보이며 보통의 지능을 가지고 있으면서 이러한 지붕을 그리는 사람은 위축된 성격을 갖고 있으며 구체적인 것만을 추구하는 경향을 보인다.
특수한 집	교회, 절 등 특수한 집을 그린 경우에는 반드시 '그린 후의 질문'을 해야 한다. 자신의 가정에 대해 불만이나 갈등을 가지고 있는 경우가 많다.	지붕이 벽을 겸하고 있음	언제나 공상에 열중하고 있는 것. 이것이 극단적이면 현저한 분열적 성격이나 정신분열증으로 의심할 필요가 있다.
지붕	정신생활, 특히 생활의 공상 영역을 상징한다.	지나치게 큰 지붕	공상에 열중하며 외면적인 대인관계로부터 도피하려는 경향.
지붕이 허물어지고 금이 가 있는 그림	자신의 통제력을 완전히 능가한 힘으로 인해 자신이 압도 되었다는 감정을 상징적으로 나타낸 것.	지붕과 기와를 세밀하게 그리는 것	집착적인 사람들에게서 흔히 나타난다.
지붕이 흐리고 약한 선으로 나타남	공상을 통제하는 힘이 약해져 있다는 것.	담과 담 너머 지붕만 보이는 것	자아의 붕괴를 감지하고 현실과의 접촉이 적절하지 못하다는 것을 나타낸다.
강한 필압으로 보강하거나 지붕의 윤곽만을 반복하여 그리는 것	공상적인 경향이 자신의 통제를 벗어나는 것을 두려워하고 자기를 방어하고자 하는 사람에게서 자주 나타난다.	약하고 힘이 없는 선으로 그려진 벽의 윤곽	성격의 붕괴가 임박하였다는 느낌과 자아의 통제가 약하다는 것을 의미함. 이것은 병적상태를 피하고자 노력하기 보다는 수동적으로 참고 나가자는 태도를 나타남.
벽의 경계선을 강조함	자아의 완전함과 통제를 유지하고자 하는 의식적인 노력, 정신병의 초기에 자주 나타난다.	무너진 벽, 망가진 벽	붕괴하고 있는 자아를 가진 환자들의 그림에서 자주 보인다.
지붕에 그물무늬의 음영 넣기	강한 의식과 수반된 죄의식.	벽의 선	벽의 선은 자아의 강도와 관계있다.
벽의 지면선이 없는 것	현실과 접촉이 불충분한 것.	벽을 통하여 집의 내부가 투시된 그림	성인의 경우에는 비판력과 현실검증이 부적당하고, 될 수 있는 한 장면을 구조화하려는 강박적인 욕구.
벽의 지면선이 강조 된 것	현실수준에서의 불안.		

표 현	해 석	표 현	해 석
벽의 한 면과 다른 면이 적절히 결합되어 있지 않을 경우	기질적인 질환으로 의심되며, 원시적인 충동이 통제되지 않으며 이 중의 감정을 나타낸다.	두 개의 옆벽이 동시에 나타나는 것으로 그 벽이 좁은 것	유아에게는 보통이지만 성인의 경우는 기질장애를 의심하게 하는 정신지체나 퇴행의 경향을 나타낸다.
벽의 한 면만을 그린 것	도피적인 사고, 우울경향, 대인관계에 시기심이 많고 반항적인 경향이 강한 것.	벽에서 수직선이 강조된 것	만족을 공상에서 구하며 현실과 접촉이 적다.
벽에서 수평선이 강조된 것	현재보다는 과거와 미래를 중요하게 생각하며 환경으로 부터의 압력으로 인해 상처받기 쉬운 경우와 정서적 문제가 있거나 잠재적인 동성애로 간주되기 쉽다.	집의 가장자리에 그려진 문, 손잡이가 없는 문, 격자가 붙은 창이 있는 문	도피적이며 외계에 대한 의심과 경제성을 나타냄. 자신의 공간이 침범당하는 것을 원치 않는 사람들의 그림에서 나타남.
문	피검자의 대인관계에 대한 태도.	손잡이가 지나치게 강조 된 것	남성 성기에의 관심.
작은 문	환경과의 접촉을 꺼리고 우유부단함에 지배되고 있음.	문에 자물쇠나 경첩을 붙이는 것	의심이 많고 방어적임.
문의 생략	가정환경에서 타인과 접촉하지 않으려는 감정, 외계와의 교류를 원치 않은 냉정한 사람에게 많다.	지나치게 큰문 폭이 넓은 문	아주 의존적인 사람에게서 보이며 적극적인 사회접촉을 통해 타인에게 인상적이 존재가 되고 싶은 요구를 나타낸다.
열린 문	외부로부터 정서적인 따뜻함을 얻고 싶어 하는 갈망과 노출경향.	문이 가려져 있는 경우	도피적 경향.
덧문	특히 닫힌 덧문은 극단적인 철회를 나타낸다.	문에 들여다보는 구멍이 있음	신중하거나 의심이 많은 사람들에 의해 그려진다.
이중 문	가정에서 이중의 역할을 좋아하는 사람들에 의해서 그려진다. 배우자를 지키려는 사람들의 경우.	격자가 많은 창문	회의감, 외부세계로부터 자기를 멀리하려는 것.
움푹 들어가거나 숨겨진 문	타인을 자신의 생활공간으로 들어오게 할 때 신중한 사람, 신뢰하기 전에 검사하는 사람.	창문에 자물쇠를 그림	외계로부터의 위험에 대처하려는 강한 공포감과 격의를 가진 사람에게서 보이며 편집증적인 경향의 사람에게서도 보여 진다.
X표로 둘러싸인 문	자신의 생활 속으로 어떤 사람을 들어오도록 하는데 있어 커다란 어려움을 가진 여성들의 경우.	커튼이나 차양이 있으나 창문을 가리지 않음	환경에 대해서 약간의 불안을 가지지만 일반적으로 자신을 통제하고 빈틈없이 행동하는 것.
창문의 틀을 강조함	구순적 성격의 특징을 나타내는 경우가 많다.	창문이 수직선으로 이분되거나 삼각형인 것	여성생식기에 대한 고착이나 지나친 관심.
창문의 크기가 다른 것	그 방에 사는 사람에 대한 지나친 관심을 갖는 경우가 있다.	스테인드글라스의 창문	죄의식 혹은 "더렵혀진 존재", 아름다움에 대한 정신적 탐색 등을 반영한다.
지나치게 장식적인 문	히스테리 환자의 경우에 보인다.	창문의 생략	철회와 상당한 편집증적 경향성.

표 현	해 석	표 현	해 석
커튼이 쳐진 창문	가정에서의 아름다움에 대한 관심. 수줍은 접근을 나타낸다.	많은 창문	개방과 환경적 접촉에 대한 갈망.
두 개 이상의 수직선과 수평선들이 있는 창문	자신의 집이 안전하기를 원하거나 자신의 집을 감옥처럼 생각하는 사람들에 의해 그려진다.	굴뚝이 다른 것에 가려져 전혀 보이지 않는 것	거세 불안, 자극을 주는 감정을 피하려는 것.
대단히 작은 창문	심리적인 거리감, 수줍음.	굴뚝	보다 친밀한 인간관계로서의 따뜻함과 남성성기의 상징.
반원이나 원형의 창	여성, 신사 혹은 부드러운 사람들에 의해 그려진다.	집 뒤편의 지붕에 붙어있는 굴뚝	항문적 가학성을 의미.
연기가 진하게 뭉게뭉게 나오는 굴뚝	피검자의 마음속에 긴장이 존재하며 가정환경 내에 갈등이나 정서 혼란이 있음.	오른쪽에서 왼쪽으로 흐르는 연기	미래에 대한 염세적인 생각을 가지고 있는 것.
한 가닥의 옅은 선의 연기	가정의 따뜻함의 결여나 요도 에로티시즘의 정신-성적 발단 단계.	양쪽으로 동시에 흐르는 연기	현실검증력이 결핍된 병적 경향.
방	그 방과 관련된 경험을 반영.	굴뚝에서의 보강이나 크기에 의한 강조	가정에서의 심리적 온정에 대한 지나친 관심, 남성에 대한 성적관심, 힘에 대한 관심, 창조력에 대한 높은 관심, 노출경향성.
욕실의 강조	인색하고 성을 잘 내며 아는 체를 잘한다. 청결에의 강조, 숨는 장소.		
침실의 강조	아주 조용하고 우울해 보이는 경우: 우울증적 경향이 있는 사람을 위한 은신처, 성적 행위를 위한 장소, 병자를 위한 장소.	식당과 부엌의 강조	양육을 위한 장소, 애정에 대한 강한 욕구.
불결한 방	가정 혹은 자신에 대한 적개심.	거실의 강조	사회화를 위한 장소.
		하수구	높은 방어와 깊은 의심.
울타리	자기가 느끼고 있는 안전을 방해받고 싶지 않다는 것.	홈통	높은 방어와 깊은 의심, 요도에로티시즘, 남성 성기에 대한 관심.
처마에 강한 그림자	명백한 시기심과 경계심, 가정으로부터 거부된 감정, 문제 징후로 간주된다.		
집을 가리키고 있는 나무	의존에 대한 강한 욕구, 양친에게 지배되고 있다는 감정.	숲	집둘레에 숲을 그리는 것은 방어벽을 만들려는 것을 나타내며 산책길에 연결하여 그려진 숲은 어느 정도 불안이 있으나 그것을 통제하고자 하는 의식적인 시도.
집 그림에 산이 자세히 그려짐	어머니의 보호를 구하며 안전의 욕구를 지니고 있다.	집 그림에 나타난 관목과 꽃	사람을 나타낸다.
출입문으로 통하는 도로	균형이 잘 이루어진 경우는 어느 정도 통제력을 가지고 타인과 빈틈없는 접촉을 하고 있는 사람이 그리는 경우가 많다.	길고 꼬불꼬불한 도로	대인관계에 있어서 처음에는 타인과의 접촉이 어려우나 점차 따뜻한 인간관계를 맺는 사람의 그림에 많다. 그러나 너무 긴 도로는 타인과의 접족을 피하려는 경향을 나타냄.

표 현	해 석	표 현	해 석
출입문 쪽에서 매우 좁아진 길	타인으로부터 멀리하고 싶은 기본적 욕구를 표면적인 우정으로 은폐시키려는 시도.	무너질 것 같은 집, 벼락이 떨어진 집	병적인 경우가 많다. 외부의 압력과 무의식의 욕구에 의해 자기가 지배되며, 그것을 자신의 힘으로 통제 할 수 없다는 감정을 나타낸 경우가 많다. 또한 이런 그림은 성격의 붕괴를 막연하게 느끼고 있는 정신분열증 환자에게서도 볼 수 있다.
계단과 보도	사회적 상호관계의 환영을 말함. 창도 없는 벽에 기대어 있는 계단은 접근과 관련된 갈등을 나타낸다.		
집과 연결되지 않은 도로	타인과의 교섭을 즐겨하지 않고 별개의 세계에 살고 싶다는 바람.	창문이 커튼이나 차양으로 막혀져 있는 것	타인과의 교섭을 싫어하고 강박관념, 의심, 폐쇄적인 사고의 경향이 있음을 나타낸다. 한편으로는 가정의 아름다움에 대한 관심, 수줍은 접근을 나타낼 수도 있다.
창문도 문도 없는 것	정신분열증의 징후.		
창문이 없는 것	외계에 대한 관심의 결여와 적의. 폐쇄적인 사고, 상당한 편집증적 경향성을 나타낸다.	엄중한 격자가 있는 창문이 많은 것	심한 강박경향 때로는 항문적 가학관념을 나타낸다.

(2) 나무 그림에서 특수한 표현 해석

표 현	해 석	표 현	해 석
나무그림	피검자의 기본적인 자아상을 나타내며 피검자가 자신의 마음상태에 대해 어떻게 느끼고 있는 가를 무의식적으로 반영하며, 정신적 성숙도를 표시하고 있다.	말라죽은 고목	부적응의 징후, 그중에서도 벼락 등 외부의 힘에 의해 말라죽었다고 말하는 경우에는 자신의 문제 원인이 외계에 있다고 인지하고 있고 심리적 외상이 존재하며 타인을 비난하는 경우가 많다. 한편 말라죽은 이유가 줄기가 썩었거나 내부의 원인에 의한 것은 피검자가 자신을 불건전하고 수용할 수 없는 존재로 생각하는 경우가 많다. 이 경우가 더 병적 상태가 강하고 죄책감이 강한 것으로 나타난다. 고목의 경우에는 말라죽은 지 얼마나 되었는가를 물어봄으로써 피검자의 부적응감, 공허감, 실망감이 어느 정도 계속되었는지 알 수 있다.
상록수(소나무 삼목 등)	자신을 활력이 넘치는 존재로 보며 그와 같이 행동하고 싶다는 소망을 나타냄. 특히 삼목을 그리는 사람은 달성욕구가 강하며, 자기를 통제하고 질서 정연한 사람인 경우가 많다.		
낙엽수	자신이 외계의 힘에 의해 움직여지고 있다는 감정을 가지고 있는 경우가 많다.		
버드나무	버드나무와 같이 밑으로 처지는 가지를 나무를 그리는 사람은 폐쇄적인 경향으로 자기주장이 약한 것을 나타냄.	바람으로 인해 잎이 다 떨어져 고목이 된 그림	피검자의 감수성이 강하고 외부의 압력을 의식하면서도 자신의 통제력이 미치지 못한다는 느낌.
고목나무	열등감, 무력감, 우울감, 죄책감 폐쇄적인 사람, 신경증이나 정신분열증 환자에게서 보인다. 성 범죄자가 적절한 성욕의 대상을 이탈한 경우 많이 그린다.	그루터기	피검자의 힘으로는 어떻게 할 수 없는 심적 외상이 있음을 나타내며 새싹을 덧 붙여 그리는 것은 무의식중에 새출발하려는 노력을 뜻한다.
줄기가 앞쪽으로 갈수록 급하게 가늘어 지는 것	유년기의 환경에 따뜻함과 건전한 자극이 없었고 정신적으로 충분히 성숙하지 않은 경우가 많다.	한 개의 선으로 그려진 줄기	무력감, 결단력 상실, 부적절한 만족을 추구하는 것을 나타내며 때때로 뇌기질 장애가 의심되기도 한다.

표 현	해 석
줄기의 끝부분이 더 굵은 것	병적 징후로 통제하기 힘든 충동이 존재하며 자아의 붕괴를 나타내는 것이다.
줄기	생명력과 에너지를 상징.
현저하게 굵은 줄기	환경에 대하여 적극적으로 움직이며 현실과 공상에서 공격적으로 행동하려는 경향.
전봇대처럼 굵기가 일정한 줄기	성격은 융통성이 없고 생동감이 결여되어 있으며 겉치레만을 제일로 여기는 경직된 사람으로 외계에 잘 적응하지 못한다. 단, 지능이 높은 사람일 경우에는 객관성을 중시하며, 순수한 사고를 하고, 추상능력이 높은 것을 나타내는 경우도 있다.
분재처럼 수평으로 그려진 가지	외계로부터 압력을 느끼고 있으며 달성욕구를 상실하고 표면적으로 복종하고 있으면 된다는 체념상태를 나타낸다.
줄기를 그린 양쪽의 선이 각각 위로 올라가 서로 결합되지 않은 채 분리 된 줄기	이성과 감정의 균형을 상실하고 있음과 자아의 방어가 파괴되어 내적 충동이 외계로 흘러나오는 위험을 감지하고 있음. 정신분열자나 정신지체인의 그림에 많음.
줄기의 윤곽선이 파형으로 그려짐	활동적이며 자기중심적인 사람.
나무껍질	자신이 타인, 외계와 접촉하는 부분.
나무껍질을 검게 칠함	외계와의 사이에 긴장을 가지며 우울과 불안을 가지고 있는 사람.
상세하게 그린 나무껍질	환경과의 관계에 강한 관심을 가지며 자신을 강박적으로 통제하려고 하는 것.
비늘모양, 거칠거나 톱니모양의 선을 사용한 수피	거칠고 고집스러우며 불만이 많고 성을 잘 낸다는 것을 의미.
나무껍질이 벗겨진 경우	어렵고 난폭한 생활을 반영.
진한 나무껍질	불안을 반영.
지나치게 상세히 그려진 나무껍질	강박감, 완고함 강박감을 통제하기 위한 조심스러운 태도.

표 현	해 석
몇 개의 잎이 달려있는 고목	외계의 힘에 대해 자신의 통제력이 남아있음을 나타낸다.
좁은 나무줄기	무력감 부적응감을 갖고 있음.
줄기가 밑으로 굽어진 나무그림	현실장면을 도피하며 자폐적인 경향을 나타낸다.
줄기의 뿌리부분이 지나치게 강조되어 있는 경우	느리나 착실한 사람으로 이해력이 둔하다. 줄기의 왼쪽 뿌리부분이 큰 경우는 과거에 고착이 강하며 오른쪽이 큰 경우에는 외계에 대한 불신감, 비협조성을 나타낸다.
수직으로 되어 있거나 약간 좌우로 기울어진 것이 아닌 현저하게 정상이 아닌 줄기	성장과정에서 외계의 억압을 경험하고 있는 경우가 많고 자칫하면 충동적으로 행동하려 하면서도 지나친 통제력을 작용시키는 경우가 많다.
줄기의 윤곽선을 강조	피검자가 성격의 통합을 유지하려고 노력하는 것.
줄기의 윤곽이 약하고 희미한 것	자아와의 외계가 명확하게 의식되어 있지 않거나 성격붕괴가 가까웠다고 느끼고 있거나 불안이 있음을 나타냄.
바람에 흔들리는 줄기	환경에서의 압력과 긴장들.
줄기에 있는 상처	심리적 외상을 반영하는 경우도 있다.
왼쪽에만 음영을 나타내는 수피	내향적 몽상적이며 감동하기 쉬운 사람. 자신을 타인에게 나타내지 않으려는 사람인 경우가 많고 오른쪽만 음영을 나타내는 사람은 사고적이며 환경에 적응하려는 적극적인 의욕을 가지고 있다.
나무껍질의 선이 둥글고 곡선적인 선으로 그려진 것	타인과의 접촉을 원활히 하며 외계에 적응하려고 하는 욕구를 나타낸다.
나무줄기의 상흔 옹이구멍. 속이 빈 구멍을 그린 것	피검자가 알고 있거나 기억해 낼 수 있는 외상 경험, 줄기의 더러워진 것 같은 표현과 같이 불안이나 갈등을 나타내는 경우가 많다. 단, 단순히 학습된 그림이 아닌지 주의해야 한다.

표 현	해 석	표 현	해 석
줄기의 속이 빈 구멍이 있으며 그 속에 동물을 그리는 경우	성인 그림의 경우 자아의 통제력을 잃고 있음을 나타내며, 간혹 피검자가 자신을 나무가 아니라 구멍속의 동물로 동일시하며 따뜻하게 보호되면 자궁 내를 동경하며, 자폐적인 경향을 나타낸다.	가지	환경에서 타인과 교섭하며 무엇인가를 달성하고자 하는 힘을 상징, 피검자가 자신이 소유하고 있는 능력, 가능성, 적응성을 어떻게 보고 있는가를 나타낸다.
줄기의 아래 부분	유년기의 경험에 관련성이 있다. 아래쪽의 상흔은 유년기의 외상경험을 나타낸다고 할 수 있다.	끝으로 갈수록 굵어지는 가지	외향적이며 충동과 본능을 완전히 밖으로 표출해내며 앞 뒤 생각 없이 함부로 행동하는 활동력을 가진 사람.
줄기에서 갈라진 가지가 점차적으로 세분되게 그리는 사람	감수성이 풍부하고 외계로부터 자극에 잘 반응하는 사람.	줄기에서 곧바로 나온 단선의 가지	학령기 이후 아동의 경우에는 지능과 성격 면에서 가벼운 지체가 있는 것, 성인의 경우에는 퇴행.
가지가 잘려져 가지의 끝부분이 전혀 닫혀 있지 않은 나무	자기의 발전과 활동이 억제되어 개방적이며 여러 가지에 흥미를 가지지만 자신의 충동을 적절히 통제하지 못하는 것을 나타냄.	가지의 일부가 말라죽어서 밑으로 처져 있거나 꺾어지거나 잘려져 있는 것	심리적 외상으로 인한 상처, 무력감, 위화감, 수동성 등을 나타낸다.
가지의 끝이 예리하게 창끝처럼 그려지거나 줄기에 붙은 가시처럼 그려진 것	비관성과 감수성이 강하며 적의와 공격적 충동이 강함을 의미한다.	가지가 바깥쪽이 아니라 안쪽으로 향하고 있는 것	자기중심적, 내향적, 자폐적인 성격을 나타내며 강박 경향의 사람이 그리기 쉽다.
옆보다는 위로 뻗는 가지	감정이 고양되기 쉽고 활동적이며 현실을 무시하며, 사물에 열중하며 억제력이 부족하며 성내기를 잘하며 현실보다는 공상에 만족하며 내향성인 경우가 많다.	일정한 형태의 가지를 반복해서 그리는 것	시야가 좁고 자기 표현력이 부족하며 지능이 낮은 경우가 많다. 특히 좌우대칭인 경우에는 환경에 대한 양가감정을 나타낸다.
작은 가지가 큰 가지나 줄기를 깊이 찌르는 것 같이 그리는 것	사디스트적 사람인 경우가 많다.	줄기에 비해 현저하게 큰 가지	환경에서 만족을 얻기 위해 지나친 노력을 하는 부적절함을 타나낼 수 있다.
오른쪽 줄기가 현저하게 강조됨	정서적 만족을 피하고 지적 만족을 얻으려는 경향.	왼쪽 줄기가 현저하게 강조됨	정서적인 만족을 지나치게 추구하는 경향.
가지가 그다지 벌어져 있지 않은 경우	환경으로부터 만족을 얻으려고 하지 않는 사람.	정면으로 돌출한 가지를 그림	독창성과 높은 지능을 나타내며 비지시적이며 제멋대로의 성격을 나타낸다.
가지에 적당한 음영을 칠하는 사람	타인과 표면적으로 잘 교제해 나가는 능력이 있음.	전혀 음영이 없는 가지	타인에게 굴종하지 않는 감정을 가지고 있음.
나무가 집을 향해 심하게 비대칭임	가족이나 안정에 대한 관심, 애착을 나타낼 수도 있다.	위로 뻗어 올라간 가지들	환경 속에서 기회를 찾아가는 것을 말한다.

표 현	해 석	표 현	해 석
나무가 집에서 멀리 떨어진 것	가족들에게서 떨어져 독립적으로 성장한 경우를 나타내기도 한다.	줄기에서 뻗어 나온 새로운 성장	희망이나 신뢰하는 환경을 향한 새로운 움직임을 나타낼 수 있다.
죽은 가지들	생활의 일부에서의 상실감이나 공허감을 나타낸다.	가지에서 그네를 타는 것	생활의 일부분을 타인의 희생에 초점을 두는 것에 대한 긴장.
줄기에 접하지 않았거나 부러진 가지들	체계적이고 조직화된 양식에서 끝까지 해내지 못하는 꿈꾸는 사람이나 공상적인 사람을 나타내기도 한다.	가지위에 지은 나무 집	위협적인 환경에서 보호를 찾기 위한 시도를 나타 낼 수 있다.
커다란 줄기에 비해 가느다란 가지	환경에서 만족을 얻을 수 없음을 나타낸다.	언덕위에 있는 나무	종종 정신적인 의존성을 보여준다. 만약 나무가 단단하고 크다면 위로 올라가고자 하는 노력.
커다란 잎들	부적합성과 관련된 의존성.	어린나무	미성숙과 공격성을 나타낸다.
줄기가 길고 수관이 작다	어린아이의 그림에서 흔하게 보인다. 만약 성인이나 청소년에게서 보인다면 정신발달이 지체되어 있고 퇴행되어 있는 것.	가지가 수관 속에서 뼈대처럼 보이고 윤곽선으로 둘러싸인 수관	타인에 대하여 조심성이 많고 자신에 대하여는 충실치 못하며 정직성이 결여된 사람에게서 많이 보인다.
줄기가 짧고 수관이 큰 나무그림	자신감과 야망을 가지고 정열적으로 사물에 몰두하는 사람.	줄기가 아주 가늘고 수관이 지나치게 큰 그림	완전한 만족을 구하느라고 마음의 안정을 상실하는 것을 의미한다.
수관의 왼쪽을 크게 그리거나 음영으로 강조한 것	내향적이며 사려 깊은 사람, 사소한 일에 마음을 쓰는 사람이 그린다.	수관이 목화송이나 구름의 형태	보편적이다.
수관의 오른쪽을 강조한 그림	조심성이 부족한 사람, 자신감이 있는 사람일 경우가 많다.	수관이 직선적이며 모가 나 있다.	분열적 성격이며 정서는 안정되어 있으나 때로 완고하고 교만한 태도를 취하며 외계에 대한 적응이 곤란한 경우가 있는 사람이다.
수관의 양끝이 밑으로 쳐져서 자루처럼 줄기를 덮어씌우는 것 같은 것	의지가 약하고 결단이 느리며 감정이 움직이는 것을 나타낸다.	수관이 몇 개의 영역으로 나누어진 것	자기 자신이 의도한 것을 은폐시키며 현실과의 접촉을 두려워하며 조심성 많은 것을 나타낸다.
수관과는 떨어져서 줄기의 아래쪽에서 나온 줄기	아동에게서는 어느 정도 나타나지만 성인의 경우는 퇴행경향으로서 장소에 어울리지 않는 엉뚱한 일을 성급하게 행할 가능성이 있는 사람이다.	명백히 말라죽은 뿌리를 그림	피검자가 자기의 생활력과 충동을 상실하고 현실을 다루는 일이 잘되지 않는다고 느끼는 경우가 많다.
뿌리	피검자가 현실을 지배하는 자신의 능력을 어떻게 인지하고 있는 가를 나타낸다.	줄기의 선이 지면선처럼 연속된 나무그림	사물을 객관적으로 다루지 못하는 자의식이 결핍된 사람일 경우가 많다.

표 현	해 석	표 현	해 석
지면을 통해 뿌리가 보이도록 그리는 것	현실검증력의 장애를 나타낸다.	도화지의 가장자리에 그려진 뿌리	불안정감, 안정에 대한 욕구를 의미한다.
나무뿌리의 강조	보통 미성숙이나 '뒤돌아 봄'을 의미한다. 이'뒤돌아 봄'은 성장을 방해하는 것이다.	지면의 선이 수평이 아니고 언덕처럼 그린 다음 나무를 그린 경우	구순적 욕구를 강하게 품고 있으며 자신이 고독하다고 느끼며 자신을 보호해 줄 여성적인 것을 구하고 있는 것. 이런 경우 나무가 작게 그려져 있을 때는 피검자가 자신의 고립되어 있고 무력하며 모성적인 것에 의존하려는 경향이 있음을 나타낸다.
지면의 선을 과도하게 강조한 것	불안감과 강한 의존욕구를 나타낸다.		
지면의 선이 왼쪽으로 내려가 있음	미래를 향하여 노력하고 있다는 감정.		
우측으로 내려가 있을 경우	미래가 위험하다는 느낌을 나타낸다.	지면의 선이 줄기의 부리부분보다 위에 있을 때	피동적인 것을 나타낸다.
지면의 선을 그리지 않더라고 용지의 하단의 선을 지면선으로 이용한 그림	불안한 감정을 해소하려 하며 우울한 감정을 품고 있는 경우가 많다.	수관에 잎을 그리는 것	안정에 대한 욕구가 강하거나 쾌활한 성격과 예리한 관찰력을 가진 사람일 때가 많다.
나무의 잎	장식, 활력을 표시함.	열매가 있는 나무 그림	아동에게 있어서는 강한 의존욕구와 지속성의 결여를 나타낸다. 성인에 있어서는 유아기에의 고착이나 미성숙성을 나타낸다. 자기현시적이며 과시적인 경우가 많다.
나무에서 잎이 떨어지고 있는 그림	외계의 압력에 자아의 통제력을 잃고 있는 사람이나 감수성이 강한 사람, 때로는 자기의 존재를 과시하려는 사람에게서 보인다.		
나무에 꽃을 그리는 경우	외면적인 체면을 중시하며 겉치레를 잘 하려는 것뿐만 아니라 통찰력이 없거나 자신을 찬미함.	가지에 비하여 지나치게 큰 잎	무력감을 안고 있으면서도 표면적으로는 적응해 가고 있는 사람.
열매가 떨어지고 있는 그림	자기가 거부되고 있다는 감정과 무엇인가 체념하여 포기해 버렸다는 감정. 죄의식, 거리감, 스스로 타락했다고 믿는 여성들.	나무그림의 해	일반적으로는 해는 권위적인 인물을 나타내며 피검자가 무엇인가 권위적 인물과의 관계를 강하게 의식하고 있음을 나타낸다. 그러나 성인이 해를 그리는 것은 정신발달의 미숙함을 나타낸다.
지는 해	우울함과 관계있다.		
나무와 태양사이에 구름을 그림	피검자가 의미 있는 어떤 사람에게 불만을 갖고 있음을 나타낸다.	낮은 곳에 있는 큰 태양에 굴복한 것 같은 나무그림	양친의 지배를 두려워하고 있는 사람에게서 많다.
태양에 닿을 것 같이 그려진 가지	애정욕구가 채워지지 않기 때문에 피검자가 권위적인 인물로부터 온정과 지지를 구하려 한다고 함.	태양의 광선이 나무에 집중되어 있는 것	권위적인 인물에 지배되고 있다고 느끼거나 지배되고 싶어 하는 것을 나타낸다.
태양으로부터 벗어나려는 인상을 주는 그림	자신에게 무력감을 안겨주는 사람에게 지배되는 것을 피하려는 사람이 그리기 쉽다.	다리나 별을 나무의 배경으로 그리는 것, 또는 바람	적적하고 외로운 감정을 나타내며 바람은 자신이 통제할 수 없는 힘에 지배되고 있다는 감정.

표 현	해 석	표 현	해 석
바람이 위에서 지면으로 부는 것	공상으로부터 현실로 돌아오려는 강박적 경향을 나타낸다.	바람이 지면에서 나무 위로 부는 것	현실로부터 공상으로 도피하고자 하는 강박적 경향을 뜻한다.
여러 가지 풍경 속에 나무를 그리는 것	현실적이 아니고 몽상적 경향으로 풍부한 감정을 가진 사람의 경우가 많으나 현실검증력이 결여된 직관적으로 사고하는 사람에게도 보인다.	열쇠구멍같이 생긴 나무	반항기의 아동에게서 자주 보이는 것. 성격이 경직되어 있고 강한 적의를 가지고 있으며 폭발적으로 행동하는 사람이나 반항적인 사람이 그리기 쉽다.
나무위에 있는 다람쥐	행동에 대해서 연속적으로 박탈경험을 가지고 있는 사람들에 의해서 종종 그려진다.	남근과 닮은 나무	초등학교 저학년의 아동에게서는 어느 정도 나타나지만 연령이 높은 경우에는 부적응의 상징임.
줄기의 한 부분만 그리거나 굵은 가지를 그리는 것	통찰력이 부족하거나 정신병 환자들이 그리기 쉽다.	지나치게 커서 용지 밖으로 나와 절단된 느낌을 주는 나무	통찰력의 부족, 생활공간으로부터의 일탈과 회의, 적의등과 관계가 있다.
나무줄기나 가지에 받침을 그리거나 분재 등을 그림	자주성의 결여와 불안정감을 나타내며 지지와 보호를 구하려는 사람에게 많다.	용지 내에 들어가 있는 큰 나무	자기 확대의 욕구를 나타내며 공상보다는 현실적인 활동에서 만족을 얻으려는 것을 뜻한다.
너무 작은 나무	자신에 대해 열등감이나 무력감을 가지며 움츠려드는 경향이 있는 사람이다.	밖과 위를 향한 길과 같은 가지들	명확한 계획을 가지고 있으며 보통 그들이 시작한 것을 끝내는 사람들과 관련 있다.
나무가 수직이 아니고 왼쪽으로 기울어 짐	자기 방어적이며 내향적이고 자신에 대한 관심이 강한 것을 나타낸다. 감정을 억제하며 활동하는 것을 바라지 않고 미래를 두려워하고 과거에 집착하고 때로는 게으르고 타성적인 사람의 그림.	원운동을 하는 가지나 수관	생활에서 '어디에도 갈 곳이 없는'사람들과 연관된다. 그들은 어느 방향으로 정해지는 것이 아니고 그들의 생활처럼 뱅뱅 돌아간다.
위로 갈수록 한 점으로 좁아지는 가지들	'신경쇠약'과 관련된다. 목표가 단 하나이며 '목표 지향적' 사람. 그들이 꼭대기에 다다랐을 때 그들은 기대한 것을 발견하지 못하고 환멸과 실망을 한다. 또한 자살하고 싶은 충동을 느끼는 사람에게서 보인다.	오른쪽으로 기울어진 나무	외향적이며 타인에게 접근하려하며 활동의욕이 있고 생활에 대한 적극적인 태도를 가지고 있으며 불행한 과거를 잊어버리고 미래를 향해 나가지만 간혹 침착이 없고 외계의 자극에 의해 움직이기 쉬운 사람에게서 보인다.
줄기가 꼭대기에서 확장되는 것	나이가 점점 들어가면서 그들의 관심들이 확장되고 보다 활기찬 생활을 하는 사람들과 관련된다. 만일 줄기가 꼭대기에서 넓어진 "통로"모양의 가지들이 있다면 그 같은 해석은 적절하다.	바람에 휘어진 나무나 낙엽이 떨이지고 있는 나무	외부의 압력과 무의식의 욕구에 의해 자기가 지배되며 그것을 자신의 힘으로 통제할 수 없다는 감정을 나타내는 경우가 많다. 이런 그림은 성격의 붕괴를 막연하게 느끼고 있는 정신분열증 환자에게서도 볼 수 있다.
줄기의 밑바닥부분에 가지가 성장된 것	우울하고 "아무것도 기대할 것이 없는" 퇴행적인 사람에게서 보인다.	줄기가 없는 나무	살려는 의지를 잃은 우울하고 자살하고 싶은 충동을 가진 사람들에게서 보인다.

표 현	해 석	표 현	해 석
넓은 줄기	높은 에너지를 지닌 사람과 관련된다.	좁은 줄기	낮은 에너지와 종종 살아가려는 의지가 부족한 것과 관련된다.
날카로운 잎들	비양육적인 예민한 사람과 관련된다.	손같이 생긴 잎	'접촉하려는' 온정적인 사람들.
집에서 먼 쪽으로 가지와 잎이 무성한 나무	가족이나 집의 다른 가치들을 거절하거나 경시하고 그들 자신의 성장에만 에너지를 투여함.	지면의 선을 먼저 그리고 나무를 그리는 것	타인에게 의존적이며 타인으로부터 인정받고 싶어 하는 사람이다.
집의 꼭대기에서 자라는 나무	자신의 생활을 가족들에게 의존하고 있는 사람들, 혹은 가족 없이 "어찌 할 바를 모르는" 사람들.	나무를 그린 후 지면의 선을 그리는 것	행동에 있어서 처음에는 침착하지만 곧 불안해지며 타인의 인정을 구하는 사람이다.
잎을 맨 먼저 그리는 것	마음의 안정성이 없고 표면적인 허영과 허식을 구하는 경향이 있음을 나타낸다.	수양버들 가지처럼 아래로 처진 가지	다른 사람의 영향을 받기 쉽고 활발하지 못하며 원기가 없으며 저항력이 약하고 피로하기 쉬운 사람. 우울증의 경향이 있는 사람에게서 많이 보인다.
둥글고 부드러운 인상을 주는 수관	조울적 성격의 사람으로 밝고 사교적이지만 때로는 기분파의 면을 보이는 경우가 많다.		

(3) 기타 그림에서 특수한 표현 해석

표 현	해 석	표 현	해 석
불균형감	정신분열증의 초기. 끊임없이 변하고 불안정한 상태의 성격.	지나치게 기울어짐	정서장애.
완성되지 않은 그림	우울, 회피, 성취의 기준이 낮은 아동, 정신지체인, 신경증적 압박감.	지면선	피검자는 지지를 필요로 한다. 그러므로 피검자는 의지할 수 있도록 인물들을 위한 지면선을 그린다.
투시화	정서적, 기질적 원인으로 인해 성격의 통합을 상실, 현실검증의 장애로 자기와 외계와의 관계를 바르게 다룰 수가 없어 양자가 구별되지 않는 상태, 일반적으로 투시화는 병적인 징조이며 정신분열증 환자에게 나타나기 쉽다. 의복을 입었는데도 유방이 비치거나 몸속의 내장을 그린 것 등의 투시화는 정신 분열증으로 의심이 가지만, 옷의 소매에 팔이 비치도록 그린 것은 수정을 충분히 하지 않은 것 일수도 있다. 그러니 취학 전의 아동이 그린 것은 당연한 일이다.	원근법(Wom's Eye New – 아래에서 올려다 본 그림)	환경에 접근하기 어려워하는 감정, 피검자가 가정으로부터 거부당하고 있다는 감정과 자신이 근접할 수 없는 가정에 가까이 가고 싶은 욕구를 나타내는 경우가 많다. 자신이 열등한 존재라는 감정, 자기 비하적인 평가, 위화감 등을 가지고 있으며 가정으로부터 행복을 전혀 얻지 못하고 있다는 폐쇄적인 사고의 소유자에게서 보인다(집 그림의 경우).
		강하고 진하게 그린 지면선	불안을 나타낸 것.

표 현	해 석	표 현	해 석
조감도(위에서 내려다 본 그림)	피검자가 환경에 전적으로 방관자적인 태도를 보이는 것은 집 그림일 경우 피검자가 자신을 우월한 인간으로 보며 가정에서 벗어나 있음을 보여주는 경우가 많다. 이것은 가정이나 가정환경에 부여된 가치를 근본적으로 거부하는 사람에게서 자주 나타난다.	멀리 보이는 그림	움츠려드는 사고와 타인에게 근접하기 어려운 감정을 나타내는 사람이나 자신의 가정환경을 극복할 수 없다고 믿고 있는 감정과 가족에게 위로를 받을 수 없다는 감정을 지닌 사람이 그린다.
가까이서 보이는 그림	가정에 도달할 수 있는 따뜻한 감정의 사람이 그린다.	용지를 제시한 방향과 다르게 회전	공격성과 거부경향, 1회 이상의 회전은 병적인 것.
오른쪽이 올라가는 경사가 있는 지면선	미래를 향하여 노력하고 있는 것.	오른쪽이 내려가는 경사가 있는 지면선	미래가 불확실하여 위협을 느끼고 있음.
날씨가 표현된 것	피검자가 자신의 환경에 대해 갖고 있는 감정을 표시함, 외적 환경이 자신에게 적의를 가지고 있거나 압력을 가하고 있다고 느끼는 사람은 궂은 날씨로 표현하는 경우가 많다.	지면의 선	피검자가 불안을 안고 있으며 무엇인가 필요한 틀을 그림으로써 안정감을 얻으려고 하는 것이다.
지면의 선이 비탈을 이루며 양끝이 내려간 것	자신이 고립되었고 몸을 드러내 놓고 있다는 감정과 어머니에 대한 의존심, 때로는 노출증의 경향을 나타낸다.	그림에 태양을 첨가하여 그린 경우	태양을 권위상으로써 부나 모를 나타내며 피검자가 그것에 특별한 감정을 가지고 있음을 나타낸다.

04

인물화(DAP: Drawing A Person)를 통한 심리진단

01 이론적 배경

투사적 검사법 중에서 체계화가 가장 낮아, 보다 무의식적 깊이의 심리 현상을 표현한다고 가정되는 인물화 검사는 1926년 굿이너프(Goodenough)에 의해 「Measurement of Intelligence by Drawings」라는 책이 출판되면서 소개되었다.

초기에는 개념적 성숙 측정을 통한 지능 평가 방법으로 사용되었으나, 현재는 아동과 성인의 투사적 성격검사로써 특히 자아상(Self-image)이 투사되는 검사법으로 임상에서 널리 사용되고 있으며, 이는 아동에게 사용될 때 특히 유용한 자료로 제공되고 있다.

아동의 인물화는 오래전부터 아동의 지능을 측정할 수 있는 수단이 되어 왔으나 인물화를 성격검사로 발전시킨 사람은 맥호버(Machover, 1949)이다.

맥호버(Machover, 1949)는 정신분석과 자아 심리학에 근거하여 인물화 검사를 발전시켰고, 정신분석적 입장에서의 정신신체의학에서 발전된 신체 각 기관과 독특한 정서와의 관련성이 이 검사에 도입되고 있다.

맥호버의 상징적, 임상적 의미에는 주관적이고 직관적인 규준이 비교적 많다고 비판되고 있다. 그러나 맥호버의 규준도 그 후 계속적으로 수정 보완되어 임상적 근거도 밝혀짐으로서 현재는 정신병원이나 아동상담소, 학교의 카운슬러들이 성격이나 정신 병리적인 진단에 유효하게 쓰고 있다.

또한 시드니 레비(Sidney Levy)는 인물화검사가 자아개념, 주위 환경의 인물, 이상적 자아상(Ideal Self-image), 습관과 정서, 검사자와 검사 상황에 대한 태도, 인생과 사회에 대한 피검사자의 전반적인 태도 등이 반영된다고 하였다.

02 인물화의 발달과정

인물화는 유아의 탐구정신의 소산으로서 인간이 복잡한 도형을 창출해 내려는 정신능력의 발달 양상으로 볼 수 있다. 유아가 최초로 그리는 사람의 형상은 불완전하고 무질서하며 불균형인 선 그림으로 어떤 특정한 개인을 그리는 것이 아니라 '사람' 일반에 대한 개념을 그린다(김영학, 1978). 즉 유아가 표현하고자 하는 인물의 형태는 처음에 인체의 모든 부분을 의미하는 둥근 원형으로부터 점차로 몸통이 열린 표현과 신체의 각 부분을 갖춘 형태로 발전한다(이경애, 1988). 로웬펠드(Lowenfeld)는 전도식기에 사실적 표현의 첫 상징이 사람으로, 전형적인 머리를 나타내는 원과 두 개의 세로선으로 다리와 몸을 나타내며 머리는 상대적으로 크게 그리며 보통 팔은 머리에 붙게 그린다. 도식기에는 인물도식이 나타나 기하학적 선들로 타원, 삼각형, 직사각형은 신체, 팔, 다리, 옷을 나타낸다고 하였다.

골룸(Golomb, 1988)은 유아의 사람 형태 그리기 단계를 다음과 같이 제시했다.

① 첫 단계는 끼적거리기로 사람이라 명명하는 멋대로의 표현이다.

② 둘째 단계는 구부러진 끼적거리기로 나타난다. 윤곽들은 전형적으로 항상 눈과 입을 표상하는 폐쇄되고 구부러진 원형적 사람이 수반된다.

③ 셋째 단계는 팔과 다리를 위한 선을 가진 거의 머리로 된 형태인 올챙이 모양의 사람이 나타난다. 점차적으로 사람에 관해 알고 있는 것을 더 많이 표상하기 시작한다.

④ 넷째 단계는 기본 신체 부분이 더해지고 안경, 긴 곱슬머리 같은 특수한 인상의 사람을 그린다. 1학년이 되면 더 자세하게 사람을 그리고 투시적 옷을 입은 사람으로 대부분 신체 부분을 나타낸다. 그 다음에는 어떤 신체 부분이 옷으로 감추어진다는 것을 예견하고 불투명한 옷을 입은 사람을 그릴 수 있다.

유아들의 인간표상은 사용한 재료(찰흙, 나뭇조각, 크레용)와 재료사용 방법에 의해 영향을 받기도 한다. 올챙이 사람을 그리는 단계의 유아라도 찰흙으로 작업할 때는 언제나 몸통을 만든다(Golomb, 1988).

아른하임(Arnheim)은 시 · 지각적 관점에서 두족 표현의 두 가지 형을 연구하였다(이정환, 1986).

하나는 일반적인 형, 즉 원형에서도 손, 발이 나온 표현이다. 유아가 그린 원형은 실제 인물 전체를 나타내는 것으로 이러한 표현은 머리와 동체의 미분화 상태에서 오는 표현방법이다. 그래서 원을 상하로 늘려 타원형을 만들어 윗부분에 눈과 코를 그리고 아래 부분에는 옷 모양을 그리는 표현 방법을 사용한다.

다른 형태는 머리 부분에서 나온 두개의 평행선은 동체와 다리를 포함한 것으로 동체와 다리는 미분화되는 상태로 이때의 원은 머리로 한정된다.

이와 같이 원형을 그리는 능력은 두족인을 그릴 수 있는 계기가 된다. 이러한 형태는 동서를 불문하고 공통적으로 나타나는 것이라 지적하고 원형-얼굴-두족-팔다리가 나오는 식으로 발전한다고 했다.

굿이너프(Goodenough)는 머리만의 인간, 즉 올챙이식 인물표현에 대해 아른하임과는 반대로 주지론적인 관점을 취한다. 머리와 다리만을 그린 것은 인체 중에 머리와 다리가 가장 중요하다고 알고 있기 때문이라는 것이다. 한편 켈로그(Kellogg, 1979)는 4～5세경에 비로소 사람 같은 모습이 나타나기 시작하고 해와 그 빛줄기가 사람의 머리, 팔, 다리, 귀 등으로 바뀐다는 것을 발견했다. 그리고 유아의 초기 인물화는 주변 사람을 관찰하여 시각적으로 얻은 결과가 아닌 과거의 반복된 도형들로부터 얻어진 소산이라고 생각했다. 굿나우(Goodnow)는 7세경에 대부분의 아동이 이어지는 선으로 그림을 그린다고 하며, 린드스트롬(Lindstrom)은 7～10세경에야 인물의 행동까지도 표현하려고 시도하는데 아직 목이나 손, 발이 없는 몸통의 정면 모습을 따온 측면화로 그려진다고 한다. 8～9세가 되면 선화에서 발전해서 묘사능력은 사실적인 경향을 띄므로 속눈썹, 얼굴 표정, 신발 등의 형태 묘사가 가능하다.

아오키 세이시로우(1922)는 인물화 발달 단계를 5단계로 제시하였다(김정숙, 1992).

① **착화의 시기(2~3세)**: 아오키의 구분은 본능적 형태로 무엇인가 동그란 흔적을 반복적으로 긋는다. 인물도 아니고 형태도 아닌 묘화(描畵)이다.

② **안면 흥미의 시기(4~5세)**: 처음으로 인물을 그리는데, 얼굴 부분을 그린다. 눈, 코, 입으로 상징되는 얼굴이 대부분이다.

③ **사지 분기의 시기(5~6세)**: 얼굴이 그려진 다음에는 팔, 몸통, 다리 등으로 발전하나 상지(上肢)와 하지(下肢)의 구분은 지능이 작용한다.

④ **의복 묘사의 시기(6~7세)**: 그림의 어떤 모양을 그려내는 시기이다. 의상의 묘사도 흥미 있고 예술적인 감각이 싹트는 무렵이다.

⑤ **신체 각부 묘사의 시기(7~8세)**: 눈이나 귀 또는 근육 등의 특정한 부위에 관심이 있어가는 시기이다.

여러 학자들이 제시한 미술발달 단계별 특징을 간략하게 그림으로 나타낸 [그림 3-1]은 인물 표현이 발달되어 가는 과정을 알 수 있다(김정 · 이수경, 1985).

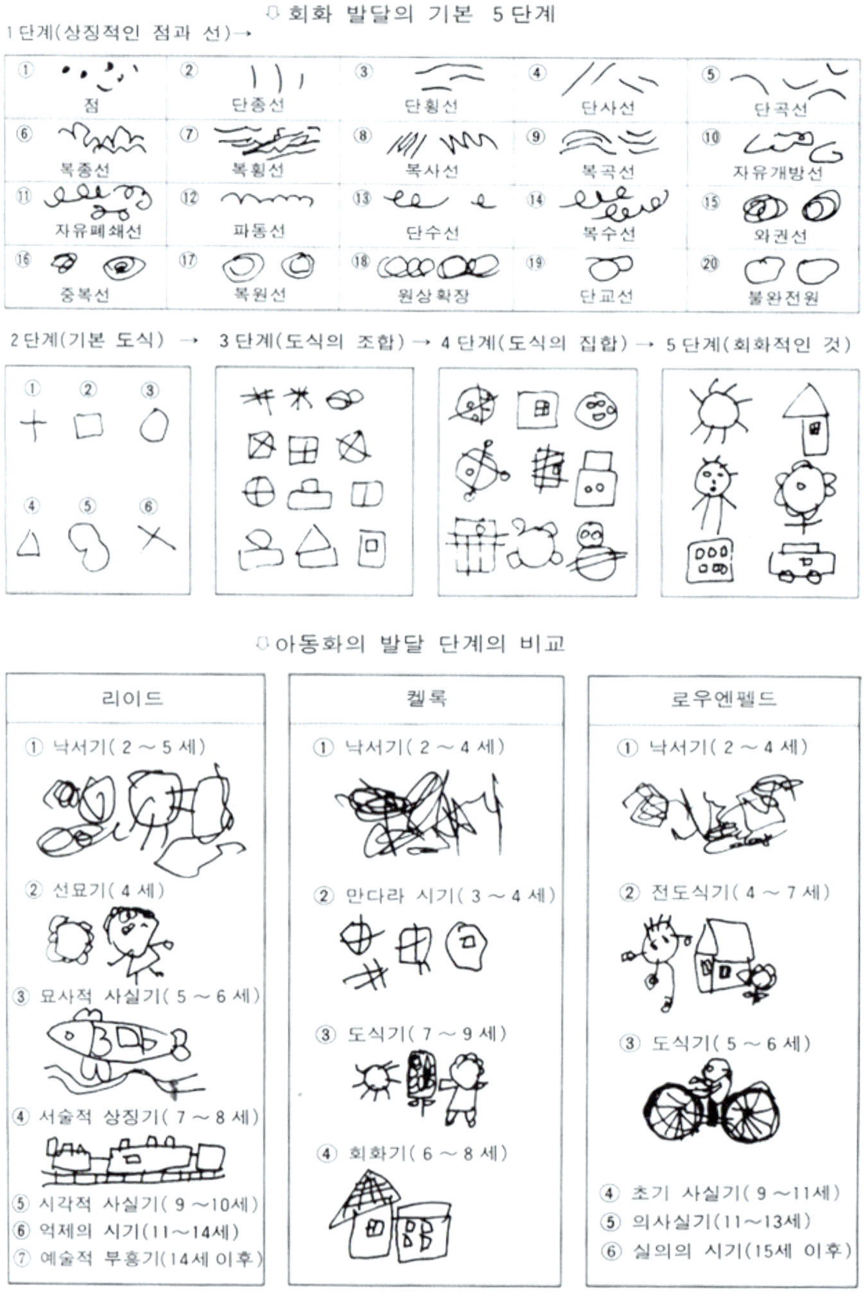

| 그림 4-1 | 켈로그의 아동화 발달단계

03 검사 방법

1) 검사도구

- **준비물**: A4용지 2장, 4B연필 2-3자루, 지우개

2) 실시방법

인물화 검사의 실시과정은 매우 간단하다. A4 종이와 연필(뾰족하지 않은), 지우개를 주고 "사람을 그리시오."라고 지시한다. 만약 질문이 있을 경우에는 "원하는 대로 그리시오." 또는 "전체 모습을 그리시오."라고 응답할 뿐 피검자의 자유로운 선택에 맡긴다.

한 장의 그림을 그리고 나면 그 그림과 반대되는 성의 인물을 한 장 더 그리게 하여, 남자와 여자 두 사람의 인물을 그리게 한다.

단, 피검자가 그린 그림이 현저하게 만화처럼 크려지거나, 막대형 그림이거나(졸라맨 그림), 추상적인 그림일 경우에는 다시 한 번 그리게 하는 것이 좋다. 만일 다시 그리게 한 그림 역시 만화적이거나 막대형일 경우에는 이를 검사에 대한 거부감의 표시로 볼 수 있다.

만일 검사를 개인별로 실시할 때는 검사자는 조용히 아동의 그림 그리는 과정에 대해 행동특성, 소요시간, 질문 사항 등을 기록하고 특히 지나치게 짧거나 오랫동안 그려진 부분의 그림 등을 관찰 기록해야 한다.

그 다음으로 그려진 인물에 대해 어떤 생각을 가지고 있는지 인물의 성격이나 배경, 인물의 신분에 대해 <표 4-1>를 참조하여 질문을 하여 기록한다.

04 그림에 대한 질문

인물화 그림을 그린 후 피검자가 표현한 것의 독특한 의미와 문제를 파악하는 것이 극히 중요하다. 질문에 대한 특별한 형식은 없으나 검사자의 필요에 따라 질문하는 것이 좋다. 그러나 질문에 대한 대답은 그대로 기록해 두고 질문에 대답을 머뭇거리거나 한참 생각하는 모든 행동 관찰까지도 상세히 기록하는 것이 바람직하다.

<표 4-1>은 아동용 질문지이며 <표 4-2>는 성인용 질문지로 다음에 일반적인 질문사항을 소개한다.

표 4-1 | 아동용 질문지(Machover)

성 명		생년월일	년 월 일 (만 세)
검사일자	년 월 일		학년 성별 (남, 여)
아동이 그린 그림을 보여주면서 다음과 같은 질문을 하여 기록하십시오.			
1	이 사람은 지금 무엇을 하고 있나요?		
2	이 사람 나이는 몇 살인가요?		
3	이 사람은 누구인가요?		
4	이 사람은 지금 어디에서 뭘 하고 있나요?		
5	이 사람은 지금 무슨 생각을 하고 있나요?		
6	이 사람은 기분이 어떤가요?		
7	이 사람 소원은 무엇인가요?		
8	이 사람은 몸의 제일 나쁜 곳은 어디인가요?		
9	이 사람은 제일 좋은 곳은 어디인가요?		
10	이 사람은 잘 지내고 있나요? 잘 못 지내고 있나요?		
11	이 사람은 지금 무슨 걱정을 하고 있나요?		
12	이 사람은 어떤 때 화를 내나요?		
13	이 그림속의 날씨는 어떤가요? 무슨 계절인가요?		

표 4-2 | 성인용 질문지(Machover)

성 명		생년월일	년 월 일 (만 세)		
검사일자	년 월 일	직장		성별	남, 여
성인이 그린 그림을 보여주면서 다음과 같은 질문을 하여 기록하십시오.					
1	이 사람은 지금 무엇을 하고 있지요?				
2	이 사람 나이는 몇 살입니까?				
3	이 사람은 누구입니까?				
4	이 사람은 결혼을 했습니까?				
5	이 사람은 자녀가 몇 명이나 됩니까?				
6	이 사람은 누구와 살고 있습니까?				
7	이 사람은 아버지를 좋아합니까? 어머니를 좋아합니까?				
8	이 사람은 직업은 무엇입니까?				
9	이 사람은 소원이 무엇입니까?				
10	이 사람은 건강한 편입니까?				
11	이 사람은 항상 생각하고 있는 것은 무엇입니까?				
12	이 사람이 가장 화를 잘 내는 일은 무엇입니까?				
13	이 사람이 무서워하는 것은 무엇입니까?				
14	이 사람이 슬퍼하는 것은 무엇입니까?				
15	이 사람이 품고 있는 세 가지 소원은 무엇입니까?				
16	이 사람의 장점은 무엇입니까?				
17	이 사람의 단점은 무엇입니까?				
18	이 사람은 여러 사람과 같이 있습니까?				
19	이 사람은 자기 부인(남편)과 어떻게 지내고 있습니까?				
20	사랑하는 여자(남자)가 있습니까?				
21	어떤 여자(남자)를 좋아합니까?				
22	이 사람을 보면 누구 생각을 하게 됩니까?				
23	당신도 그 사람처럼 되기를 원합니까?				
24	이 사람은 행복합니까? 불행합니까?				
25	이 그림속의 날씨는 어떻습니까? 무슨 계절입니까?				

05 인물화(DAP) 그림의 해석

1) 그림의 전반적인 해석

인물화는 그림 검사 중 가장 깊이 연구된 분야로, 나무 그림이나 집 그림보다도 자기상을 더욱 잘 나타내지만 피검자로 하여금 경계심을 갖게 하거나 자기를 방어하고자 하는 생각을 갖게 하기 때문에 좀 더 피검자의 의식적인 수준에서 가지고 있는 자기개념, 자기표상, 자신을 대한 태도 등 여러 감정들이 투사된다. 그러므로 자기뿐 아니라 때로는 자신에게 의미 있는 타인의 표상이나 그에 부여된 감정들이 나타나기도 하며, 아동은 인지발달의 수준상 자기중심성이 현저한 상태이기 때문에 부모와 같이 자기에게 가장 중요한 사람을 그리는 경향도 많으므로 주의 깊게 고려해야 한다. 아동이 그린 인물은 아동의 욕구, 불안, 갈등, 보상 등을 반영하며, 그려진 인물은 바로 아동 자신이고 종이는 아동의 환경을 의미한다.

맥호버(Machover)는 주로 얼굴 부분만을 평가의 규준에 비추어서 설명하였고 레비(Levy)는 각 신체부분이 어떤 상징을 나타내고 있는가를 제시하였다.

하지만 여기서 다시 한 번 강조되어 할 점은 부분적 해석이 결론으로 받아들여져서는 안 되며 전체적 모양, 각 신체들의 관계, 두 인물의 비교, 검사 행동이 모두 종합된 수준에서만 해석이 내려져야 한다.

인물화검사에 관한 대표적인 연구로는 맥호버(Machover, 1949)의 것을 들 수 있는데, 맥호버의 상징적 임상적 의미에는 주관적이고 직관적인 규준이 비교적 많아 얼굴 부분만을 설명한다. 그리고 다음에는 오오토모(1960)의 규준을 중점적으로 소개하고, 그 규준에 비추어서 성격을 진단하는 예를 살펴보면 다음과 같다(김재은, 2002).

(1) 검사시의 태도와 소요시간

그림을 그릴 때 사람마다 차이는 있지만 정상적으로 소요되는 시간은 대부분 10분 정도 소요된다. 그 이하거나 그 이상의 시간 소요가 되면 아래와 같다.

- **소요시간이 2분 이하, 30분 이상**: 그 그림을 그리는 데 어떤 갈등을 가지고 있음.
- **어떤 그림에 오랜 시간 소요**: 완벽과 강박증적 경향이 있음.
- **그림 그리는데 대한 반항**: 불안감, 우울, 회피, 수줍음.

(2) 인물의 순서

대부분의 경우 피검사자는 피검사자와 동성의 인물을 먼저 그린다. 간혹 이성 인물이 먼저 그려지는 경우가 있는데, 이 모든 경우에 동성연애자(Homosexuality)라고 단정 내리는 것은 위험하지만, 대부분의 동성연애자가 이성을 먼저 그리는 경향이 있다. 때로는 성 정체감(Gender Identity)의 혼돈, 때로는 이성부모 또는 이성에 대한 강한 애착과 의존적 표현이기도 하다.

- **정상적인 그림**: 대부분 머리와 얼굴에서 시작하여 몸통 팔, 다리를 그리며 주로 동성을 먼저 그림.
- **인물의 얼굴을 맨 나중에 그린 그림**: 대인관계의 정서적 접촉의 문제임.
- **동체부터 그린 그림**: 자아 개념이 낮거나 형성되지 않은 사람임.
- **의복을 먼저 그린 그림**: 인간관계의 문제로 따스한 애정관계를 맺지 못하는 냉정한 사람임.
- **다리부터 그린 그림**: 성적 갈등임.
- **이성을 먼저 그린 그림**: 이성에 성적 관심이 많은 사람, 성 동일시에 혼란이 있는 사람임.

(3) 두 인물의 비교

남성과 여성의 그림을 비교함으로써 피검사자의 정신 성적태도(성역할 태도)를 알아볼 수 있다. 또한 피검사자의 부모의 부부관계 양식을 시사 받을 수 있다(예: 지배적인 부모를 크게 그리는 경향).

(4) 그림의 크기

종이의 크기에 비해 그림이 상대적으로 크거나 작은 것은 피검사자와 환경과의 관계를 암시하고 인물의 크기는 피검사자의 자존감과 활동성 등을 의미한다.

인물의 크기가 작으면[그림 4-2] 개인은 위축되고 작게 느끼고 있으며, 환경의 요구에 대해 열등감과 부적당감(Inadequate Feeling)을 느끼는 경우이다. 인물의 크기가 크면[그림 4-3] 우월한 자아상, 공격적 태도로 환경과의 관계를 맺는 경우라고 볼 수 있다. 또한 이성상을 지나치게 크게 그리거나 적게 그리는 것은 어떤 의미에 있어서 성적 역할에 혼란이 있다. 예를 들면 피험자가 여성상을 아주 크게 그릴 경우 남성의 지배력을 무시하려는 남성적 여성인 경우이다.

인물이 자아상을 나타내지 않고 이상적 자아상 또는 부모상을 반영하기도 한다. 부모상이 투사되는 경우 큰 인물은 강하고 능력 있고 의지할 수 있는 부모상이거나 또는 위협적이고 공격적이고 벌을 내리는 부모상을 반영한다. 이상적 자아상에서 인물의 크기가 크면 열등감을 보상하려는 시도의 표현으로 볼 수 있다.

- **보통의 크기**: 종이의 60~70% 정도의 인물임.
- **매우 큰 그림**: 자신의 나타내려는 노력임.
- **매우 작은 인물**: 열등감, 무능력감, 억제, 소심, 불안정한 자아상, 낮은 에너지임.
- **종이를 벗어난 큰 그림**: 정서장애, 계획능력의 부족, 과잉행동의 경향임.
- **작은 그림**: 열등감, 무능력감, 소심, 불안정감, 위축된 자아임.

- **큰 인물**: 종이에 자기를 나타내려는 노력, 공격, 보상적 방어의 감정, 과잉행동 등.

| 그림 4-2 |
매우 작은 인물상은 열등감과 낮은 자아 존중감을 가지고 있음을 의미함.

| 그림 4-3 |
큰 인물상은 우월성을 보여주고 싶거나 열등감을 보상받고 싶은 심리를 의미함

(5) 그림의 위치

그림의 위치가 종이의 중앙보다 위에 위치하면([그림 4-4]) 불안정한 자아상과 연관이 있고 종이의 왼편에 위치하면 자아 의식적이며 내향적 성향(Self-conscious Introversiveness)을 나타내며, 오른편에 치우친 위치는 저항, 적개심의 가능성을 반영한다.

중앙보다 조금 아래의 위치는 보다 안정되고 편안한 심리적 상태이며 너무 낮은 아래의 위치([그림 4-5])는 우울감, 패배감을 나타낸다. 적절한 중앙 위치는 자율적, 적응적인 자아 중심적 경향과 관계가 있다.

위치에 대한 해석의 예를 보면 다음과 같다(Buck, 1948; Burns & Kaufman, 1972; Hammer, 1971; Jolles, 1964; Machover, 1949).

- **정상 위치**: 정상적이고 안정된 사람임.

- **정중앙에 위치**: 불안전감과 완고함, 인간상호관계에서 완고함을 나타냄.
- **종이 상단**: 다른 사람과의 관계에서 자신을 내세우는 경향.
- **종이 좌측**: 내향적, 여성적, 공상적 경향, 과거형.
- **종이 우측**: 외향성, 남성적, 미래형.
- **종이 아래쪽**: 안정, 우울, 위축, 무의식.
- **종이 위쪽**: 의식, 낙천적.
- **종이 윗면에서 절단된 그림**: 현실에서 불만족을 공상을 통해 얻고자 함.
- **종이 왼쪽에서 절단된 그림**: 미래에 대한 두려움과 과거에 고착하고자 함.
- **종이 오른쪽에서 절단된 그림**: 미래로 도피하고자 하는 욕구를 솔직하게 받아들이기를 두려워함.
- **종이 아랫부분에서 절단된 그림**: 충동성이 강하여 그것을 억제하여 성격의 통합을 유지하고자 함.
- **종이 왼쪽 귀퉁이 그림**: 불안감과 새로운 것을 피하고 과거로 퇴행.
- **산만한 그림(용지전체사용)**: 조증 경향이 있음.

| 그림 4-4 |
사람이 위쪽 좌측에 위치하여 내향적, 공상적인 성향과 과거로의 퇴행을 보여줌.

| 그림 4-5 |
하단에 위치한 그림은 우울감과 위축된 모습을 보여주고 있음.

(6) 만화적이거나 추상적인 인물

인물화를 만화적이거나 추상적으로 그린 것은 검사에 대한 자기 방어적 태도와 경계심을 나타내면서 대인관계에 불안감을 가지고 있으며 자아개념이 확립되어 있지 않는 경우이다. 그림 중에 동성상 또는 이성상의 하나만을 만화적이거나 추상적으로 그린 경우 자기 자신을 나타내지 않으려하거나 이성에 대한 거부적인 태도의 그림이다. 눈사람은 정서적 박탈을 나타낸다.

(7) 성차의 표현

성차를 명확하게 표현하기 위해서는 피험자의 성의 동일시를 확립하고 자신의 성적 역할을 체험하고 인지하는 것 등이 필요하다.

하워스(Haworth)의 성차 표현 5단계를 살펴보면 다음과 같다.

- **제1단계**: 성차가 전혀 구별되지 않는다. 유아나 정신지체자 외에는 좀처럼 나타나지 않는다.
- **제2단계**: 성차가 조금 표현되어진다. 예를 들면, 머리 길이의 장단, 바지와 치마, 유방의 유무 등에 의한 차이를 보인다.
- **제3단계**: 2단계보다 성차가 많이 표현되나 4단계보다 적다. 남녀의 표정, 머리모양, 몸매의 차이를 보인다.
- **제4단계**: 인물의 표정, 눈 모양, 눈썹 모양, 속눈썹, 입술모양, 수염 등이 주의를 끌며 어깨, 가슴, 허리, 엉덩이, 다리 등에 성차가 그려지며 남자다움과 여자다움이 나타난다. 또한 복장, 액세서리 등에서 성차가 표현된다. 4단계에서는 성차가 확실히 구별되지만 남성상이나 여성상 중 어느 하나만을 특별히 분화하여 나타낸다.
- **제5단계**: 4단계와 동일하지만, 남성상과 여성상의 양쪽을 분화하여 그리는 경우이다.

(8) 인물의 동작

인물이 매우 활발한 움직임을 보이는 경우는 운동 활동에 대한 강한 충동, 또는 불안정하여 안절부절 못한 상태, 정서장애에서의 조증 상태(Hypomanic State)를 나타낸다. 반대로 자세가 엄격하고 굳어있어 움직임이 적으면 강박적인 억제의 표현이며 깊이 억압되고 있는 불안이 내재해 있음을 시사하고 있다. 앉아 있거나 기대고 있는 모습일 때는 활동력이 낮고, 정서적으로 메마른 상태(Emotional Exhaustion)를 표현해 준다. 매우 드물게 인물이 로봇이나 자동인형과 같은 모습일 때는 정신병적 상태를 시사해줄 수도 있다.

(9) 왜곡이나 생략

신체부분이 왜곡되어 있거나 생략되어 있을 때에는 [그림 4-6] 그 부분과 심리적 갈등이 관련되어 있음을 나타낸다. 마찬가지로 신체의 부분이 과장되게 강조되어 있거나 [그림 4-7] 흐린 모습으로 나타날 때 역시 심리적 갈등과의 관련을 시사해 준다.

(10) 필압과 지우기와 명암

필압은 에너지 수준을 나타내는데 무거운 필압은 불안과 긴장감을 의미한다.

- **희미한 선**: 불안, 우울증, 주장성 결여, 수줍음.
- **진한 선**: 충동성.
- **필압이 흐릿하고 끊어진 선**: 정신분열증적 알콜 중독자.
- **스케치선**: 불안감, 불명확성, 불안정감.
- **곧바른 운필**: 빠르고 단호하고 주장적임.
- **그림의 어떤 부분만 진하게 그림**: 그 부분에 대한 고착과 억압이나 적의.

- **지나치게 지운 그림**: 불확실함, 갈등으로 인한 우유부단, 자신에 대한 불만, 불안/갈등, 지우고 다시 그린 후에도 그림이 향상되지 않았을 때는 불안/갈등, 지운 내용에 관심을 둠.
- **인물 전체를 지우고 다시 그린 그림**: 개인의 신뢰감이나 이상화된 감정을 가진 사람임.
- **지나친 그림자**: 갈등, 불안전한 우울, 다소간의 그림자는 적응력을 나타냄.

| 그림 4-6 |
하반신의 결여는 무력감을 의미하고 자율성을 상실하였음을 의미.

| 그림 4-7 |
남성적인 몸통을 그려 성적갈등이 있거나 성에 대한 자기도취를 나타냄.

| 그림 4-8 |
전체적으로 필압이 약하면 수줍음과 억제가 많으며 낮은 에너지를 가지고 있음.

| 그림 4-9 |
강한 필압은 충동성과 공격적 가능성을 보여줌.

2) 인물의 세부사항의 해석

(1) 머리

인물화의 해석적 의미는 크게 몇 가지 기능적 내용으로 나눌 수 있다.

일반적으로는 머리와 얼굴은 사회적 욕구(Social Need)와 감수성(Responsiveness)을 표현하는 부분에 속한다. 그래서 이 부분에서 우리의 지적 포부(Intellectual Aspiration)의 투사를 볼 수 있다. 또한 충동을 이성적으로 통제하려는 욕구, 성격을 환상적으로 그리는 부분이기도 하다. 머리는 어린 유아들이 제일 먼저 그리는 부분이 된다. 그래서 머리는 노쇠한 사람이나 퇴행적 상태에 머물러 있는 사람들이 거의 모두 제일 먼저 그린다.

몸이란 거부당했거나 갈등상태에 있는 욕구가 머무는 저장소이며 성장과 활동의 가능성을 가진 원천이 되고 있다. 몸은 머리 부분보다 연령이나 사고로 인해서 변하기 쉽다. 머리는 자세한 기술이나 주의가 필요한 부분이라면 몸은 단편적이고, 틀에 박혀 있는 것이다. 머리는 몸 중에 가장 일관성 있게 표현되는 부분이고, 많은 연구에 의하면 '자아'의 소재지라고 하였다(Burns & Kaufman, 1972; DiLeo, 1973; Jolles, 1964; Machover, 1949)

머리는 지적능력과 공상 활동에 대한 정보를 제공해 준다(Buck, 1948; Burns & Kaufman, 1972; DiLeo, 1973; Jolles, 1964; Machover, 1949).

- **큰 머리**: 공격적인 혹은 지적 기대수준이 높음, 과대 자아, 주로 환상을 통해 만족을 구함을 반영함.
- **아주 작은 머리**: 지적으로 부적절감이나 약한 자아, 열등감, 혹은 약함.
- **희미한 얼굴과 머리**: 강한 자의식, 수줍음을 의미.
- **머리를 나중에 그릴 때**: 심각한 대인관계 장애 가능성을 시사함.
- **머리카락을 지나치게 강조(혹은 가슴이나 얼굴의 털)**: 강한 성욕의 추구, 성적 집착, 성적 무력감에 대한 보상, 공격성 등을 나타냄.

| 그림 4-10 |
머리카락의 진한 음영은 성적인 관심으로 볼 수 있으나 사춘기 소녀들의 그림에서는 많이 강조되기도 함.

| 그림 4-11 |
큰 머리는 자아 확대에 대한 욕구의 표현이나 지적인 것에 대한 관심으로 볼 수 있으나 아동의 경우 머리를 크게 그리기도 함.

- **수염**: 남성다움에 대한 부족감의 보상, 지나친 성적 활력의 추구를 반영.
- **머리가 없을 때**: 성적 부적절감, 정신분열증의 가능성, 정력의 쇠약함.
- **아동이 그린 큰 머리**: 정상 아동들은 성인보다 비율적으로 큰 머리를 그림(4등신 이상으로 그린 머리).
- **머리를 8등신 이하로 작게 그릴 때**: 자신의 충동을 지적으로 통제하는 것을 강박적으로 부정하려는 사람, 자신에게 고통을 주는 생각이나 죄악감을 부정하려고 하는 사람, 지적으로나 사회적으로 혹은 성적으로 부적절한 감정이나 무기력, 열등감을 가진 경우.
- **사춘기 여성이 머리를 작게 그릴 때**: 훌륭한 몸매를 원하는 마음.

(2) 얼굴

얼굴은 피험자가 외계의 현실세계와의 어떻게 접촉하는가를 나타낸다.
얼굴이 생략되고 나머지 부분이 부적절하게 그려진 것은 개인인 상호간의 관계가 분명치 않고 피상적이며(Burns & Kaufman, 1972; Machover, 1949),부적절한 환경적 접촉(Machover, 1949)을 나타낸다. 또한 희미한 안면의 형태를 그릴 경우는 특히 측면일 경우는 철회 경향을 나타내며(Machover, 1949), 대인관계에서의 소심 및 자의식을 나타낸다(Burns & Kaufman, 1972; Machoover, 1949).

| 그림 4-12 |
여성상을 측면으로 그려 어머니에 대해 부정적인 감정과 긍정적인 감정을 동시에 가지고 있음을 보여줌.

- **얼굴부분을 강조하고 주의 깊게 그림**: 인간관계나 자신의 의견에 대해 과도한 관심을 갖는 것.
- **남성상이나 여성상의 한쪽 얼굴에 눈이나 코, 입술 등을 그리지 않고 공백으로 처리하는 경우**: 그 성에 대해 명백한 생각을 갖지 않거나 어떤 갈등이 있음.
- **남성상과 여성상 모두에 공백처리**: 성적 역할이 불분명하고 인간에 대한 경계심과 도피경향.

(3) 눈과 눈썹

얼굴의 모습이란 제1차적으로는 사회적 의사소통과 관계가 있다. 세상으로부터 정보를 받아들일 뿐 아니라 사람의 기분, 태도를 나타내는 역할을 한다. 집 그림에서 창문처럼 세상과 어떻게 관계를 맺는지를 반영한다. 그 중 눈은 불확실성(Uncertainty), 당황, 또는 공포를 표시하는 저장소인 것이다.

또한 청소년이나 성인이 현저하게 큰 눈을 정성스럽게 그리는 경우 사회적 의견에 대한 과민성, 외향적, 호기심이 강하고, 타인에 대해 시기심이나 경계심을 갖는 경우가 많다(Machover, 1949).

구체적으로 분석하면 다음과 같다(Burns & Kaufman, 1972; Machover, 1949).

- **눈을 그리지 않을 때**: 타인과 교류하는 데 극심한 불안을 느끼고 회피하고 있음을 의미.

- **한쪽 눈만 그린 경우**: 대인관계에서 접근하고 싶은 마음과 회피하고 싶은 양가감정을 반영한다. 머리카락이나 모자 등으로 한쪽 눈을 가린 경우는 대인관계에서의 불안으로 감정을 표현하고 타인의 감정을 수용하는 데 위축되어 있음을 반영.
- **큰 눈**: 타인과의 정서교류를 하는 데 극히 예민함을 나타냄. 사회적으로 외향적으로 나가는 경향들.
- **작거나 감은 눈**: 내성적, 자기도취적, 관조적.
- **텅 빈 눈**: 환경을 인식하는 것에 관심이 없고 막연하게 특성이 없는 것으로 인식하는 사람의 경우는 내성적이며 자아도취적 경향을 나타냄.
- **검고 위협적이거나 날카로운 눈**: 공격적 표출 행동 경향.
- **'+' 자로 그려진 눈**: 불쾌한 자극을 피하려는 욕구, 잠재적인 적의.
- **사팔뜨기 눈**: 사고의 혼란.
- **피카소의 눈(혼란되게 그려진 하나의 눈이나 인물의 얼굴 중앙에 그려진 하나의 눈)**: 다른 사람이나 의미 있는 다른 사람에 대해서 지나친 관심이나 경계심.

| 그림 4-13 |

눈을 크게 강조하여 그리는 것은 여성에서 자주 있는 일이며 사회적 의견에 대한 과민성과 타인에 대한 경계심을 보여줌.

| 그림 4-14 |

텅 빈 눈을 그려 자아도취적인 면과 넓은 어깨는 자기 과시적인 욕구를 보여줌.

한편 남성상에 속눈썹을 그리거나 여성스럽게 표현한 눈은 동성애의 경향이 있으며, 상당히 정교화 되고 정돈된 눈썹은 과도한 몸단장으로써 솔직한 행동에 대한 비평적인 태도를 반영하는 경우이다. 또한 조잡한 눈썹은 세련된 훌륭한 몸단장과는 거리가 먼 야만적이고 난폭하며 노골적인 경향을 보인다(Machover, 1949).

(4) 귀

귀는 그리 두드러지지도 않고 미적으로 아름다운 기관은 못되지만, 그래도 몸을 경계하며 지키는 부분으로서의 역할을 하는 중요한 기관이다. 귀가 어그러져 있거나 기형적일 때, 또는 귀모양이 크게 찌그러졌거나, 위치가 아주 잘못 되었거나, 이상하게 자세히 강조하면서 그려진 귀는 다소 과민성에서부터 시작해서 사회적 비판을 잘하는 사람 또는 심한 망상증까지 나타날 수도 있다(Buck, 1948; Burns & Kaufman, 1972; DiLeo, 1973; Machover, 1949).

- **귀의 생략**: 타인의 견해를 부인, 해석하지 않으려 함.
- **귀의 비대칭**: 외부의 위험에 대한 관심.
- 여성은 머리카락으로 귀를 가리는 그림을 그리는 경우가 많고 아동은 귀를 그리는 경우가 적음.

(5) 코

얼굴에 있어서 그 미를 드러내게 하는 곳은 눈 보다는 덜 중요하고 귀보다는 더 중요한 역할을 하는 것이 코인데, 코는 성적 상징(Sexual Symbolism)을 가지고 있다. 남자 성기를 제외하고는 몸의 중앙 선상에 돌출하고 있는 유일한 부분인 방사적 기관(妨射的 器官)이기 때문에, 성적으로 갈등 속에 있는 남성에 있어서는 대단히 주의를 끄는 부분이다. 그것은 제 1차적으로 남성의 상징이다. 아주 강한 코는 남성적이고 자기 주장적이다. 코에 그늘을 지게 하거나 지워 버렸을 경우 갈등의 표시이고, 불감증인 남성의 기능회복의 상징으로서 지나치게 긴 코를 그리는 수가 있으며, 때로는 극단적으로 길게 그리는 수도 있다.

구체적인 분석을 살펴보면 다음과 같다(Buck, 1948; Burns & Kaufman, 1972; Hammer, 1971; Jolles, 1964; Machover, 1949).

- **큰 코(혹은 강조된 코)**: 성적 장애, 심리적 미성숙, 공격성.
- **생략된 코**: 수줍음, 철수, 우울한 성격, 거세불안.
- **단추 코 혹은 삼각형**: 미성숙, 갈등이 있을 때 퇴행, 청소년이나 성인의 경우는 불안.
- **그림자 진 희미한 잘린 코**: 거세불안.
- **뾰족한 코**: 행동화 경향에 대한 뚜렷한 증거.
- **긴 코**: 외향적이고 활동적이지만, 공격성, 우월성을 갖고 있음.
- **매부리 코**: 나쁘고 탐욕스러운 사고의 표시.
- **강조된 코**: 거세 공포를 가진 청소년 및 성인.
- **콧구멍 강조**: 공격적 경향과 정신 신체적 증상인 천식 상태.

(6) 머리카락

성적 상징의 분야로써 머리카락도 중요한 구실을 한다. 민속학이나 정신분석학의 연구나 무의식 세계의 의미에 정통하고 있는 학자들의 연구를 보면, 코와 머리카락의 상징에 대한 이야기가 많이 나온다.

머리카락은 육감적인 욕구와 관계가 있고, 또 간접적이지만 성적 충동에도 관계가 있다. 이 부분은 코나 넥타이나 또는 1차적 성적 특징보다는 성적 투사로서 원시적이고 유아적인 점이 있다. 사춘기의 소녀들은 덜 드러난 몸의 다른 부분과 함께 머리에 반드시 머리카락을 강조하고, 또 성적 선입관념의 표현으로써 머리카락은 어린애들과 퇴행적 어른들의 그림에서 아주 강조되고 있음을 볼 수 있다. 머리카락을 흥분시킨 상태로 그린 것은 유아적 성욕의 일어남을 말하는 것이다(Buck, 1948; Jolles, 1964; Machover, 1949).

- **머리털 강조**: 자기애 경향, 동성애 경향이 강한 경우.
- **머리털에 진한 음영을 칠하거나 함부로 칠하는 경우**: 자신이 생각하고 공상하는 것에 대해 불안이 있음.
- **길고 음영이 없는 머리털**: 성적인 것이나 성적 역할에 대한 양가감정을 가지고 갈등을 느끼고 있음.
- **가슴털이나 콧수염, 턱수염 강조**: 자신이 미숙하다는 것을 느끼거나 남성적인 것에 대한 갈등, 남성다움과 성숙을 구하며 과시하는 경향.

(7) 입과 턱

성에 관계되고 때로는 갈등상태에 잘 놓이게 되는 또 하나 다른 영역이 입이다. 이것은 아주 어릴 때 고정화(Fixation)되는 기관이고 여러 가지의 승화작용을 하는 기관인 것이다.

입은 수유과정에서 일어난 곤란한 문제와 언어장애와 욕, 절제 없이 터지는 감정의 폭발, 알코올 중독, 과식, 언어적 공격성 등과 관계를 가지고 있다고 할 수 있다. 모양으로는 입이란 오목하게 들어가 있고 의존적 형태를 가지고 있고 때론 아주 공격적으로 될 수도 있다. 그리고 이것이 특수한 성적 도착이 표현되는 단 하나의 기관으로 투사되는 일이 많으며 성욕적이고 육감적인 부위로서도 투사되고 있다(Buck, 1948; Burns & Kaufman, 1972; Machover, 1949; Jolles, 1964).

- **입의 생략**: 입을 통해 섭취하는 음식은 타인의 애정을 상징할 수 있다. 따라서 입을 그리지 않는 것은 애정교류에서 심한 좌절감을 반영한다. 특히 애정을 줄 수 있는 중요한 인물인 부모로부터의 사랑의 결핍을 반영한다. 또한 구강적 공격성, 우울상태의 가능성이 높고 의사소통 시작의 어려움을 나타내고 타인과 말로 교류하는 것에 대한 어려움을 나타냄.
- **입이 강조되어 있을 때**: 언어적 공격성, 의존적, 미성숙한 성격, 성적 곤란, 언어적 가학증, 우울하거나 원시적인 경향.

| 그림 4-15 |
입에 담배를 물고 있는 남성상을 그리고 얼굴에 상처와 이빨을 드러내 공격성을 보여줌.

| 그림 4-16 |
한쪽으로 올라간 입은 부적절한 정서를 보여줌.

- **큐피트 화살 입(여자 그림에서)**: 노출 경향, 성적으로 조숙한 여자 청소년.
- **웃는 모습에 치아가 보일 때**: 미성숙, 공격적 경향.
- **입에 대한 여러 가지 해석**
  - 성인의 그림에서 이빨이 보이면 유아적이고, 공격적이며, 가학적인 변태 성욕적 경향들을 나타냄(Buck, 1948; Burns & Kaufman, 1972; Machover, 1949).
  - 입을 짧고 진한 선으로 나타내는 경우에는 강한 공격적 충동을 나타내지만 보복을 예상하므로 개인적인 신중함을 나타냄(Machover, 1949).
  - 전체적으로 하나의 선으로 된 경우는 상당한 긴장(Machover, 1949).
  - 씩 웃는 효과를 보이는 넓고 끝이 올라간 선은 유아의 경우는 정상이지만 성인의 경우는 강요된 적응과 상당히 부적절한 정서를 나타냄(Machover, 1949).
  - 담배, 이쑤시개, 파이프 등과 같은 것을 입안에 그린 경우는 구강적 성애에 대한 욕구(Machover, 1949).
- 보통 이상으로 강조된 턱은 공격적이며 지배적인 경향이 많고 강한 충동의

가능성과 허약한 감정에 대한 보상의 가능성을 나타낸다(Buck, 1948; Jolles, 1964; Machover, 1949).

(8) 팔

팔은 환경과 어떻게 상호작용하며 현실에 어떻게 대처하면서 욕구를 충족시키는가를 잘 반영해 준다. 자신의 목적을 수행함과 동시에 외부환경과 직접 접촉하는 부분이다.

구체적인 분석은 다음과 같다(Buck, 1948; DiLeo, 1973; Hachover, 1949; Hammer, 1971; Jolles, 1964; Machover, 1949).

- **팔을 그리지 않은 경우**: 한쪽 팔을 감추고 한쪽 팔만을 그린 경우는 타인과 관계를 맺고 대처하는 데 접근과 회피의 양가감정과 부적절감을 나타냄.
- **두 팔을 모두 그리지 않은 경우**: 환경과의 상호작용의 억제 혹은 현실적 대처능력의 부족으로 인한 부적절감을 반영.
- **등 뒤로 두른 팔**: 사람 만나기를 꺼려하며 공격성, 적대감, 죄책감을 반영함.
- **팔짱낀 자세**: 의심, 적대적 태도, 폭력충동을 통제하려는 시도, 수동적, 주장성 결여, 사회적 접촉 거부를 의미.
- **손이 밖으로 뻗어있을 경우**: 환경적, 대인관계적 접촉을 바라며, 애정과 사회적 상호작용을 요청하려는 욕구를 의미.
- **짧은 팔**: 야심의 결여, 부적절감, 수동성을 의미.
- **몸에 붙어 있는 팔**: 수동적이고 방어적 경향.
- **경직된 팔**: 강박적, 억압된 성격.
- **흐느적거리는 팔**: 무능력한 성격.
- **길고 강한 팔**: 환경에 대한 능동적 접촉의 욕구를 나타냄.
- **손을 허리에 대고 팔꿈치를 옆으로 벌이는 팔**: 자기도취, 으스대는 경향.
- **팔의 생략**: 취학 전 아동은 예외이나 팔을 생략하는 것은 죄의식, 극단적인 우울증, 일반적인 무력감, 환경에 대한 불만, 강한 철회 경향.

- **어깨부분보다 손이 있는 부분의 팔이 넓게 그려진 것**: 행동의 통제력을 상실하고 충동적으로 행동하는 경향.
- 인간관계에 순응하는 사람은 팔이 몸에서 적당히 떨어진 유연한 모습.
- **팔이 몸에서 떨어져 수평방향으로 곧장 뻗어있는 경우**: 아동에게는 많으며 성인의 경우에는 타인과의 접촉을 제대로 하지 못하고 감정이 수반하지 않은 형식적인 접촉을 하는 단순함. 이러한 내담자는 자신의 공격욕구를 외계로 향하는 경향을 지님.

(9) 손

손은 욕구충족을 위한 행동과 현실대처행동을 정교하게 해주는 부분으로 환경에 대한 통제능력과 통제방식을 좀 더 자세히 나타낸 준다.

손을 맨 마지막에 그리는 사람은 타인과 친밀하게 접촉하는 것을 기피하며, 자신의 무력감으로 피하는 경우가 있다. 손을 애매하게 그린 경우 신뢰감이나 사회적응력에 자신이 없는 경우, 생산성 결여 등을 보여준다(Machover, 1949).

구체적으로 분석하면 다음과 같다(Buck, 1948; Jolles, 1964; Machover, 1949).

- **손의 생략**: 대처기술에 대한 심한 부적절감, 거세불안, 자위에 대한 죄책감.
- **손을 숨겼을 때**: 회피적 대인관계, 죄책감, 자위로 인한 죄책감등 손으로 조작하는 행위에 대한 죄책과 환경을 주도하는 행위에 대한 두려움을 반영.
- **큰 손**: 과잉행동과 주장으로 환경을 통제하는 자신의 능력에 대한 부적절감을 과잉 보상함을 의미.
- **작은 손**: 수동적이고 억제적 방식으로 행동하며 무력감을 반영.
- **장갑과 같은 손**: 억압된 공격성, 간접적으로 표현되는 공격성을 반영.
- **주먹 쥔 손**: 공격성, 반항심, 분노를 억제하고 있음을 의미.
- **팔을 몸에 딱 붙이고 주먹을 쥔 손**: 적의를 억압하고 공격적인 행동을 겉으로 나타내는 일이 적음.

- **뾰족한 손가락**: 유아적, 원시적, 공격적, 적대적 행동화 경향.
- **마지막에 그린 손**: 부적절한 환경에 접촉하기 싫음.
- **지나치게 긴 손가락**: 단순하고 어린애 같아서 직업에 적응하기 어렵고 사회생활을 원만하게 하지 못하는 사람을 의미.
- **5개 이상의 손가락**: 아동에게는 자주 보이나, 성인의 경우에는 부주의한 사람이나 야심가, 공격적인 사람 및 정신지체.
- **현저하게 큰 손가락**: 공격적인 경향성.

| 그림 4-17 |
한손을 들고 있어 사회적 상호작용을 요청하고 있음을 보여줌.

| 그림 4-18 |
주머니에 넣은 손은 타인에 대해 타인에 대해 접촉하기 어려운 감정을 보여주거나 손을 사용한 행동의 죄책감을 보여줌.

(10) 다리와 발

다리와 발은 안정감과 성에 대한 태도를 상징한다.

레비(Levy)는 다리나 발을 먼저 그리고 몸의 다른 부분을 주의 깊게 그리는 경우 우울 상태인 경우이며, 맥호버(Machover)는 인물화의 다리부분에 성의 혼란을 나타내는 표시로 보고, 다리에 음영을 칠하거나 바지를 통해 다리가 보이는 것은 동성애를 나타낸다고 했다(Levy, 1950).

발에 대한 해석의 예는 다음과 같다(Buck, 1948; Burns & Kaufman, 1972; Hammer, 1971; Jolles, 1964; Machover, 1949).

- **꼬인 다리**: 성적 접근에 대한 방어.
- **긴 다리**: 자율에 대한 강한 욕구와 추구.
- **짧은 다리**: 움직이기 싫어하거나 움직일 수 없음, 제약된 행동, 자주성 상실.
- **가는 다리**: 신체적 쇠약함을 나타내며 초로기의 노인들이 그리는 그림이 있음.
- **길이가 서로 다른 다리**: 양가적 감정을 나타내는 것, 자신이 불안정.
- **길게 늘여진 발 혹은 큰 발**: 안정감의 욕구가 강하고 성적요인과 관련 있음(강한 남성성 혹은 거세 공포).
- **발의 생략**: 제약감, 독립감 결여, 자율성 상실, 무력감을 의미하며 유아의 경우 수줍음, 공격성, 정서 장애를 반영.
- **작은 발**: 불안정감, 제약, 의존성.
- **다리가 공중에 떠있고 전체상이 비스듬히 그려진 경우**: 만성적 알코올 중독의 경우와 같이 심한 불안정감과 의존성을 나타냄.

| 그림 4-19 |
다리의 생략은 무력감을 의미하고 자율성이 부족함을 나타냄.

| 그림 4-20 |
공중에 떠있는 다리가 불안한지 지면에 돌을 그려 넣음. 불안함이 많음을 표현.

(11) 몸통

몸통은 기본적 충동들과 관련되어져 있는데 충동들과 활동 잠재력의 발달, 성장과 퇴행, 그리고 이들 상태들과 관련된 태도들은 몸통에 대한 사람의 표현 방법에 의해 나타날 수 있다. 즉 몸통의 표현법은 나이에 따라서 변화가 가능하다. 삼각형, 사각형, 타원형 등으로 그리는 것은 만 5세 정도 유아에게는 보편적이지만, 청소년이나, 성인이 기하학적인 도형으로 그릴 경우는 정신지체나 정신분열로 의심해야 한다. 몸통이 없는 경우 신체 이미지를 상실하고 신체적인 충동을 부인하고 있다.

몸통에 관련한 해석의 예는 다음과 같다(Machover, 1949; Petersen, 1977).

- **매우 큰 몸통**: 충족되지 못한 많은 본능적 욕구, 신체적 우월을 위한 노력.
- **몸통에 진한 음영**: 음영이 칠해진 부분과 그 부분이 상징하는 것에 대한 갈등과 불안감을 나타냄.
- **작은 몸통**: 자신의 신체적 에너지가 결핍되어 있다고 느끼고 있으며 신체적 욕구의 부정, 열등감과 신체 허약감.
- **둥근 몸통**: 수동적이며 보다 덜 적대적이고 여성적, 유아적, 퇴행적임(Machover, 1949; Peterson, 1977).
- **각진 몸통**: 남성적(Machover, 1949; Peterson, 1977).
- **몸통의 아랫부분을 마지못해 폐쇄시킨 것**: 성적인 편견(Machover, 1949).

| 그림 4-21 |
몸통이 매우 작은 인물상은 신체적으로 약함과 열등감을 보여줌.

| 그림 4-22 |
둥그런 몸통은 여성적인 성향과 수동적인 성향을 보여줌.

(12) 목과 결후

머리와 몸통 사이에 접한 연결부인 목은 지성과 정서 사이의 상징적인 연결부위로 긴 목은 인물화 해석에서 의존성과 관련 있다.

유아들에게 있어 목이 없이 그리는 경우는 발달상 정상이다. 그러나 성인에게 있어 목이 현저하게 짧고 굵은 목은 난폭하고, 완고하며, 저돌적인 경향을 나타내며, 충동적인 성향이 강하다(Machover, 1949). 또한 현저하게 긴 목을 그린 유아는 편식이 있고 의존성이 강하며 성인에게 긴 목은 사회적으로 융통성이 없으며 완고하고 형식적이고 지나치게 도덕적인 성향을 가진다(Burns & Kaufman, 1972; Machover, 1949).

- **길고 가는 목**: 충동 통제의 조정결여.
- **넓고 굵은 목**: 완고한 태도, 엄격함, 충동에 잘 동화함.
- **짧고 굵은 목**: 지성보다는 충동에 좌우되며 거칠고 완고함.
- **측면의 얼굴에 목을 그리지 않는 것**: 적절한 통제력이 부족하며 신체적 충동이 통제되지 않는 느낌을 가지는 피검자에게 자주 보임.
- **결후(목울대)**: 청년기의 남성에게서 나타날 때는 남자답게 되고 싶다는 강한 욕구이며 자신의 성적 역할이 충분히 인식되어 있지 않은 사람이 고의적으로 그릴 수도 있음.

| 그림 4-23 |
목이 없는 그림은 아동에게는 일반적인 현상이나 성인에게 목의 생략은 미성숙을 의미함.

| 그림 4-24 |
현저하게 긴 목은 의존성을 보여주고 성인의 긴 목은 형식적이고 지나치게 도덕적인 사람에게 나타남.

(13) 어깨

어깨는 체격과 체력을 나타내며, 남성적인 힘과 자기현시의 욕구를 반영한다. 어깨의 모난 것을 지나치게 강조하는 경우 방어적인 태도를 나타내며, 어깨의 폭이 지나치게 넓은 인물은 생활에 적응하지 못하는 비행청소년이 많다. 또한 남성상에 어깨를 크게 강조하면 자신의 신체의 약함을 보상하는 것이며, 여성상에 어깨를 남자처럼 강조한 것은 성적 역할에 대한 혼란 상태이며 이 인물을 여자가 그렸다면 여성을 거부하고 남성이 되고자하는 욕구를 가지고 있다. 작은 어깨나 어깨를 그리지 않는 경우 열등감을 가지고 있는 경우가 많다(김동연 · 공마리아 · 최외선, 2006; Buck, 1948; Hammer, 1971; Jolles, 1964; Machover, 1949).

- **작은 어깨**: 열등감, 신체적 힘을 중요하게 생각하지 않음.
- **각진 어깨**: 엄격함과 적개심을 가진 것으로 극도의 방어와 적개심.
- **균형이 잘 잡히고 둥근 어깨**: 부드럽고 유연하며 조화가 잘된 힘의 표현.
- **한쪽이 처진 어깨**: 정서적 불안정, 성적 역할 갈등.
- **지나치게 넓은 어깨**: 힘에 대한 관심.
- **지우거나 강화된 어깨**: 힘에 대한 표현으로 신체발달을 위한 충동과 육체적 노력의 몰두.

| 그림 4-25 |
각진 어깨는 엄격함과 남성처럼 되고자 하는 남성적 주장을 마음속에 가지고 있음을 보여줌.

| 그림 4-26 |
부드러운 어깨선은 원활하고 자신의 능력을 적절히 나타냄.

(14) 유방

유방은 성적인 관심과 의존욕구이다. 유방을 그릴 때 의복을 통해 가슴이 보이거나, 선을 통해 암시를 하는 것은 성과 애정에 대해 적절한 관심을 가지고 있으며 때론 구순적 의존욕구가 강한 경우가 많다(김동연・공마리아・최외선, 2006).

- **남자가 큰 가슴을 그릴 때**: 정서적 미성숙, 어머니에 대한 의존.
- **여자가 큰 가슴을 그릴 때**: 지배적 어머니와 동일시, 노출증, 자애적.
- **작은 가슴**: 아동에게 사랑, 인정을 제공함에 있어 냉정함. 여자가 그렸다면 자신이 여자이기를 거부함을 상징.
- **늘어뜨린 장식선이 있는 가슴**: 어머니에게 의존적인 남성.
- **가슴과 골반의 강조**: 여성의 경우는 생산적, 지배적인 어머니와 동일시. 남성의 경우는 어머니에 대한 의존, 사랑과 안정에의 추구.
- **밑으로 처진 유방**: 어머니의 유방을 나타냄.
- **위로 그려진 유방**: 젊은 여성의 유방.

(15) 관절

관절을 그리는 것은 자신의 신체통합에 있어 불확실감이 있고 의존적이며 자신이 없는 사람이거나 강박경향이 있는 사람이다(김동연・공마리아・최외선, 2006).

(16) 의복

속옷을 입었거나 혹은 알몸의 인물을 그리는 경우 유아적, 성적으로 부적응적인 성격이며, 너무 많은 옷을 입은 것도 마찬가지이다(Machover, 1949).

또한 속이 비쳐 보이는 옷은 성적인 것을 훔쳐보는 경향이나 과시적인 경향(Machover, 1949)이며, 단추를 강조하여 그리는 경우는 의존적, 유아적, 부적합한 성격으로(Burns & Kaufman, 1972; Jolles, 1964; Machover, 1949), 특히 중앙에 기계적으로 그렸을 경우는 퇴행이며(Buck, 1948; Jolles, 1964; Machover, 1949), 소

| 그림 4-27 |
의복 위에 가슴선은 성과 애정에 대한 적절한 관심이 있음을 보여줌.

| 그림 4-28 |
무릎에 그려진 관절을 통해 의존적이고 자신감이 부족함을 보여줌.

맷부리의 단추가 강조된 경우는 의존성에 대한 강박상태이다(Machover, 1949).

호주머니를 강조하는 경우 애정 혹은 모성의 박탈로 어머니에 대한 정서적 의존성과 관련된 갈등을 나타낸다(Machover, 1949).

(17) 그 밖에 그림

- **투명한 사람(내부기관이 그려짐)**: 정신분열증이나 조증장애에서 나타냄.
- **나체(성적 부분의 노출)**: 사회에 대한 반항, 성적 갈등, 신체상에 대한 자기도취를 반영.
- **화려한 의상**: 사회적 자아상에 대한 자기도취, 자기중심적 및 유아적 성향을 반영.
- **허리선을 강하게 강조한 경우**: 성적관심을 나타냄.
- **커다란 신발**: 안정에 대한 욕구.
- **신발에 레이스 강조**: 강박적이거나 사춘기 소녀의 경우 나타남.
- **넥타이의 강조**: 청소년들과 40세 이상의 남성들에게 있어서는 부적절한 성적

인 감정을 나타냄.

- **불확실하게 그려진 넥타이나 무기력해 보이는 넥타이**: 약한 성욕에 대한 절망적인 관심을 나타냄.
- **길고 눈에 띄는 넥타이**: 발기 불능의 두려움에 대한 지나치게 보상적인 성적 공격성을 나타냄.

| 그림 4-29 |
치마와 리본에 진한 음영을 칠한 것은 그 부분에 대한 불안과 갈등을 암시.

| 그림 4-30 |
귀걸이는 성적관심의 표현으로, 큰 가방은 지적인 힘으로 보상받으려는 욕구로 보임.

| 그림 4-31 |
넥타이는 성적욕구를 나타내며 허리띠는 성적관심이나 성충동을 의식적으로 통제하려는 욕구를 나타냄.

표 4-3 | **인물상(남자상)**

전체적 인상		표현적 특징 및 해석	
항목			
형식적 분석	1. 소요시간		
	2. 피검사자의 태도		
	3. 순서		
	4. 크기 및 위치		
	5. 선 종류와 필압		
	6. 방향		
	7. 대칭성		
	8. 생략과 왜곡		
	9. 세부묘사		
	10. 투시화		
내용적 분석	항목	표현의 특징	해석
	1. 인물		
	2. 성차의 표현		
	3. 팔과 손		
	4. 얼굴		
	5. 머리		
	6. 머리카락		
	7. 입		
	8. 귀		
	9. 목		
	10. 코		
	11. 눈썹		
	12. 다리와 발		
	13. 어깨		
	14. 의복		
	15. 손가락		
	16. 턱		
	17. 가슴		
	18. 자세의 특징		
기타 사항			
그린 후의 질문			

표 4-4 | **인물상(여자상)**

전체적 인상		표현적 특징 및 해석	
항목			
형식적 분석	1. 소요시간		
	2. 피검사자의 태도		
	3. 순서		
	4. 크기 및 위치		
	5. 선 종류와 필압		
	6. 방향		
	7. 대칭성		
	8. 생략과 왜곡		
	9. 세부묘사		
	10. 투시화		
내용적 분석	항목	표현의 특징	해석
	1. 인물		
	2. 성차의 표현		
	3. 팔과 손		
	4. 얼굴		
	5. 머리		
	6. 머리카락		
	7. 입		
	8. 귀		
	9. 목		
	10. 코		
	11. 눈썹		
	12. 다리와 발		
	13. 어깨		
	14. 의복		
	15. 손가락		
	16. 턱		
	17. 가슴		
	18. 자세의 특징		
기타 사항			
그린 후의 질문			

06 오오토모(大伴)의 분석규준

오오토모 등의 연구(1956)는 분석규준 설정에서 다음과 같은 것들을 고려하였다. '인물화'에 있어서는, 그것이 '인물'이기 때문에 머리, 얼굴, 눈, 코와 같은 신체 각 부위에서 관찰하고 고찰해서 진단할 수가 있지만, 또 '인물'이기 때문에 걷는다든가, 달린다든가, 앉아있다든가, 누워있다든가 하는 운동 측면에서도 관찰하고 고찰해서 진단할 수도 있다. 또 그 '인물'의 대소나 그려진 위치나 또 그린 순서라는 점을 관찰해서 진단할 수도 있다.

그러나 말할 것도 없이, 이들 모든 점이 그것을 그린 본인의 퍼스낼리티를 진단함에 있어서, 합리적으로 또한 효과적으로 하려면 지켜야 할 근거가 있어야 한다. 그래서 오오토모는 이 모든 부분들을 '부위(部位)'라고 부르고, '인물화'에 열일곱 가지의 '부위'를 설정했다. 그리고 그들 17종의 '부위'에서 퍼스낼리티를 진단함에 있어서 필요하고도 적절하다고 생각되어지는 이른바 '분석규준'을 만들어 내었다.

이것은 일본인에게 실시한 경험과 전문가와의 검토를 거쳐서 만든 것이 되어서 비교적 타당성이 높다.

분석규준 중에서 모호한 것은 생략하고 뚜렷한 것만을 뽑아서 여기에 제시해 두었다(김재은, 2002).

표 4-5 | 오오토모의 인물화검사 분석규준

부위	성격 분석규준	상징적 의미	부호
위치	1. 상반(전체의 1/2)	낙천적, 보다 높은 데로 이르려는 태도	S
	2. 하반(전체의 1/2)	비관적, 때로는 억압, 뿌리를 내린 고요	M
	3. 좌반(전체의 1/2)	자기 자신에게 향함, 내향적, 여성적	M
	4. 우반(전체의 1/2)	환경으로 향함, 외향적, 남성적	S
	5. 상반우반	낙천적, 남성적	S
	6. 하반좌반	낙천적, 여성적	S
	7. 하반우반	비관적	M
	8. 하반좌반	비관적, 억제적	M
대소	9. 크다(2/3 이상)	자아강대, 확대적, 공격적 감정, 자아상일 때에는 보상적(補償的) 공상으로 불완전한 느낌에 응답하는 것을 뜻하며, 부모상이면 강대(强大)·유력(有力) 또는 위협적이거나 징벌적	S
	10. 작다(1/2 이하)	자아약소, 열등감을 품고 환경에 응답	M
	11. 그림 그린 사람 자신과 같은 성이 불균형하게도 크다	자기의 과시·때로는 편집적, 부모의 상이면 자기와 같은 성의 부모가 가정에서 강대	S
	12. 자기와 같은 성이 불균형하게도 작다	자아의 약소, 자각(自覺), 때로는 편집적, 부모의 상인 경우는 자기와 같은 성의 부모가 가정에서 약소	Sch
모습	13. 행동이 수반되고 있다(달리고 있다)	신체활동으로의 강한 충동, 도피달성의 욕구	F
	14. 행동이 수반되고 있다(걷고 있다)	위험상태에 빠지기 쉽다 (13번도 동일)	F
	15. 앉아 있다 기대고 있다	의존적 세력의 약소, 욕망의 결여·피로함	M
	16. 몸이 기울고 있다	불안정, 불만	F
	17. 선이 극도로 딱딱하다	깊이 뿌리박은 곤란, 자아강대	S
	18. 선이 극도로 부드럽다	자아약소	M
	19. 선이 기계적, 기하학적 도형	운동적 의미가 결여됨, 정신적 장해	X
	20. 선이 극도로 가늘다	신경질, 열등감	N
	21. 선이 극도로 거칠다	정신불안, 자아, 강대	Sch
	22. 부위생략(머리, 동체, 팔, 다리 네 가지의 생략)	생략부위에 관계있는 갈등·자기의 불구·결함에 대해 초조함	C

부위	성격 분석규준	상징적 의미	부호
묘화순서	23. 여기저기서 그리기 시작한다	불안정하고, 신경적 반응	N
	24. 본인과 같은 성을 나중에 그린다	성(性)에 혼란이 있음, 이성의 부모에 대한 의존·집착 혹은 이성의 누군가에 대한 의존이나 집착	C
	25. 팔이나 손부터 먼저 그린다	환경과의 접촉을 극도로 싫어하는 부적응을 자각하지 않으려는 경향	M
	26. 팔이나 손을 맨 나중에 그린다		F
	27. 다리와 손을 먼저 그린다	자아의 약소	M
	28. 머리를 맨 나중에 그린다	도피경향·죄악감	F
	29. 얼굴을 맨 나중에 그린다	대인관계의 혼란 혹은 외적자극 거부, 또는 자기를 뚜렷이 밝히려 하지 않는다	C
	30. 동체부터 그린다		S
머리	31. 매우 크다(동체의 1/2 이상)	적극성 무의식적으로 지적인 것을 열망하고 공상에 의해서 만족, 머리가 큰 쪽의 인물이 가정에서도 권위가 있음, 때로는 두통, 질병	S
	32. 작은 머리	강박신경증·지적무능력·죄악감이나 고통을 없이 하려는 상징	Y
	33. 뒤로 향한 머리(뒤통수)	분열증적 편집성	Sch
	34. 머리카락을 주의 깊게 다루었음(모자를 씌우고, 모발을 밖으로 나오게 그린 것도 포함)	자기애적, 동성애적	PS
	35. 모발이 없는 남자	분열증적	Sch
	36. 머리카락을 가볍게 흐려서 그린다	겁쟁이, 꽁한 성격	M
	37. 머리카락을 위로 세워서 그린다	자아강대, 자기중심적	S
	38. 머리카락을 매우 길게 그린다 (머리숱이 많은 것 포함)	성적으로 적대공상이 있다.	P.S
	39. 머리카락을 까맣게 칠한다.	사고·공상에 불안이 있다	F
	40. 머리카락이 얼굴 양쪽으로 늘어뜨려졌다	정신적 갈등	C
	41. 야단스럽게 그려진 여자상의 머리카락	조숙, 성적 불량화	P.S
얼굴	42. 얼굴부분을 흐릿한 선으로 그렸다		M
	43. 얼굴을 다소 하향(下向)으로 그리고 눈을 날카롭게 그린다		N
	44. 험상궂은 표정		Sch
	45. 얼굴에 주름이나 그늘을 그린다		F
	46. 특히 강조한 것(예: 화장한 얼굴, 여자 같은 남자의 얼굴, 남자 같은 여자의 얼굴)		Sch

부위	성격 분석규준	상징적 의미	부호
눈	47. 눈을 강조한다	변질적, 호기심과다, 경계적	Sch
	48. 크다	큰 것은 공격적, 크고 어둡게 그려진 것은 편집적, 크고 눈동자가 없는 것은 허식에 대한 죄악감	S
	49. 눈동자의 생략 또는 결손	무엇인가의 죄악감	F
	50. 눈동자를 검게 그리거나 또는 세로로 그린다	공격적・적대적 자기주장	S
	51. 작은 눈	외부세계에 주의를 기울이지 않는다	M
	52. 감은 눈	신체적 자기애	F
	53. 남자상에 속눈썹을 그린다	조숙・성적이상	PS
코	54. 큰 코, 넓적한 코	성적 발달・성적불능의 보상・경멸・거부	PS
	55. 코를 문질러서 그린다	눈보다 위로 코가 튀어나온 것은 성적 부적응	PS
	56. 명암을 붙인다	조숙, 성적이상	PS
	57. 작은 코, 또 결손된 코	성적 갈등, 성적 미숙	C
	58. 특히 두드러진 콧구멍	공격적	S
입	59. 큰 입	성적이상	PS
	60. 특수한 형태로 강조	입에 의한 공격적 충동에 기인하는 불안・우울증・알코올 중독	F
	61. 입술의 강조	구순적 성욕	PS
	62. 간단한 선으로 타원・벌리고 있다		M
	63. 너무 작은 입		M
	64. 이를 보이고 있다	유아기로의 퇴행	Sch
	65. 혀를 보인다		Sch
턱	66. 특히 넓은 턱	사회적 우위를 구함, 공상적	S
	67. 특히 좁은 턱, 옆얼굴에서는 튀어나온 턱	사회적 무능력	M
	68. 여상에게 큰 턱	성적 이상	PS
	69. 여상에게 수염을 그린다	성적 이상	PS
귀	70. 특히 크다	다른 사람들의 비판에 마음을 쓴다	N
	71. 귀에 특수한 표현을 한다	귀의 질병	Y
	72. 매우 작다	다른 사람의 비판에 귀를 기울이지 않는다	S
	73. 귀의 생략, 나쁜 위치에 그렸다		M

부위	성격 분석규준	상징적 의미	부호
목	74. 길거나 가늘다	분열증적 · 음식 삼키는 것이나 정신적 소화 장애	Sch
	75. 짧다	감정의 통제가 안 된다	F
동 체	76. 모가 났다.	표현운동(남성적)	S
	77. 둥글다	발달지체(여성적)	B
	78. 넓다	의식적으로 욕구불만이 많다	C
	79. 좁다	열등감정, 충동의 불안	M
	80. 가늘고 길며 평행선을 그은 동체	불열증적, 퇴행	Sch
	81. 동체가 없는 것	자기애, 굳어있는 성격, 충동거부	Sch
팔 과 손	82. 형상부터가 과장되어 있다	손의 활동에 불만 · 접촉곤란 · 부적당한 감정에 대한 보상적 행동	Sch
	83. 가늘다(간단한 선으로 되어 있다)	열등감, 노력할 보람이 없다는 감정	M
	84. 넓게 연 팔	강대함을 나타냄, 공격적 적극적 욕구를 표시	S
	85. 아랫부분에서 넓어지는 팔	행위는 충동적이고, 자기 통제력이 결여	N
	86. 동체에서 튀어나온 팔	무감정적이고, 통제할 수 없다	M
	87. 길고 탄탄한 팔	완력이 부족한데 대한 보상	Sch
	88. 너무 긴 팔	과도한 야심	S
	89. 동체에 밀착된 팔	소극적 혹은 방어적인 감정	S
	90. 팔이 없다	분열증적 · 우울증적 · 여상으로 팔이 없는 것은 어머니의 양육방법 불량	Sch
	91. 손이 없다	보통이상의 무능으로, 손이 없는 것은 부적응 감이 크다는 것을 말함	C
	92. 손가락을 폈다(때로는 그늘지게 그렸다)	손의 활동에 불안	F
	93. 주먹을 쥐었다	억압된 공격성	F
	94. 손을 크게 그린 것	강대함을 나타냄	S
	95. 팔이 가슴 또는 앞에서 교차	회의적이고, 적대적 태도	S
	96. 팔을 뒤로 돌린다	공격적 · 적대적 감정을 억제하고 한다	Sch
	97. 손을 허리에 대고 있다	성의 공포를 안고 있는 방어적 태도 · 성에 관해서 편견을 가지고 있음	PS
	98. 검게 칠해진 손(또는 그늘지게 하다)	자위 · 훔치기 · 싸움 등, 손에 의한 행동의 죄악감 · 불안	F
	99. 호주머니에 넣은 손 또는 감추어진 손	자위에 대하 죄악감, 접촉곤란, 토피, 불량소년, 이상자	Sch

부위	성격 분석규준	상징적 의미	부호
팔과 손	100. 손톱, 관절의 주의 깊은 스케치	강박증적 혹은 조기 분열병자의 경우와 같이 신체개념에 관한 곤란을 표시	S
	101. 열쇠처럼 그려진 손가락	적의 · 공격	Sch
	102. 손과 관계없는 손가락	유아적 공력	Sch
	103. 검게 칠해진 손가락	자위 또는 훔치기 등과 같은 죄악감	F
	104. 다섯 개 이상의 손가락	야심 · 공격	C
다리와 발	105. 다리가 길다	정신적 미발달, 다리의 미발달	B
	106. 다리가 없다	성적 부전(不全)	PS
	107. 다리의 과장		S
	108. 교차된 다리	성적 접근에 대한 방어	PS
	109. 길이가 똑같지 않은 다리	충동과 자기 통제와의 갈등	C
	110. 하나로 된 다리	긴장하고 있는 성적 불능	PS
	111. 여윈 발과 투명한 팬티를 통해서 그린다	갈등	C
	112. 큰 발	안정에의 요구, 성적 세력의 과시	S
	113. 작은 발	위축 · 의존적	M
	114. 발을 벌렸다	안정에의 보상	S
	115. 발의 생략	자기통제 결여	N
	116. 반대방향으로 향한 발	감정의 갈등이 심함	C
	117. 발가락의 강조	억압된 적대적 태도	S
	118. 발가락을 감추거나 흐릿하게 그림 (신을 신고 있을 때에는 적절히 판정)	위축 · 소극적 · 의존	M
의복	119. 주의 깊게 그린다	정신병적, 분열증적, 우울병적, 편집적, 망상적	Sch
	120. 나체화	조숙, 복잡한 성적 흥미	PS
	121. 가슴의 포켓 강조 (손수건 등을 넣었다)	애정 · 물질의 결손의 보상	F
	122. 단추의 강조(많이 달았다)	어머니에게 의존 · 유아적 부적응	F
	123. 넥타이에 주의를 기울였다.	성적 흥미	PS

부위	성격 분석규준	상징적 의미	부호
기타	124. 의복을 입고 있는 듯도 하고 나체인 듯도 하다	우울병적, 분열증적, 편집적	Sch
	125. 엉덩이를 둥글게 크게, 보통 이상으로 그린다(성기부분의 노출을 포함)	성적 흥미	PS
	126. 다리 및 팔의 관절부를 그린다		Sch
	127. 어깨를 치켜 올렸다		S
	128. 무릎을 노출		PS
	129. 전신 및 그 주위에 그늘 같은 것을 그리고, 또 마룻바닥이나 땅을 그린다		C
	130. 내장을 그렸다		X
	131. 해부도	불열증적	Sch
	132. 좌우가 극단적으로 균형을 잃고 있다	성격전체의 부조화・혼란	Sch
	133. 한쪽 성은 정면, 다른 성은 옆면으로, 양성(兩性) 모두 옆면으로 향했다		F
	134. 손에 뭔가를 쥐고 있다.		F
	135. 뒤를 향한 상		F
	136. 만화나 바보스러운 그림 (주위를 주어도 계속 그린다)		Sch
	137. 절대로 그리기를 거부		Sch (Y)
특히 여상에 대해서	(1) 여상의 가슴을 특히 강조	구강적・의존적 요구	PS
	(2) 팔과 손이 길고 두드러지게 눈에 띈다	보호적인 모상에 대한 욕구	F
	(3) 여성적 특징이 표면적 혹은 상징적인 그림으로서 정성들여 그린 그림	두드러지게 좌절된 오이디푸스적 감정	C

07 분석규준 적용상의 주의

1) 위 치

흰 도화용지의 어느 위치에 '인물화'를 그리느냐를 보아서 1~8까지의 분석규준을 적용하게 된다. 도화용지를 그림과 같이 4등분해서, '인물화'의 위치를 결정한다. 레비(Levy)는, 상반, 하반, 좌반, 우반의 네 가지에 중앙을 더해서 다섯 가지로 했는데, 여기서는 여덟 가지로 분류했다. 그리고 중앙은 채점하지 않기로 되어있다. 이것은 중앙에 크게 그렸거나 작게 그렸거나를 구별하는 분석규준을 따른 설정했기 때문이다(김재은, 2002).

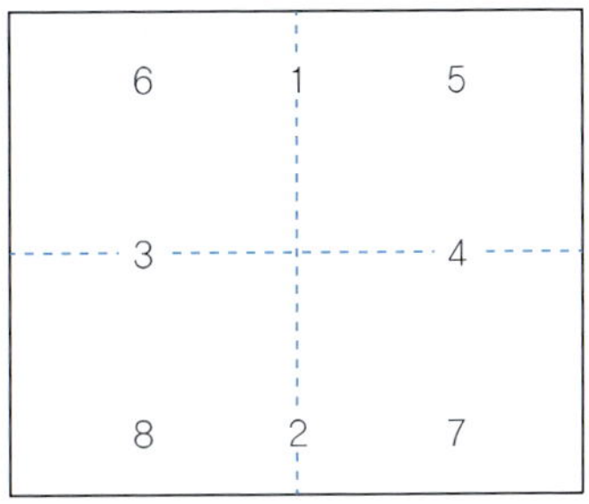

| 그림 4-32 |
도화용지 -
인물화의 위치판단기준

2) 상징적 부호와 그 의미

'상징적 의미'가 '인물화'에서 확인이 되면, 그 '상징적 의미' 그대로도 진단할 수 있으나, 그것이 오늘날 아직도 분석규준 하나하나에서 확인되어진 것은 아니다. 그런데, 분석규준 중에는, 확인되지는 않았지만 경험적으로 어느 정도 또 근사한 의미를 가진 것으로 인정되고 있기 때문에, 그 의미를 소개한 것이다.

이와 같은 입장에서 각 분석규준에 '상징적 부호'들은 다음과 같은 의미를 가지고 있기 때문에, 이것을 어린이의 퍼스낼리티 진단에 효과적으로 적용할 수가 있을 것이다.

① **S:** • 자아(ego)의 발동에 관계되는 것으로 적극적인 면을 의미한다.
• 자아발동의 강대, 남성적, 적극적, 낙천적, 자기 주장적.

② **M:** • 자아(ego)의 발동에 관계되는 것으로 소극적인 면을 의미한다.
• 자아발동의 약소, 여성적, 소극적, 비관적, 의존적.

③ **C:** • 갈등(conflict)을 의미한다.
• 정신갈등, 정신적 곤란, 콤플렉스.

④ **F:** • 욕구좌절(frustration)을 의미한다.
• 욕구좌절, 초조.

⑤ **Sch:** • 일반적으로 정신병리적 경향이라 할 수 있는데 이미 형성되어진 장래의 정신병은 근원적인 성격이라 할 수 있다.
• 정신병적, 분열증적, 우울병적, 편집적, 망상적.

⑥ **N:** • 신경증으로서 정신적 혼란을 의미한다.
• 신경증적, 노이로제적 경향.

⑦ **PS:** • 병적 성욕을 의미한다. 조숙, 복잡한 성적 흥미, 병리적 성적행동을 의미한다.

⑧ **B:** • 정신적 미발달을 의미한다.

⑨ **X:** • 정신적 장애를 의미하는 것으로 기질적 장해가 주된 징후가 된다.

⑩ **Y:** • 신체적 질병을 의미한다.

05 KHTP(동적 집, 나무, 사람) 그림 검사

01. 이론적 배경
02. 실시방법
03. 밀착부분에 대한 점수 기입
04. KHTP에서 그리는 순서
05. KHTP에서 그림의 양식에 대한 해석
06. KHTP에 대한 전체 상징들

01 이론적 배경

아마도 인간이 인간발달을 묘사하기 위해 가장 흔히 사용한 보편적인 상징은 나무일 것이다. 나무는 거의 모든 종교, 관습, 전설, 종교적 문헌, 미술, 시 꿈 등에서 은유적으로 사용되었다. 나무 그림에 있어서, 나무는 그리는 사람의개인적 변화과정을 반영해 준다. 인물화에서, 사람은 나무와 상호 작용함으로써 그림 그리는 사람의 자신이나 자아기능을 더 많이 반영해 줄 수 있다. 집은 개인 생활의 물리적 측면을 반영한다. 따라서 집, 나무, 그리고 인물과의 상호작용 및 상호관계는 그리는 사람에 의해서 표출되어지는 시각적 은유를 반영해 주며 말의 한계에서 벗어난 자유로운 표현이 된다. 그러나 행동과 집, 나무, 사람 사이의 은유적 의미는 그림을 각각의 종이에 그렸을 경우에는 분명하게 나타나지 않는다.

여러 임상가들은 HTP를 임상에 적용시켜 사용해 왔으며 HTP의 임상적 유용성을 인정했지만, HTP의 임상적 가치의 제한점을 다음과 같은 세 가지로 지적하였다.

① HTP는 '정신 병리학적 상황에 있는 환자들로부터' 표준화된 것이다. HTP문헌들의 대부분이 "기질성 정신분열증"등과 같은 정신 병리적 명명의 진단적 사용에 중점을 두었다.

② HTP에 대한 지시들은 각각의 종이에 집, 나무 사람을 그리도록 했다. 따라서 각각 그려진 그림들은 행동이나 상호작용을 나타낼 수 없었다.

③ 본질적으로 프로이드학파에 기초를 둔 HTP의 해석은 프로이트학과의 정신분석학 내에서만 적합하도록 모든 자료와 상징들을 제한했다.

따라서 이러한 HTP의 단점을 보완하기 위해서 번스(Burns)는 역동성을 부여하도록 동적 집-나무-사람(KHTP: Kinetic House-Tree-Person) 기법을 발전시켰다. HTP에 역동성을 도입시킨 동적 집-나무-집 그림은 그림을 통해서 얻을 수 있는 정보의 양적 증가와 질적 향상을 가져왔다. 또한 KHTP의 해석에 있어서도 매슬로(Maslow)의 발달적 관점을 도입하여 인간의 성장과 잠재력을 함께 고찰하고 이해하도록 하였다.

이상에서 살펴본 바와 같이 앞으로 논의될 각각의 KHTP 그림은 자기 창조적인 시각적 은유와 줄거리를 우리에게 이야기해 준다. 언어적 은유는 다른 것들에 의해서 제한되어 사용되어지는 반면, 시각적 심상은 우리에게 언어적 사고 이상의 많은 것들을 이야기해준다. 즉 한 장의 그림은 백 마디 말보다 낫다.

KHTP는 KFD(Kinetic Family Drawing)와 KSD(Kinetic School Drawing)와 관계가 있다. KFD는 가족의 역동을 바탕으로 자신에 대한 시각적 은유를 부여해 주는 반면, KSD는 학교생활을 바탕으로 하여 자신에 대한 시각적 은유를 부여해준다. 이들 세 가지 역동적인 기법들에서 오는 정보를 결합시킴으로써 각각에 의해서 창조된 것보다 큰 시각적 은유를 볼 수 있게 된다.

어떤 학자들은 그림을 그리는 사람이 어느 정도의 그림 기술 능력이 있어야 한다고 보는 반면, 4세 정도의 아동들도 KFD들에서 분명히 가족 역동성을 묘사할 수 있다는 것이 증명되어 졌다.(Burns, 1982). 따라서 심한 운동장애를 가지고 있지 않고 4세 정도의 정신 연령을 가지고 있는 사람은 누구라도 의미 있는 동적 그림을 그릴 수 있다.

KHTP의 4가지의 목적을 소개하면 다음과 같다.

① 자기, 가족 그리고 학교 에너지들의 기반 속에서 개인들을 이해하는데 유용한 서로 관련되는 역동적 그림들, 즉 KHTP, KFD 그리고 KSD에 대한 상호 관련성을 좀 더 발달시키기 위해서 이다.

② 개인과 가족 치료에서 인간을 이해하는데 있어서 KHTP의 유용성을 증명하기 위해서 이다.

③ 투사적 기법들과 발달심리 사이에 하나의 다리를 제공하기 위해서 이다.

④ 투사적 기법들과 동양적 사고 사이에 하나의 다리를 제공하기 위해서 이다.

이외에도 개인에게 영향을 주는 것들에 대한 탐색 기법은 다양하다.

■ 동적 사업화(KBD: Kinetic Business Drawing)

내담자의 상사, 둘 혹은 그이상의 고용인과 내담자 자신이 무엇인가를 하고 있는 것을 그리게 한다.

■ 동적 종교화(KRD: Kinetic Religions Drawing)

내담자의 목사(수도사, 지도사 등)을 둘 혹은 그이상의 신자와 내담자 자신이 무엇인가를 하고 있는 것을 그리게 한다.

■ 동적 정치화(KPD: Kinetic Political Drawing)

내담자의 대통령(수상, 왕, 혹은 여왕 등), 두 명 혹은 그 이상의 시민들, 동교들과 내담자 자신을 포함해서 무엇인가를 하고 있는 그림을 그리게 한다.

그러나 동적 사업화, 동적 종교화, 동적 정치화 같은 부분에서는 아직도 연구가 이뤄지지 않았다. 앞으로 많은 사람들이 이러한 분야에 대해서 보다 깊이 있는 연구가 이뤄지기를 바란다.

02 실시방법

각각의 집, 나무, 사람을 보고도 어느 정도의 정보를 얻을 수는 있지만 한 장의 종이 위에 집, 나무, 사람을 그리게 함으로써 집, 나무, 사람을 서로 비교하면 내담자에 대한 더 많은 정보를 얻을 수 있다.

1) 검사도구

- **준비물**: A4용지 1장, 4B연필, 지우개

2) 실시방법

"이 종이 위에 집, 나무 그리고 어떤 행동을 하는 사람의 전체 모습을 그리시오. 사람의 전체 모습을 그릴 때 만화 혹은 막대기와 같은 모양의 사람은 그리지 마시오."

만약 피검자에게 위와 같이 지시를 했음에도 불구하고 만화나 막대 인물상을 그릴 경우 다시 한 번 그리게 하는 것이 좋다. 그러나 다시 한 번 그리게 하였을 경우에도 역시 만화적으로 그리거나 막대형의 그림, 또는 추상적인 그림일 경우에는 검사에 대한 거부감이나 저항의 표시일 수 있다.

■ KHTP 분석 시 고려해야 할 사항

검사자가 KHTP를 분석 할 때 가장 먼저 고려해야 할 점은 그림에 대한 전체적인 느낌들이다.

그 그림은 무엇을 이야기하는가? 당신의 첫째 느낌은 무엇인가? 당신은 무엇과 누구를 보는가? 당신은 무슨 일이 일어나고 있다고 생각하는가? 그 그림은 따뜻한가? 차가운가?

둘째, 집, 나무, 사람의 각각의 그림에서는 어떤 느낌을 받는가를 살펴보아야 한다. 집은 적대적인 세계로부터 숨을 수 있는 안전한 장소로써 묘사되어 있는가? 집은 신체 상징들에 대한 묘사인가? 집은 성공함과 부유함을 나타내는가? 맨션인가? 집이 가정으로 보이는가? 어떤 가족이 살고 있는 듯이 보이는가? 그 집은 당신이 살고 싶은 가정인가?

사람이 공격적이거나 적대적으로 보이는가? 사람이 멍청해 보이거나 맥이 빠져있거나 혹은 풀이 죽어 있는가? 사람이 활기가 있어 보이는가? 사람이 매력적으로 보이는가? 사람이 슬퍼 보이는가? 실체의 어떤 부분이 숨겨져 있거나 혹은 생략되어 있는가? 사람은 중요하거나 성공한 사람으로 보이는가? 사람은 야만적인가? 사람이 온정적이고 양육적으로 보이는 사람인가? 사람이 유쾌하며 활기차 보이는 사람인가? 당신이 좋아할 수 있는 사람인가?

나무는 죽었는가? 살아 있는가? 나무가 위협받고 있는 듯이 보이거나 또는 적대적으로 보이는가? 나무가 약하거나 부러져 있는가? 성적 특성이 있는가? 나무가 연속적인가 혹은 절단되는가? 가지들이 위로 향해 있는가? 아래로 향해 있는가? 줄기의 꼭대기가 점점 가늘어지는가? 혹은 넓게 펴져 있는가? 나무가 생명력이 있어 보이는가? 없어 보이는가? 나무가 방어적으로 보이는가? 양육적으로 보이는가? 행복해 보이는가? 슬퍼 보이는가?

나무는 균형이 잡혀 있는가? 나무가 너무 완전하게 그려져 있는가? 나무가 잘려있거나 상해가 있는가? 줄기에 옹이 구멍들이나 상처가 있는가? 나무가 집을 향해 기울어져 있는가? 집에서 멀리 떨어져 있는가? 나무가 집을 보호하는가? 사람을 보호하는가? 만일 여러분이 나무라면 당신은 여기 그려져 있는 나무이고 싶은가?

셋째, KHTP에서 가장 큰 영향력(크기, 운동, 압력)을 나타내고 있는 것은 무엇인가? 집인가? 나무인가? 사람인가?

넷째, KHTP에서의 거리와 배치는 어떠한가를 살펴보아야 한다. 집 다음에 무엇이 있는가? 나무는 집과 사람에게서 멀리 떨어져 있는가? 나무에 사람이 있는가? 집안에 사람이 있는가? 집과 나무가 밀착되어 잇는가? 집, 나무, 혹은 사람의 상대적 크기는 어떠한가? 사람은 나무와 상호작용하고 있는가? 집과 상호작용하고 있는가? 긍정적 상호작용인가? 부정적인가? 태양이나 달이 집, 나무 혹은 사람 위에 그려져 있는가?

다섯째, 그림의 양식은? 도화지의 하단에 일렬로 나타나 있는가? 상단에 일렬로 있는가? 구분되어 나눠져 있는가? 가장자리에 그림들이 그려져 있는가? 조감도인가? 포위되어져 있는가?

또한 어떤 상징들이 나타나 있는가? KHTP의 행동, 양식, 그리고 상징들은 KFD와 KSD와 같은 동적 그림기법에 있어서의 행동, 양식, 그리고 상징들과 어느 정도 관련성이 있는가?

03 밀착부분에 대한 점수 기입

밀착부분의 유무는 다음의 표에 기록하시오.

표 5-1 | 밀착

밀 착	유 무
H – T	
H – P	
P – T	
H – T – P	
아무것도 밀착되어 있지 않음	

표 5-2 | 자기상 이외의 인물들에 대한 점수 기입

숭배하지 않는 사람	
부 모	
친 구	
우 상	
친 척	
모르는 사람	
기 타	

표 5-3 | 덧붙인 인물들에 대한 점수 기입

숭배하지 않는 사람	
죽은 사람	
아 동	
부 모	
친 구	
우 상	
친 척	
모르는 사람	
기 타	

04 KHTP에서 그리는 순서

일부 사람들은 지시에 따라서 열을 지어 집, 나무, 그리고 사람을 그린다. 그러나 대부분의 사람들은 KHTP에 그들 나름대로의 순서로 그림을 그릴 것이다. 여기에 순서가 무엇을 뜻하는가에 대한 몇 가지 가정이 있다.

1) 나무를 가장 먼저 그리는 경우

나무를 가장 먼저 그리는 사람은 생활에너지와 성장을 가장 중요하게 생각한다. 이것은 성장하려고 하는 사람이나 살아있는 전형적인 사람들의 유형이다. 그러나 때로는 자살하고 싶은 충동을 가진 사람 혹은 “살려는 의지”를 잃어버린 사람들도 종종 나무를 먼저 그린다. “위로 향하고자, 즉 성장하고자”하는 사람들 또한 나무를 먼저 그린다. 물론, 해석을 가치 있게 하려면 전체 KHTP의 부분으로서 나무를 보아야 한다. 나무가 누락되어 있는가? 죽었는가? 어느 쪽을 향해 굽어있는가? 이와 같은 정보는 “의미”를 보다 분명하게 해준다.

2) 집을 먼저 그린 경우

KHTP에서 집을 먼저 그리는 것은 다음의 것을 나타낼 수 있다.

① **세상에 소속되고자 하는 욕구**: 생존을 위한 욕구.

② **신체에 소속되고자 하는 욕구**: 신체 욕구 혹은 강박 관념을 나타낼 수 있다.

③ **사회에 소속되고자 하는 욕구**: 집은 성공이나 혹은 성공에 대한 멸시를 보여준다.

④ **양육을 위한 가정**

⑤ **양육을 주고받기 위한 가정**: 창조적이고 즐거운 장소.

3) 사람을 먼저 그린 경우

사람을 먼저 그리는 것은 다음과 같은 것을 나타낸다.

① 세상에 대한 소속감의 통제와 관련된 관심.

② 신체를 드러내거나 혹은 숨김.

③ ‘성공’을 보여주거나 혹은 ‘성공’에 대한 경멸.

④ 양육적인 사람.

⑤ 즐겁게 주고받는 사람.

⑥ 만일 자신이외의 사람을 그린다면 그것은 특별한 사람, 예를 들면 죽은 가족 성원, 사랑하는 사람, 증오하는 사람, 영웅 혹은 영웅적이지 못한 인물에 사로잡혀 있다는 것을 반영할 것이다.

05 KHTP에서 그림의 양식에 대한 해석

투사적 그림들에서의 양식들은 번스(Burns)와 코프먼(Kaufman, 1972)에 의해서 처음으로 상세히 설명되어졌다. 최근에 번스(1982), 크노프와 프루트가 동적 그림들 가운데서 이 양식들에 관한 것들을 보다 자세히 설명해 주었다(Knoff & Prout, 1985).

다른 동적 그림 기법체계(KFD와 KSD)뿐만 아니라 KHTP에서도 보이는 몇 가지 기본 양식들이 있다.

1) KHTP에서 나타나는 양식들

(1) 밀착(둘 혹은 두 개 이상의 그림들)

공생적 관계는 그림 그린 사람이 보통 성장을 방해하는 뒤얽힌 인생의 두 가지 면을 가지고 있는 경우에 종종 발견된다.

(2) 밀착(3개의 그림 모두)

그림 그린 사람이 성장을 방해하는 복잡한 그물 같은 망에 걸려 있다고 생각하는 경우 그림에서 종종 발견된다. “인생이 너무 복잡하다”는 뜻. 단순화가 필요하다.

(3) 조감도

이것은 KHTP 전체에서는 상대적으로 드문 양식이지만 사람이나 집과 같은 개별적인 그림들에서 보여 질 수 있다. 이 양식은 거리에 비례하여 불안을 반영하고 로르샤흐와 같은 기법들에서 보이는 깊은 반응들과 유사하다(Burns, 1982).

(4) 구분화

그림에 있어서 하나 혹은 둘 이상의 직선들을 사용하여 그림들을 의도적으로 분리시키는 특징이 있다. 예를 들면, 집안에 있는 사람이다.

- 사람들은 고립을 시도하고 구분화를 통해서 다른 사람들로부터 그들 자신 그리고 그들의 감정들을 철회한다(Burns, 1982; Burns & Kaufman, 1970; 1972; Reynolds, 1978).
- 다른 사람들에 의한 거부감이나 타인들에 대한 두려움(Burns & Kaufman, 1970; 1972; Reynolds, 1978).
- 중요한 감정들에 대한 거부나 혹은 의미 있는 감정들을 수용하기 어려움(Burns & Kaufman, 1970; 1972; Reynolds, 1978).
- 개방적으로 의사소통을 할 수 없음(Reynolds, 1972).
- 나이 어린 소년들은 나이 든 소년들보다 적게 구분화 하는 경향이 있다(Meyer, 1978).

(5) 가장자리

도화지의 두 군데 혹은 그 이상으로 가장자리에 그려진 모든 그림들로 기술되는 양식이다. 예를 들면, 검사지 각 테두리를 밑면으로 혹은 윗면으로 생각하고 그린다.

- 직접적인 상호작용이나 개입 없는 수동적 욕구(Burns & Kaufman, 1972).
- 문제나 토론의 주변에서 머물고, 보다 친밀하거나 보다 깊은 수준에 관련되는 것을 저항하는 방어적인 사람(Burns & Kaufman, 1972; Reynolds, 1978).

(6) 포위

하나 혹은 그 이상의 그림들(전부는 아니고) 이 대상을 선으로 둘러싸는 것(예를 들면 줄넘기 줄, 혹은 집, 혹은 도화지의 가로로 뻗어있지 않은 선들에 의한 것)을 의미한다.

- 위협하는 개인들을 고립시키거나 제거할 필요가 있다.

(7) 도화지 상단에서 잘려지는 대상

가장 많이 그려지는 것은 나무이다. 힘이나 우월에 대한 갈망과 관련된다. 또한 '현실적인' 것을 싫어하는 환상적인 사람의 경우에 보인다.

(8) 가장 많이 그려지는 사람

현실적이거나 '소속되고자' 하는 갈망과 관련된다. 또한 신체부분을 숨기고자 하는 사람의 경우에 보인다. 종종 죄의식이나 열등감과 관련되어진다.

(9) 도화지 하단에 줄지어져 있는 그물눈의 음영 넣기

매우 불안정한 가족과 안정에 대한 갈망을 가리킨다(Burns & Kaufman, 1970; 1972).

(10) 위쪽에 줄지어 있는 것

그림의 꼭대기 부분에 그려진 선들 또한 폭풍우를 실은 구름을 포함한다.

- 격심한 불안 혹은 만연된 걱정이나 두려움(Burns & Kaufman, 1972; Reynolds, 1978).
- 정서적으로 혼란된 소년들은 정서적으로 안정된 소년들보다 상단에 줄지어 그린다(Burns & Kaufman, 1972; Meyer, 1978).

(11) 도화지 하단의 지면선

- 강한 기초나 안정감을 필요로 하는 불안정한 가족들과 스트레스를 받고 있

는 사람들의 경우에 그린다(Burns & Kaufman, 1970; 1972; Klepsch & Logie, 1982; Reynolds, 1978).

- 정서적으로 혼란된 소년들의 경우 정서적으로 안정된 소년들에게서 보다 더욱 자주 발견된다(Burns & Kaufman, 1972). 결론/해석들의 지지(Meyer, 1978).

(12) 개별적 그림들의 지면선

집 아래의 선들이나 혹은 음영, 나무나 사람은 보통 그리는 사람의 생활에 대한 관점을 안정시키기 위한 시도로 그려진다.

(13) 시작한 그림을 거부하고 전체 그림을 다시 그리는 것

사람은 첫 번째 그림의 내용이나 역동성으로 인해 위협을 받게 되면 '보다 안전한' 두 번째 그림을 다시 그린다(Burns & Kaufman, 1972).

2) 나무 그림의 양식들

에너지의 흐름: 손으로 그리거나 다른 투사적 그림 기법들에서처럼 사람들은 나무들을 그리는 것에서 그들의 특성을 드러낸다. 다음이 몇 가지 일반적 양식들은 매우 흔히 볼 수 있다.

| 그림 5-1 | 원운동

생활에서 '어디에도 갈 곳이 없는' 사람들과 관련된다. 그들은 어느 방향으로도 정해지는 것이 아니고 그들의 생활처럼 '뱅뱅 돌아'간다. 매우 흔한 양식이다.

| 그림 5-2 | 아래로 향한 운동

과거로 에너지를 옮기는 사람과 관련된다. 고착, 외상들, 끝내지 못한 일, 좋았던 옛날에 대한 갈망 들은 이 양식을 사용하는 사람들의 특색이다.

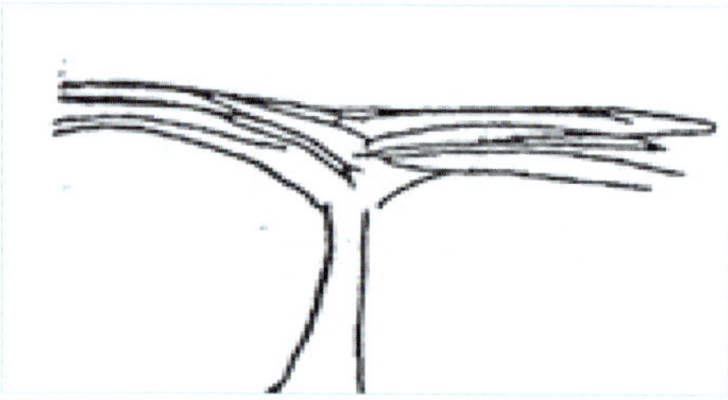

| 그림 5-3 | 수평적 움직임

다른 사람들에 대해서 양육적이고 보호적이며 "접촉하려는" 사람들과 관련된다.

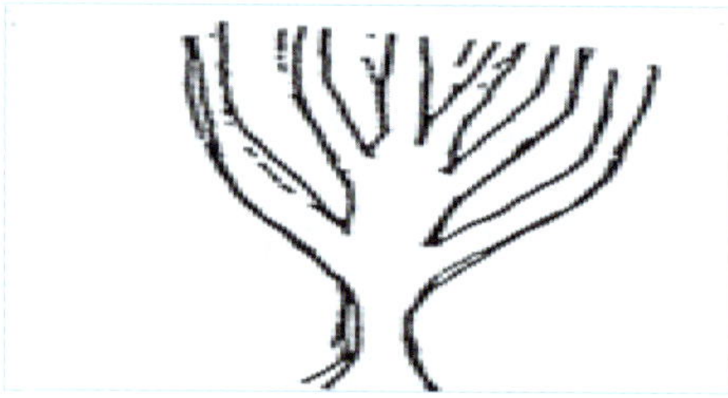

| 그림 5-4 | 위로 향한 운동

'위로 향한 운동'에 대한 가능성을 신장시키고 탐색하고 있는 사람들과 관련된다.

| 그림 5-5 | 조각난 가지들

아이디어를 가지고는 있지만 그것을 실행하지 못하는 사람들과 관련된다. 너무 많은 방법들로는 아무것도 완성하지 못한다.

| 그림 5-6 | 부러진 가지들

자신의 노력이 방해받았거나 좌절되었고 달성의 희망이 없다고 느끼는 사람들과 관계있다.

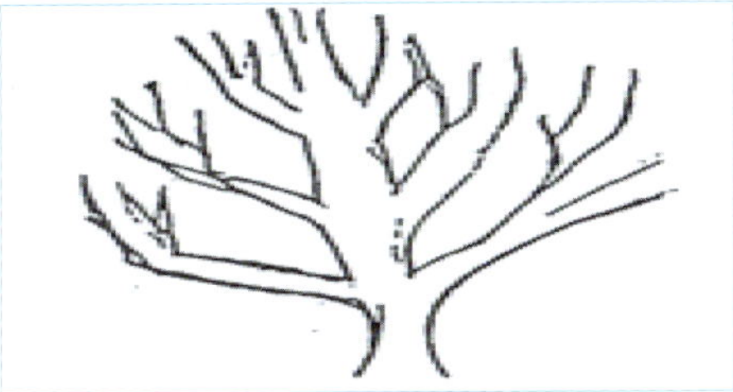

| 그림 5-7 |

밖과 위로 향하는 길과 같은 가지들

명확한 계획을 가지고 있으며 보통 그들이 시작한 것을 끝내는 사람들과 관련된다.

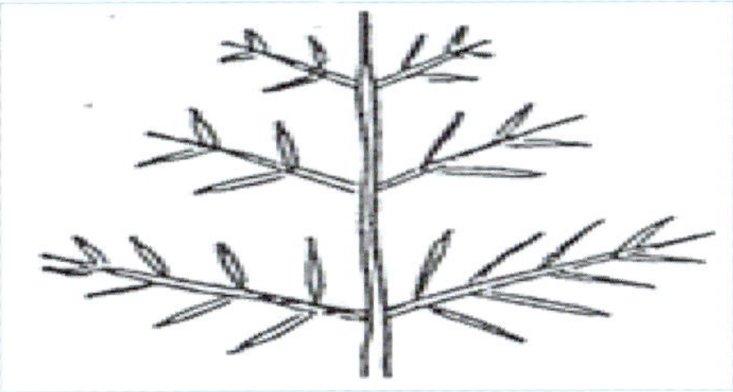

| 그림 5-8 |

엄격하게 좌우대칭을 이루고 있는 가지들

통제를 위한 강박적인 요구를 나타낸다. 특히 집을 향해 있는 좌우비대칭은 가족이나, 안정에 대한 관심, 애착을 나타낼 수도 있다. 집에서 멀리 떨어진 것은 가족들의 접촉에서 멀리 떨어져 독립적으로 성장한 경우를 나타내는 경우도 있다.

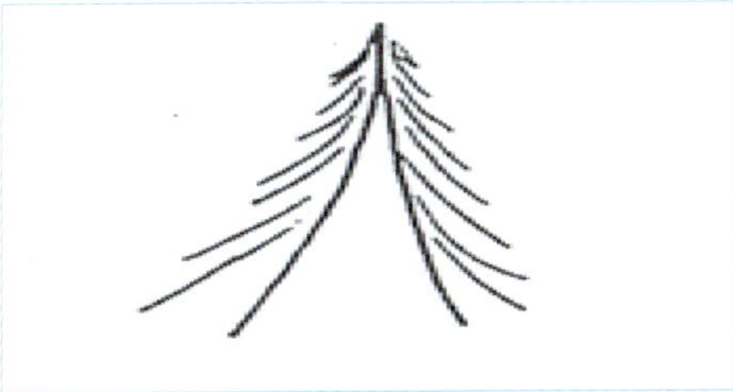

| 그림 5-9 | 한점으로 좁아지는 것

'신경쇠약'과 관련된다. 목표가 단 하나이며 하나의 '목표 지향적'인 사람. 그들이 꼭대기에 다다랐을 때 그들은 기대한 것을 발견하지 못하고 환멸과 실망을 한다. 또한 자살하고 싶은 충동을 느끼는 사람들에게서 보여진다.

| 그림 5-10 | 꼭대기에서 확장되는 것

그들의 나이가 점점 들어가면서 그들의 관심들이 확장되고 보다 활기찬 생활을 하는 사람들과 관련된다. 만일 줄기가 꼭대기에서 넓어진 '통로' 모양의 가지들이 있다면 그 같은 해석은 적절하다.

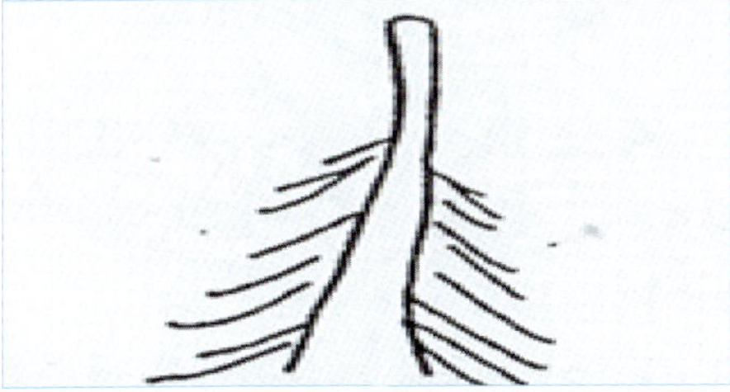

| 그림 5-11 | 밑바닥 부분이 성장

우울하고 '아무것도 기대할 것이 없는' 퇴행적인 사람들과 관련된다.

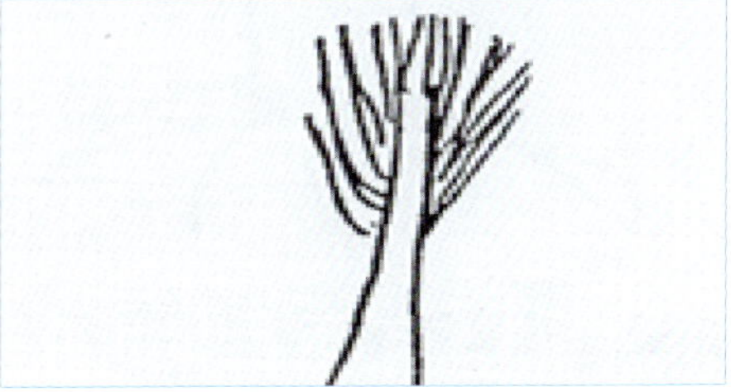

| 그림 5-12 | 꼭대기에서의 작은 성장

미래에 대한 꿈을 가지고 있으며 과거나 현재에 거의 에너지를 쏟지 않는 사람들과 관련된다.

| 그림 5-13 | 넓은 줄기
높은 에너지를 가진 사람과 관련된다.

| 그림 5-14 | 좁은 줄기
낮은 에너지와 종종 살아가려는 의지가 부족한 것과 관련된다.

| 그림 5-15 | 옹이 구멍들
옹이구멍은 그 발달 단계의 외상과 종종 관련된다. 극단적인 문제의 재해결에 대한 "혼란된"사고를 하는 이 단계에서 에너지가 발생한다. 예컨대 부모의 이혼 후에 그려진 아동의 나무에서 흔히 나타난다.

| 그림 5-16 | 줄기가 없음
살려는 의지를 잃은, 우울한, 자살하고 싶은 충동을 가진 사람들에게서 보인다. 그들의 수액은 흐르지 않고 있다.

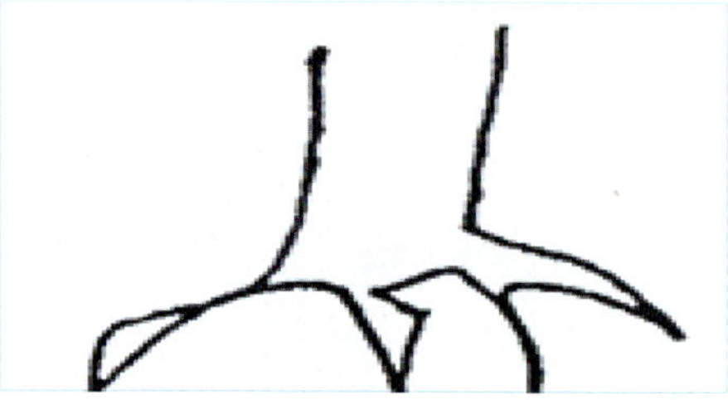

| 그림 5-17 | 뿌리에 대한 강조
현재 그들이 누구인가를 확실하게 해주는 과거(뿌리)에 대해 파고드는 사람들과 관련된다.

| 그림 5-18 | 커다란 잎들
의존성과 관계된다.

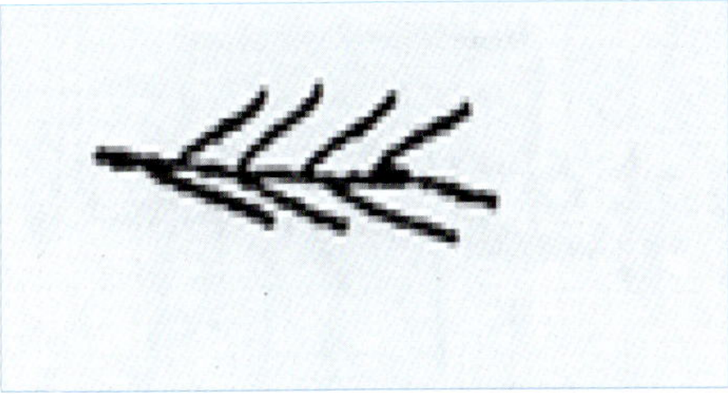

| 그림 5-19 | 날카로운 잎들
비양육적인 예민한 사람과 관련된다.

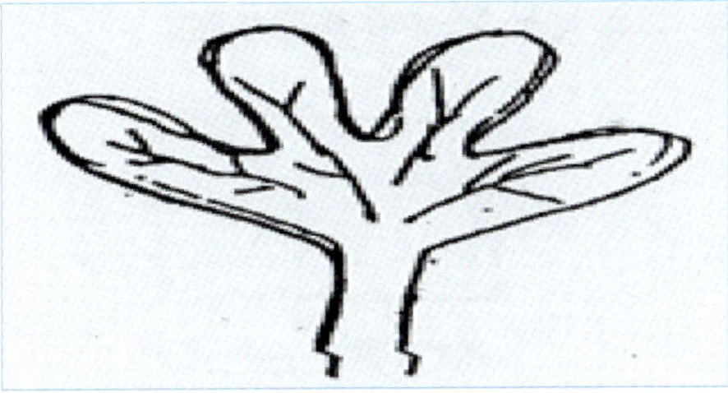

| 그림 5-20 | 손같은 잎들
'접촉하려는' 온정적인 사람들과 관련된다.

3) 집 그림 양식들

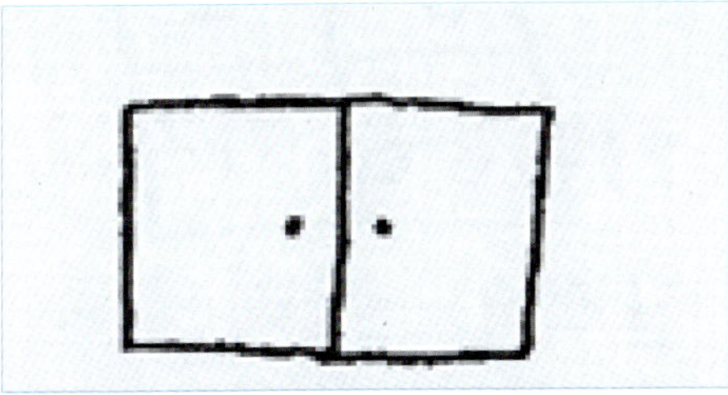

| 그림 5-21 | 이중문
가정에서 이중의 역할을 좋아하는 사람들에 의해서 그려진다. 배우자를 구하거나 혹은 배우자를 지키려는 성인들의 경우에 흔하다.

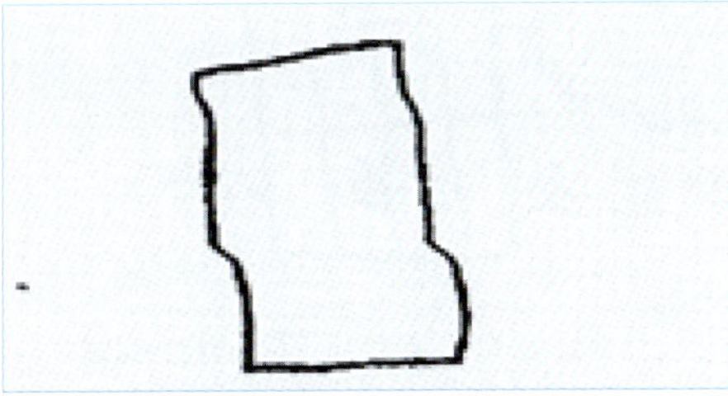

| 그림 5-22 | 손잡이가 없는 문
사생활을 지키기를 원하며 자신의 공간이 침범당하는 것을 원치 않는 사람들과 관계된다.

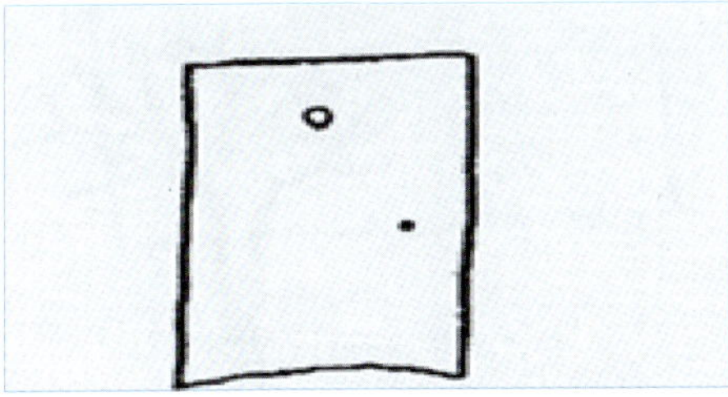

| 그림 5-23 | 들여다 보는 구멍
신중하거나 의심이 많은 사람들에 의해 그려진다.

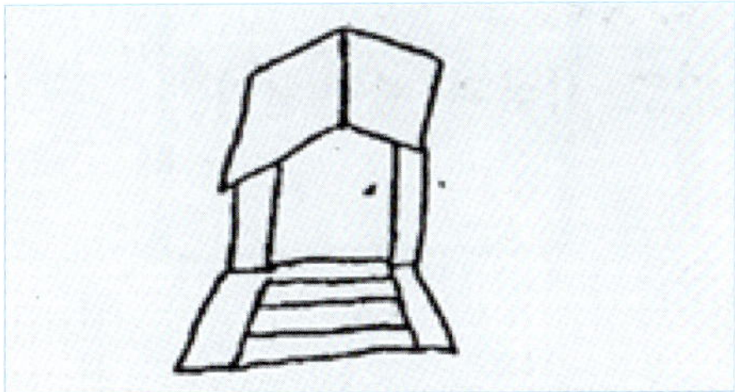

| 그림 5-24 | 움푹 들어가거나 숨겨진 문
타인을 자신의 생활공간으로 들어오게 하는데 있어 신중한 사람과 관계있다. 타인을 신뢰하기 전에 '검사'하는 사람들이다.

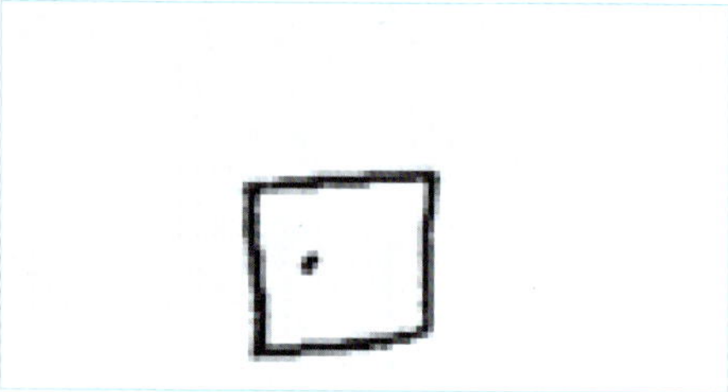

| 그림 5-25 | 작은 문

자신의 생활공간에 타인이 들어오는 것을 원하는 척하지만 실제로는 나가기를 원하는 사람과 관련된다.

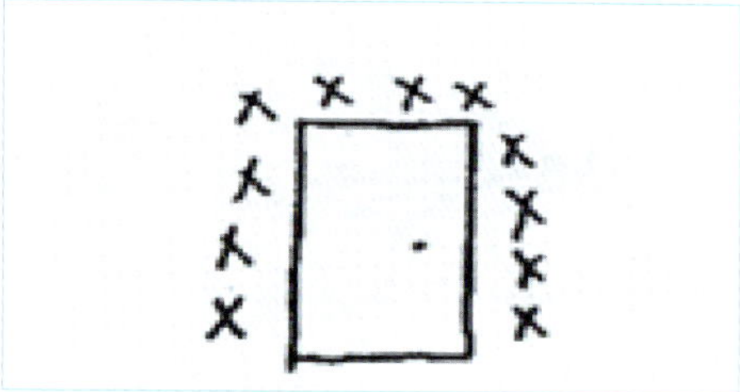

| 그림 5-26 | X표로 둘러싸인 문

자신의 생활로 어떤 사람이 들어오도록 허용하는데 있어 커다란 어려움을 가지고 있는 사람과 관련된다. 특히 심적인 어려움을 가진 여성들의 경우에 보인다.

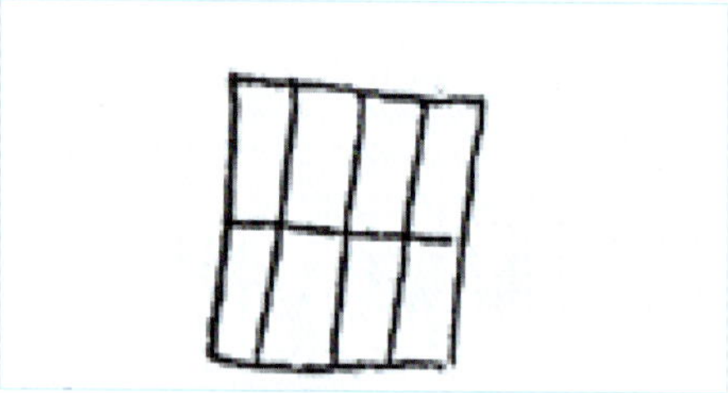

| 그림 5-27 | 격자가 되어 있는 창문

두 개 이상의 수직선과 수평선들이 창문에 나타나 있는 경우로 자신의 집이 안전하기를 원하거나 집을 감옥처럼 생각하는 사람들에 의해 그려진다.

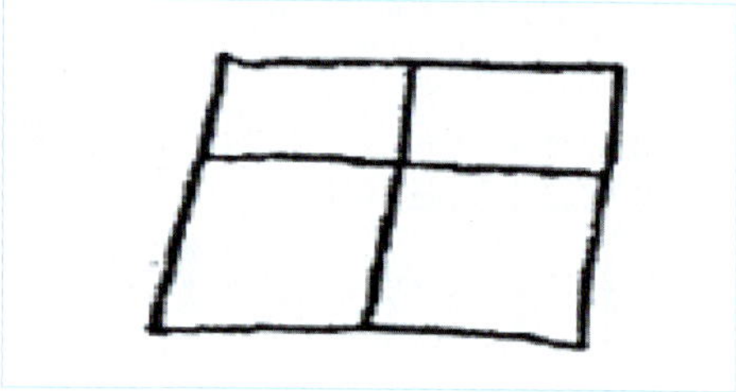

| 그림 5-28 | 교차된 창

거의 의미를 가지고 있지 않은 흔한 양식. 종교적인 의미를 가지고 있을 수도 있다.

| 그림 5-29 | 열린 창문

'텅 비었음'을 나타내는 경우에 그려진다.

| 그림 5-30 | 전망창

개방되기를 원하는 사람들에 의해서 그려진다. 전망창에서의 대상은 그리는 사람이 보고 있는 것. 예를 들면 촛불, 식물 등의 의미가 될 것이다.

| 그림 5-31 | **반원 혹은 원형의 창**
여성, 신사 혹은 부드러운 사람들은 원형의 모양을 그린다.

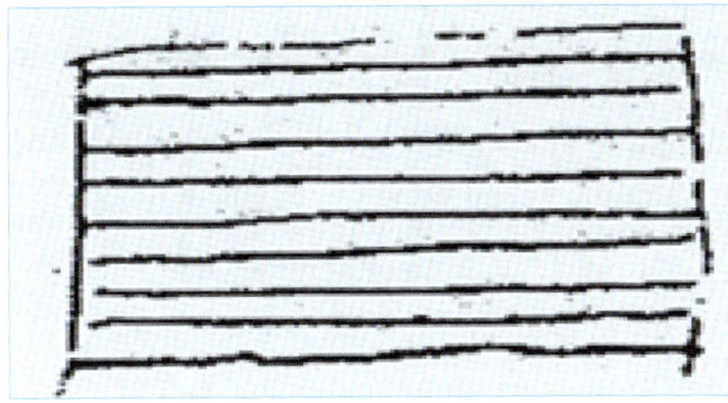

| 그림 5-32 | **덧문**
닫혀있다며 우울증과 관계있다. 그리는 사람은 집에 빛을 차단하기 위해 그린다.

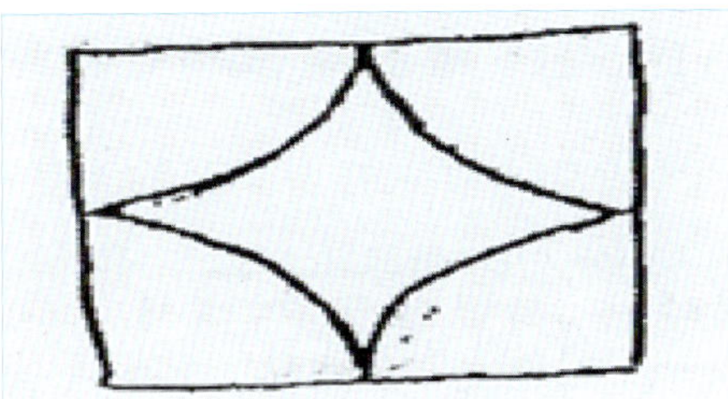

| 그림 5-33 | **별모양의 창**
대부분의 여성들이 이 모양의 창문을 그린다. 여성다움의 상징.

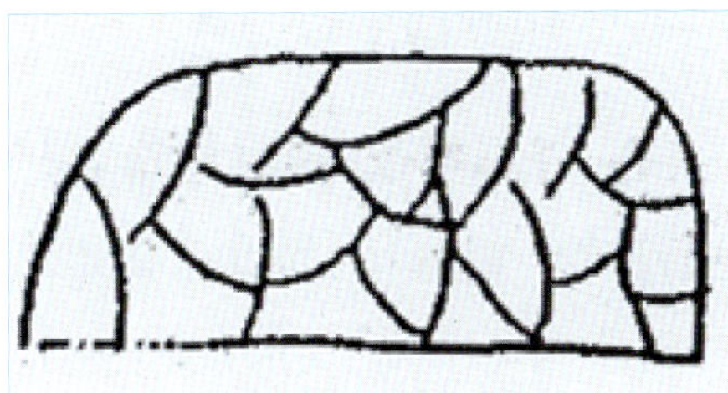

| 그림 5-34 | **스테인드 글라스**
오염되었거나 더렵혀졌다고 느끼는 사람들이 자주 그린다. 때때로 아름다운 분위기를 내려는 사람들에게서도 볼 수 있다.

06 KHTP에 대한 전체 상징들

다음은 KHTP에 나타나는 상징에 대한 해석들이다.

1) 가구

장롱, 미닫이, 침구 등이 강조되어 있기도 하고, 그 외의 도구가 크게 강조되어 그려진 경우가 있다. 가정 내의 물질성이 도형으로 표시되고, 따뜻한 마음의 연결이 빈약하다고 느껴지고 있는 피험자의 K-F-D에서 많이 보여 진다. 예를 들면 외적 측면을 기대하려는 경향이 너무 강한 어머니의 태도와 관련하는 듯하다.

2) 개

고양이 항을 참조 바람.

3) 계단, 사다리

계단이나 사다리는 두 개의 세계를 상하 방향으로 연결하고, 사람을 높은 곳에 이르게 하는 통로이다. 따라서 특히 계단(사다리)에 있는 인물이나 혹은 계단이나 사다리를 지나서 계단 위나, 옥상이나, 지붕 위에 위치한 인물에 관계하여 불안이나 불안정감을 상징하는 것이다.

4) 고양이

고양이가 가진 체온, 털의 부드러움과 발톱이나 이의 예리함에서 보듯이 부드러움과 공격이라고 하는 불균형적인 태도와 양가적 감정을 상징하고 있다.

개는 충성심과 공격성을 의미하는 것이다. 고양이는 여아에 의해, 개는 남아에 의해 그려지는 일이 많은 것 같다.

5) 공

공은 사람의 힘에 의해 그 사람을 떠나 그 사람 자신에게는 미치지 않는 먼 쪽으로 도달 할 수 있는 것이다. 즉, 공은 힘을 상징한다. 그리고 공은 현재의 상태에 의해 명백하고 단순한 힘(공격)이나 현실화되지 않은 폐쇄상태에 있는 힘(갈등)등 여러 가지 상황의 힘을 표현한다.

6) 귤

이것은 식탁, 테이블과 함께 그 위에 놓아져 있는 상태로 그려지고 있는 경우가 많다. 가정 내의 따스함이나 안정성을 의미한다고 생각되지만 동시에 서민성의 상징 이라고도 할 수 있을지 모른다.

7) 그네

그네를 타고 있는 인물상은 확실히 포위양식의 전형적인 경우이다. 때로는 그네와 지주와 지면의 선에 의해 이중으로 포위되고 있고, 불안정성을 의미한다(줄넘기의 항 참조).

8) 기차

K-F-D에 묘사된 다른 탈것과 관련해서 특히 인물상이 그 승객으로서 그려진 경우에는 다음과 같이 생각된다.

자전거→오토바이→자동차→기차의 순서로 생각되며, 어느 것이나 사람의 이동에 대해서 힘 있는 것이지만 어린이들 자신의 힘과 합해서 그 욕구를 실행하는 것은 자전거 뿐 이다. 결국 탈 것이 커짐에 따라서 스스로의 힘이 아니고 타인의 힘에 의존하는 것이 된다. 즉 의존적 요소가 커지게 되고, 양식에서 말하면, 포위되는 상태가 보다 강해지게 된다. 대부분의 경우 어린이(피험자)와 자동차나 기차와의 관계는 몸을 맡겨버린 상태이고, 남에게 맡기는 모습이 되는 것 같다. 반대로 탈 것이 모형으로서 그려지는 경우는 오히려 힘, 그것에의 명백한 동일시나 혹은 그들이 지배, 통제할 수 있는 자신의 투영이라고 본다.

9) 꽃

꽃은 아름다움과 사랑을 상징한다. 또 개화에서 결실에 이르는 최초의 단계이기 때문에 성장 발달의 상징이기도 하다. 일반적으로 여아가 그 여성스러움을 의미하고, 강조하는 경우에 그리는 일이 많다.

10) 나무

나무는 '성장하는 것'이고 동시에 개화에서 결실에 이르는 생성과정을 해마다 반복하는 것이다. 정신적인 소생, 재생 등을 의미한다. 또한 특이한 형태의 나무로서 분재와 작은 정원수는 다른 사람의 성장과정을 지배하고 싶다는 욕구와도 관련하는 것 같다.

11) 나비

사랑이나 아름다움을 상징한다. 태양이나 꽃이 의미하는 것보다도 오히려 어느 정도 공상화 된 심정을 표현하는 것이다.

12) 낫

농사짓는 작업의 묘사에 자주 나타난다. 공격 혹은 거세공포와 관련되는 것이라고 생각한다. 번스와 코프먼은 미국 아동의 K-F-D에 보여 지는 잔디 깎는 기계와 같은 의미를 발견하고 있다(Burns & Kaufman, 1972, 칼 종류의 항 참조).

13) 냉장고

냉장고는 박탈과 박탈에 대한 우울증과 관련된다. 냉장고의 차가움은 빛이나 열과 반대되는 상징이다(Burns & Kaufman, 1972).

14) 노트

이것은 연필과 함께 그려지는 경우가 많다. 그 해석상의 의미는 연필의 그것에 준하는 것 이라고 생각된다. 즉 피험자에게 친숙한 것이고, 각각의 경우 개별적인 의미의 검토가 필요하다(연필의 항 참조). 이것이 성인 가족의 행위에 동반해서 그려지는 경우, 그 의미는 달라진다. 예를 들면, 그것이 일에 동반해서 그려진 경우와 그 외의 경우와의 차이를 말한다.

15) 다리미

어머니의 과잉 혹은 그 표현 방법에 적절함이 결여된 애정, 관심, 주의 등을 피험자가 인지하고 있는 것으로 해석하는 것이 적절하다.

16) 담배

아버지와 그 외의 성인 남자상에 동반되어 그려지는 일이 많다. 성인다움이나 가까이 하기 어려운 어른의 세계를 시사하고 있다.

17) 모자

모자는 일반적으로 외출 시에 문 밖에서 이용하는 것이다. 따라서 소위 만들어진 상태와 자기방어를 의미하고 더욱이 수동적인 태도와 관련되는 것 같다.

18) 물

바다, 강, 수영장 등 여러 가지로 물은 그려지지만, 그것들은 모두 여러 가지 상태에서의 억울한 감정을 의미한다.

번스(Burns)와 코프먼(Kaufman)은 그들의 최초의 저서(1970) 속에서 K-F-D 묘화에서 물이 억울함을 의미하는 것은 로르샤흐 법을 비롯한 다른 투사법 심리검사의 경우와 같다고 서술한다.

19) 물 조리개

이것은 기본적으로 물과 관계되는 것이다. 물 조리개는 분재와 정원수의 손질을 행하는 인물에 동반해서 그려지는 일이 많다. 따라서 해당 인물에 관계하는 불안이나 억울한 감정과 관련한다(나무와 물의 함 참조).

20) 바늘

일반적으로 남성상과 함께 그려지는 도끼나 삽만큼은 아니지만, 고통을 줄 수 있는 것이다. 대부분의 경우 할머니와 어머니가 재봉하는 모습과 함께 그려지고, 억제된 공격행동을 의미하는 일이 많다(칼 종류의 항 참조).

21) 방망이

이것은 팔의 연장이 되는 것이고, 주로 힘, 공격을 의미하고 있다(공의 항 참조).

22) 방석

개인의 사용에 관계하는 물체이고, 몸 밑에 깔려지는 것이다. 결국 인물하선의 양식으로써 해석되는 성질의 것이고, 그것이 강조된 묘사는 해당 개인에의 불안감을 의미한다.

23) 뱀

뱀, 도마뱀, 개구리의 종류는 억압된 공격충동과 수용될 수 없는 초조감 등과 관련하는 듯하다. 뱀은 억압된 성적 원망의 상징이라고 하는 견해는 너무나도 잘 알려진 해석이다.

24) 별

별은 차갑고 멀리 있는 것으로 박탈과 관계한다(Burns & Kaufman, 1972). 또한 별 자체보다도 오히려 의복의 모양이나 그 외의 별 표시로써 그려지고, 근원적인 비애감을 나타낸다.

25) 부엌, 수도(싱크대)

이것은 대부분의 경우 어머니의 역할행동의 묘사와 함께 그려진다. 말할 것도 없이 섭식욕구의 충족이라고 할 수 있는 가정의 일차적인 기능과 관련되는 것이다. 피험자가 음식물을 먹는 것에 강한 관심이 있는 경우와 그 같은 욕구가 안정적으로 만족되지 않는 경우 혹은 만족되지 않을지도 모른다는 불안감을 안고 있는 경우 등에 음식물과 식기, 부엌일 하는 행위와 함께 그려지는 일이 많다.

26) 부엌칼

칼 종류의 항을 참조 바람.

27) 부채

부채는 거의 정신장애군의 남자에게 보여 지는 경우가 많고, 극히 드문 것이다. 이것은 한 사람의 인간이 사용하는 것에 관계하는 것이고, 차가운 것이지만 묘화자가 자아기능장애를 가지고 있는 것과 관련되는 것인지 더욱 검토를 해야 할 것 중의 하나이다.

28) 불

불은 두 가지로 해석될 수 있다. 우선 화로, 난로, 스토브 같은 난방기구의 경우와 같이 따뜻함이나 애정에의 욕구라고 생각된다. 또 하나는, 전자와 반대의 경우로 만족되지 않는 애정 욕구에의 심한 증오나 분노의 상징이 된다.

번스와 코프먼도 지적한 것처럼 전자의 긍정적인 의미에는 난방기구와 조명기구에 시사되는 것보다도 불은 훨씬 강한 요구를 의미한다. 또, 후자의 부정적인 의미에 있어서는 파괴적, 파멸적인 공격, 충동 그것을 표현하는 것이고 가학증과 피 가학증의 맥락에서 해석되는 성질의 것이다(Burns & Kaufman, 1972).

29) 비

비와 같이 바다, 호수, 강 때로는 수돗물을 포함해서 일반적으로 물은 억울한 경향과 관련된다. 종종 청년기의 피험자에 의해서 그려지며, 그들의 발달단계 특유의 억울한 기분을 상징하고 있다고 생각할 수 있다.

30) 빗자루, 먼지떨이

종종 청소를 하는 어머니상에 동반해서 그려진다. 이들은 팔의 연장이 되고, 그 인물의 지배 범위를 확장하는 것이다. 따라서 지배 통제하는 역할을 담당하고 있는 인물을 상징하는 것이고, 때로는 공격과 거부의 감정을 의미하는 것이 된다. 또 동시에 빗자루와 먼지떨이는 가옥이나 가구와의 관계를 시사하는 것이기 때문에 가족 관계의 본질보다도 오히려 가정생활의 외면이나 체제에 대한 강한 관심을 의미하는 경우도 있다(가옥, 가구의 항을 참조).

31) 서적

이것은 명백히 지적욕구와 관련된다. 그 의미는 음식물과는 반대로 이차적인 사회적 욕구에 관계된 것이고, 어린이의 자기표현의 욕구로서 단서를 얻은 것이다. 그러나 그것이 교과서인지 만화책인지에 의해서 의미가 달라진다. 전자는 가족으로 부터의 기대와 강요되는 모습이기도 하고, 후자는 퇴행기분과의 관련 등이 검토되어야 한다. 또 서적은 합리화와 관계된다.

32) 세탁물

이것은 세탁을 하는 어머니상과 함께 묘사되는 일이 많다. 따라서 그림속의 세탁물과 세탁을 하는 인물(어머니)상과의 위치관계와 비율 등은 상대적으로 검토될 필요가 있다. 일반적으로 아름다움을 좋아하는 어머니라든가 가족생활에 있어서 물적 관계에 중점을 주는 어머니 등 당위적 태도와 관련하는 것 같다. 또 때로는 다시 시작함이나 재생의 테마를 상징하는 일도 있다.

33) 솔(붓)

페인트칠의 행위를 하는 사람(대부분은 아버지)과 함께 그려지는 것이 많다.

번스와 코프먼은 '손의 연장인 것이 많고, 더욱이 벌을 가하는 인물상에 관계하고 있다'라고 한다(Burns & Kaufman, 1972).

한편 페인트칠은 집에 대한 보수, 재생을 위한 행위이다. 그 의미는 가정에 관계하고, 가족관계의 조정을 시도하기 시작한 사람(대부분 아버지)의 모습이다. 확실히 '친숙함의 복귀(Pincus & Dare, 1978)'를 시사하고 있는 경우가 많다고 생각된다.

34) 스토브

전기, 가스, 석유 등에 의한 온방기구는 사용 목적 그 자체가 가족관계의 따스함을 의미하는 것이다.

35) 식기, 찻잔

식기와 찻잔은 음식물의 항에서 서술한 것과 거의 같다고 생각해도 좋다. 즉 일반적으로 가정의 어린이에 대한 섭식욕구의 충족을 의미하는 것이기 때문에 이것을 묘사해야만 한다는 그 기제가 문제시 된다. 그 표현 율은 보통군보다 임상군의 경우가 훨씬 높다. 그러나 가족 전체의 식사장면과 도움 등의 행위와 동반해서 묘사되는 경우에는 긍정적인 의미를 가지고 가정생활 등의 평안 등을 나타내는 것이 된다.

36) 식탁

식탁은 여러 사람들이 동시에 공유할 수 있는 것이고, 대화와 담소로 연결되어가는 사물이다. 화로, TV등과 같은 의미가 있고 가족의 연대감을 표현하는 경우가 많다. 혼자서 사용하는 것에 관계하는 책상과 의자와는 반대의 의미를 가지고 있다.

37) 신문

K-F-D에서 신문을 읽는 모습을 하고 있는 사람은 아버지이다. TV가 전해주는 것과 신문이 전해주는 것과의 차이는 그들이 받아들이는 쪽이 '본다.'는 것과 '읽는다.'에 있다. 노력을 동반하는 것에 의해 외계 정보를 가정 내에 받아들이는 것이 가능해지는 것이다.

신문은 사회의 정보원이라고 할 수 있어, 그것을 읽는 사람의 사회에의 관심을 의미 한다. 더욱이 신문을 읽는 사람은 가족 내에 있어서 사회적 책무의 대표적 수행자인 것도 의미하는 것 같다. 그리고 신문이 상대적으로 읽는 사람을 숨기려고 크게 그려지는 때에는 포위의 양식이 되고, 그 인물에 대한 불안감과 거부감을 투영하는 것이 되기도 한다.

38) 쓰레기

먼지, 티끌 등의 폐기물이다. 쓰레기를 버리는 것은 가족의 존재에 있어서 바라지 않는 '더러운'부분을 버리는 것과 같다(Burns & Kaufman, 1972).

그 존재를 수용하기 어려운, 새로 태어난 갓난아기에게 행해진 공격적 감정 같은 것이다. 따라서 그림에서 누가 쓰레기를 버리려 하고 있는 것인가, 쓰레기와 새로운 갓난아기가 어떠한 위치에 그려져 있는 것인가 등과 같은 관점에서 역동적 해석이 중요하다.

39) 앞치마

어머니나 다른 여성 가족성원의 옷의 일부로써 나타내어지고, 가정 내에 있어서 여성적 과업의 수행을 나타낼 때 그려지는 일이 많다. 따라서 어머니에 대한 역할 기대를 의미하는 것이다. 안정감, 때로는 생존의 보장을 의미하는 뜻도 있다. 반면, 옷에 의한 포위라는 의미를 나타내기도 한다. 해당인물이 등 쪽으로 그려진 때에는 종종 앞치마 끈은 사선으로 묶기, 즉 X자형이 되고, 그 인물에의 부정적인 감정을 의미하는 것이 된다.

40) 양동이, 세면기

이것은 당연히 물의 주제와 관련된다. 즉 억울한 감정이지만, 동시에 수동의 뉘앙스를 수반하고 있다.

41) 연(풍선, 애드벌룬)

좋아하지 않는 가족사항에서의 이탈, 도피를 의미한다. 자동차와 침구 그리고 그네 등에 의해 둘러싸인 인물상(결국 포위의 양식)이 현실 상황의 일부에 가두어지는 모습에 반해서 연이나 풍선은 그 자체가 공중에 떠있는 것이다. 따라서 전자만큼 현실성을 갖지 않고 공상화 된 자유에의 희망을 의미한다고 볼 수 있다.

42) 연필

연필은 어린이에게 있어서 가장 친근하고 친숙함이 있는 자기표현을 위한 용구의 하나이다. 그런 의미로 동적 가족화중에 많이 발견되는 것 중의 하나이기도 하다. 따라서 피험자가 당면한 문제나 묘화 속에서 연필이 무엇을 위해 이용되어지고 있는 것인가 하는 관점에서 해석되어야 하는 것이다. 예를 들면 학업우수아와 부진아 혹은 비행아가 각각 무엇을 위해 연필을 이용하고 있는 것인가? 그것은 '무엇인가의 행위를 하고 있는 인물' 그림 속에서 어느 정도의 의미를 가지고 있는 것인가이다. 일반적으로 연필을 사용하고 있는 행위(필기, 묘화 등)는 자기방어와 합리화의 기제와 관련하는 경우가 많다.

43) 열과 빛

태양, 전등, 난로 등 열과 빛이 주제로 그려지는 것은 밝음. 따뜻함. 애정, 희망 등의 긍정적인 감정과 관련하고 있다.

44) 완구

장난감의 종류이다. 어떤 의미에서는 상당히 지적인 작업으로 받아들여지는 장난감은 피험자의 퇴행 기분과 관련되는 것 같다. 저자의 수량적 연구에 있어서는 적응아동(보통군)에게는 보여 지지 않고, 부적응 아동 중 정동장애 군에게서 많이 보인다.

45) 음식

일반적으로 어린아이와의 접촉도가 높은 K-F-D에 있어서 어머니의 대표적인 행위는 부엌일과 요리이다. 그 행위의 결과로서 음식물이 묘사되는 경우가 적지 않다. 소위 일차적인 생리욕구의 충족에 관계하는 사물의 묘사는 그 욕구충족을 항상 가정에서 구하고 있는 것이다. 혹은 그 같은 가정의 당연한 기능을 K-F-D에 투영하지 않으면 안 될 정도로 그 충족패턴이 불안정성이 있다는 두 경우가 예측된다. 또 이것이 이차적인 사회적 욕구에 관계하는 것은 아니라고 하는 의미이고, 피험자의 퇴행 기분과의 관련성도 지적할 수 있다.

46) 의자

의자는 책상과 함께 이용되는 것으로서 함께 그려지는 일이 많다. 이들은 어느 것이나 개인적 사용에 관계하는 것이고, 다른 가족성원과 서로 관계를 단절함을 의미한다. 의자는 그 크기나 등받이 부분, 팔걸이 부분에 의해서 교묘하게 사용자들을 둘러싸 버린다. 또 등받이 부분이 그려진 경우, 인물상은 후두 부분만이 보인다. 전자는 포위의 양식이고, 고립이나 소외감을 표시하며, 후자는 해당 인물에 대한 거부감을 표시하고 있다.

47) 자동차

자동차는 심리적, 물리적 격리를 의미한다. 종종 승차하고 있는 사람은 포위양식이고, 다른 가족성원과의 격리를 표현하는 것이 된다. 그 사람에 있어서 자동차는 심리적, 물리적으로 또 다른 거주공간이고 더구나 다른 가족구성원과의 거리는 임의로 결정할 수 있는 것이다.

48) 자전거

특히 남성적인 힘을 의미하고 그와 같은 힘의 강화, 보충을 시도하기 위한 것이라고 할 수 있다. 왜냐하면, 자전거는 스스로의 힘으로 움직이고, 힘을 몇 배씩 증가시켜 행동범위를 확장하는 것이다. 일반적으로는 남아의 묘화에 많이 보여 진다.

49) 전등

밝음, 따뜻함, 애정을 의미한다. 빛이 가족 전원에 비치고 있는 경우와 그렇지 않은 경우와는 의미가 다르다. 예를 들면, 현실의 가족관계의 따뜻함을 표현하고 있는 경우와 그리고 그 같은 따뜻한 애정을 얻을 수 없고, 그것을 바라고 있는 경우 등이 있다.

50) 전선

전기와 번개가 상징적, 도식적으로 그려지고 있는 때에는 어쩔 수 없는 강한 힘에 의한 충격이나 지배를 의미한다고 생각된다. 전선은 그 같은 힘의 통로이고, 통제하기 어려운 힘에 의해 가족이 지배, 통제되고 있다고 느끼는 피험자의 묘화에 나타난다. 때로는 구분이나 상부의 선으로써 해석되는 묘화의 양식이다.

51) 줄넘기

줄넘기의 줄은 해당 인물에 대해서 포위의 양식으로 그려지고, 뛰는 법은 그 자리에서 뛰며, 상하 방향 이외의 큰 이동을 동반하지 않는 것이 보통이다. 결국, 에너지를 주는 것이 없음을 표현하고 있는 것이고, 해당 인물의 갈등, 자기고착 등의 상황을 의미한다(그네의 항 참조).

52) 진흙, 오물

더렵혀진 것, 더러운 것, 즉 버려야 할 것이라는 부정적 감정을 표현하고 있다(화장실, 배설물의 항 참조).

53) 집

가족이나 가정이라는 기본적인 인간관계의 물리적 기반이 되며, 그 삶을 지탱하는 것은 집이다. 묘사할 필요가 없는 것이 묘사되지 않으면 안 되는 의미를 찾아내야 한다.

가족 전원이 집에 의해 포위(양식)되는 것인가, 일부의 가족성원만이 집안에 위치하는가. 상부의 선이나 하부의 선의 양식이 강조되고 있는가, 등 가족이 안고 있는 불안감이나 불안정성과 관련되는 것일 것이다.

54) 집의 보수(補修)

가정생활의 기반이 되는 집의 보수작업은 대부분 페인트칠과 같은 아버지의 행위로서 묘사 된다. 심리적인 가정에의 새로운 관계를 의미하는 것이기도 하고, 부모다운 모습을 나타낸다.

55) 책상

이것은 물론 의자와 함께 그려지는 일이 많고, 해석상 의자와 같다. 그러나 의자 보다는 포위의 양식으로써 해석되는 일이 많고, 그 외의 경우 개인적 사용을 의미하고, 그 인물의 고립, 결기 등을 나타낸다. 해당 인물상이 등을 보이고 그려지는 때에 이 경향은 더욱 강조된다. 책상은 부적응아에게는 적응아의 두 배 이상의 출현율이 보여 지고, 특히 정신 장애와 비행의 피험자에게 높게 그려지기 쉬운 것이다.

56) 청소기

청소기에 대해서 번스와 코프먼은 '힘이 세고 제어하는 능력이 있고, 빨아들이는 청소 장치의 상징이다. 청소기를 사용하고 있는 어머니는 그들의 상징이 나타내는 것과 같은 의미로 생각되어지는 일이 많다.'라고 서술하고 있다. 청소기가 그려진 경우에도 그 호스나 코드에 의해 포위와 구분(양식)이 보여 지기도 하고,

혹은 호스에 빗자루와 같은 의미를 나타내는 일이 많은 것 같다. 즉 지배적이고, 통제적이며, 때로는 거부적인 태도이다(Burns & Kaufman, 1972, 빗자루, 먼지 털이의 항 참조).

57) 침구

이것은 수면 시에 이용되는 것이기 때문에 그같이 그려진 인물에게 나타나는 거부 감정과 퇴행, 그리고 억울한 감정 등을 나타내고 있다. 갓난아기, 노인, 청년상, 그리고 청년기의 피험자가 그린 아버지상 등에 보여 진다. 번스와 코프먼은 침대의 해석에서 성적인 것과 관련지우고 있다. 침대이든 그 외의 침구의 경우이든 그것들은 해당 인물을 포위하기도 하고, 몇 줄의 선으로 구분하기도 하는 묘사가 되기 쉽지만 묘사의 전체성과 관련하여 역동적으로 해석하지 않으면 안 된다(Burns & Kaufman, 1972).

58) 침대

침구의 항을 참조 바람.

59) 카드

딱지(카드), 트럼프 종류이다. 카드놀이가 두 명 이상의 상호작용으로서 묘사되는 경우와 혼자 놀이로서 묘사되는 경우에는 물론 의미가 다르다. 전자는 그 상호작용의 의미내용이 이해되지 않으면 안 되고, 후자는 구하고 있는데도 만족스럽지 못한 인간관계가 문제된다.

60) 칼 종류

여기에서 말하는 칼 종류는 괭이, 톱, 삽, 도끼, 낫, 부엌칼, 바늘 등이다. 공격, 거부, 거세 공포 등에 관련되고, 반사회적 부적응행동을 나타내는 남자피험자의 K-F-D에 보이는 일이 많다. 가족 내에 있어서 거부적, 공격적인 인간관계를 이야기하는 것이다.

피험자가 안고 있는 파괴적, 파멸적인 감정 경향의 강도는 그려진 칼 종류의 수와 실물의 크기, 그리고 그림에 있어서 상대적 크기 등과의 관련 하에 예측될 수 있는 것이다.

61) 태양

태양은 밝음과 따스함을 의미하는 것임을 상식적으로 이해할 수 있다. 극히 보통인 유아나 아동의 그림에는 거의 정해진 듯이 그려지고 있는 것이다.

청소년 이상의 K-F-D에 태양이 보여 지는 경우에는 특별한 의미가 예측되는데 대부분의 경우 피험자의 미성숙한 감정이나 퇴행현상을 이야기하는 듯하다.

62) TV

안식이나 오락을 의미한다. 그림에서 TV를 보고 있는 사람이 한 명인가 혹은 복수의 사람인가 하는 것이 중요하다. 복수의 사람은 가족의 공통관심이나 상호작용이 시사되고 있는 셈이다. TV는 외계의 정보와 자극이 가정 내에 전파되어 오는 미디어이다. 결국 가족의 외계지향을 의미하는 것이고, 따라서 가족의 독자성이라고 하는 관점에서 본다면 반대의 모습이기도 하다. 또 TV는 소위 이차적인 사회적 욕구에 관계하는 것이기 때문에 그 같은 방향에의 관심이 결여되기도 하고, 정신적인 장애가 없는 피험자의 K-F-D에 비교적 잘 그려지는 것의 하나이다.

63) 페인트

솔(붓)의 항을 참조 바람.

64) 하수구

이것은 부엌과 수도(싱크대)를 묘사할 때 자주 나타난다. 그러나 물의 출구라고 하는 점에 있어서는 비와 물의 해석과 같이 여러 가지 형편의 억울한 경향을 시사하는 경우가 있다.

65) 화로, 난로

가정의 따스함, 또는 우호적 인간관계를 의미하고 있다.

66) 화장실, 배설물

대개 사람 눈에 보여서는 안 된다고 되어 있는 이것들이 K-F-D에 그려지는 경우는 마치 편구(片口, 1960)가 로르샤흐 검사의 성(Sex)반응에 대해서 서술하고 있는 것처럼 피험자의 여러 가지 정도의 충동 통제의 실패를 이야기하는 것일 것이다. 따라서 공격과 부정 감정의 충동적 표현으로써 어린 아동의 그림에 나타나기도 한다.

이상에서 서술한 것은 어디까지나 하나의 수단에 지나지 않는 것이다. 이들의 해석 가설은 피험자의 사적 세계를 지배하고 총괄하고 있는 심리 역동적 기제를 이해한다고 하는 항상 역동적, 유동적인 해석이어야 한다. 이 같은 유연성을 결여시킨다면 K-F-D는 말할 것도 없고, 모든 투사법 심리검사는 피험자나 임상가 모두에게 해로울 뿐이고, 의미도 없는 것으로 끝나버릴 수 있다.

06

색채에 의한 성격진단

01. 알슐러와 해트윅(Alschuler & hattwick)의 연구
02. 김재은과 임형진의 연구
03. 아사리 색채진단법
04. 아동화의 색채 분석 규준

아동화의 색채에 대한 연구는 많은 학자들에 의해 시도되었다. 대표적인 것으로는 램케(Lembke), 리이드(Read), 나폴리(Napoli), 알슐러(Alschuler), 블레이크(Blake), 해트윅(hattwick)과 같은 연구가들이 아동화에 나타난 색채를 심리학적 바탕에서 분석하고 판단하였다.

색의 연상은 그 사람의 환경, 경험, 기억 등에 지대한 영향을 받으며 나이, 성별에 따라 다소 다르다.

아래의 표에 색과 그 색으로 연상되는 것, 그 색에 대한 느낌, 그 색을 생각하면 떠오르는 일이나 경험을 기록해 본 후 주변 사람들과 나누어 보면 공통적으로 느껴지는 부분이 있다.

색	연상	느낌	생각나는 일/경험
빨 강			
주 황			
노 랑			
초 록			
파 랑			
남 색			
보 라			
갈 색			
검 정			
흰 색			

01 알슐러와 해트윅(Alschuler & hattwick)의 연구

1) 색채의 사용방법

아동의 그림 속에서, 아동의 정서 생활이나 그 표출(表出)의 강도를 특히 잘 반영하는 것이 색채이다. 그림 속에 나타나고 있는 특징적인 색채는 그 때의 아동의 강한 정서와 거의 일치한다.

충동적인 아동은 색채에 강한 흥미를 보인다. 충동적이고, 정서적인 생활에서부터 비교적 자기 통제가 잘 된 생활로 옮아감에 따라, 즉 적응행동으로 변화해감에 따라 색채에 대한 흥미가 줄어든다.

남아에 비해서 여아들이 색채에 관한 흥미가 강하고 또 오래 지속된다. 색채에 특징이 있는 아동에 비해서 형(形)에 더 많은 관심을 보이는 아동은, 자기방어를 하려는 경향이 더 강하게 나타난다는 것이다. 따라서 색채는 감정과 관계가 깊다.

(1) 따뜻한 색과 차가운 색

아동들은 따뜻한 색(溫色) 즉, 빨강, 노랑, 오렌지 등을 즐겨 사용하는 아동들과, 차가운 색(冷色) 즉 파랑, 청록, 검정, 초록 등을 즐겨 사용하는 아동들로 대별할 수가 있다.

따뜻한 색을 즐겨 쓰는 아동들은, 일반적으로 자유로운 감정적인 행동, 따뜻한 애정적인 관계나, 이 나이의 아동들에게 어울리는 자기중심적인 태도를 가진 아동들이다. 이들의 두드러진 행동을 보면, 다른 사람에 대해서는 동정적이며, 다른 사람의 애정에 기대며, 놀이에서는 협동적이며, 잘 적응하고 있다는 말로 성격을 묘사할 수가 있다.

차가운 색을 즐겨 쓰는 아동들은, 일반적으로 고도로 자기 스스로 자제하는 경향이 있으며, 지나칠 정도로 순응되어 있는 경향이 있다. 그들은 비판적이고, 자기주장이 강하거나, 또는 다른 사람에 대해서 솔직히 털어 놓지를 않는 타입이다. 이들의 두드러진 행동은, 계획을 세워서 행동하며, 지적인 일에 흥미를 가지고 있으며, 다른 사람에 대해서 공격적이며, 확고한 의지를 가지고 있음을 보여주며, 이기적이며, 혼자서 놀며, 성인에게 대해서 관심이 적으며, 또 성인에게 의지하지도 않는 성격 특징을 가지고 있는 것으로 묘사할 수가 있겠다.

(2) 빨강을 선호하는 아동

이 아동들은 대체로 따뜻한 색을 좋아하는 아동들과 비슷한 행동경향을 보인다. 비교적 자유로이 느낀 대로 표현하고 행동한다. 일방적으로 사회적 규범 같은 것은 그리 마음에 두지 않고, 연령에 어울리는 건전한 적응을 보이고 있다. 이런 아동들은 '성인이나 친구들과 사이가 좋다', '잘 협동해서 논다', '일반적으로 좋은 적응을 보인다'든가 하는 행동적 특징을 들 수가 있다.

그러나 일반적으로 언제나 빨강은 행복한 적응상태를 보여주는 것이라고 말할 수는 없다. 크레용의 사용법을 스트로크(Strokes)라고 말하는데 빨강을 써서 둥글둥글한 스트로크 그림을 그리는 경우에는, 애정이나 기분이 좋은 상태를 말하는 것이나, 수직이나 수평방향으로 직선적으로 쭉 뻗게 그린 무거운 스트로크나, 길고 폭이 넓은 스트로크로 덮는 경우나, 다른 색 위에 겹쳐서 빨강을 덧칠한 경우들의 빨강은 자기주장을 나타내는 것으로 볼 수도 있다. 결국 빨강은 애정에 관한 각종의 감정을 표현하는데 사용되어지며, 스트로크의 상태에 의해서 애정에 찬 행복한 상태에 있을 때와, 기쁨에 찬 격한 심리상태일 때에 나타나는 두 가지 비교적 상반된 경향이 있음을 주의해야 한다.

(3) 파랑을 선호하는 아동

파랑은 불안이나 공포심을 품고 있을 때 잘 나타난다. 파랑은 어떻게 쓰느냐에 따라 두 가지 그룹으로 나누어진다. 한 쪽 그룹은, 기본적으로 받아드릴 수 없는 외적 규범(즉 명령, 금지, 규칙 등)에 일단 어울리는 행동을 보이는 아동들이 있다. 이 아동들은, 파랑을 긴장된 날카로운 스트로크를 사용 하거나 아니면, 집중적인 물감의 덩어리를 사용하는 경우가 많은 데 이것을 매스(Masses)라고 표현한다. 이 경우는 '통제된 불안'을 나타내는 것이라 볼 수 있다. 또 다른 한 그룹은, 외적인 규범에 맞는 행동을 보여주며, 분명히 그들 규범을 받아드리는데 별로 어려움 같은 것이 없다는 기분을 표현한다. 성격적으로는 명랑하고 활동적이며, 적응활동을 보이는 일이 많다.

즉 파랑은 아동들이 '성인들의 규준에 맞추려고 한다', '더 크고 싶다'는 욕구를 나타내며, 노랑은 이와 반대로 '성인들의 규범에 맞추고 싶지 않다', '좀 더 어린 아이이고 싶다'라는 욕망을 나타낸다. 파랑이 노랑위에 칠해질 경우에는, 이 아동은 좀 더 컸으면 하는 욕망을 나타내며, 노랑이 파랑위에 칠해질 경우에는, 그 아동은 아직도 어린 아이이고 싶다는 욕구를 가지고 있다고 보는 것이다.

(4) 노랑을 선호하는 아동

노랑은 앞에서 말한바와 같이, 파랑과 함께 사용되어질 경우, '어린 아이이고 싶은 욕구'와 관계가 있다는 것으로 볼 수 있다 .단독적으로 사용한 경우에는, 의존적인 아동들이 많다. 정신발달이라는 관점에서 보면, 이 아동들은 다소 정신적으로 지체되어있는 듯이 보이며, 행동도 정서에 의해서 좌우되는 아이들이 많다. 비교적 노랑을 잘 쓰는 어린아이들에게는 '다른 아이들과 사이가 좋다', '인기가 있다', '평판이 좋다'는 행동 특징을 가지고 있다. 이와 같이 단독적으로 노랑이 사용되었을 때에는, 유아적 행복감에 찬 상태를 보인다고 하겠다.

(5) 초록을 선호하는 아동

이 아동들은 분명히 정서적인 표현을 하지 않는 아이들, 즉 자기 자신을 몹시 자제하는 아이들로서, 그들 행동 특징으로서는 '자기만족적인', '주의 깊은', '잘 생각해서 행동하는' 등과 같은 점을 들 수 있다.

초록은 빨강과는 반대로, 충동적이 아니며, 충동을 통제하는 타입의 아동들이 초록을 잘 사용한다. 파랑을 즐겨 쓰는 아동들과의 차이를 보면, 파랑이 자기의 욕구의 억제가 많은 편이라고 하면, 초록을 즐겨쓰는 아동들은 그런 면이 없거나 또는 의식적으로 회피하고 있음을 의미한다.

지저분한 초록색이 때로는 구성(構成)이나 그림의 일부를 더럽히기 위해서 초록을 쓰는 아이들은 가정에서 지나치게 엄격한 훈육을 받고 있는 아동들인 경우가 많다.

(6) 검정을 선호하는 아동

이런 아동들은 정서적인 행동이 결여된 아동들, 즉 자유로운 감정의 흐림이 없는 아동들이 검정을 사용하는 것을 고집하는 경향이 있다. 공포나 불안에 의해서 생겨난 자기의 억압(Repression)을 반영하는 일이 많다.

이와 같은 아동들은, 엄격한 교사나 양친, 힘이 센 다른 어린이와 같은 사람에 대한 공포나, 자기의 가정상황(즉 결손가정과 같은)이나, 자기의 신체적 결함에 대한 공포를 검정으로 표현한다. 더구나 이와 같은 공포와 싸워 이기려는 의욕을 거의 상실한 위축된 아이들인 것이다. 밖으로 보기에는 순종하고 온순하며 적응된 행동을 보이지만, 내면 생활에 있어서는 자기를 과도하게 통제하고 있다.

(7) 회색을 선호하는 아동

대인 관계가 원만치 못하며 경계심이 강하고 열등의식이 많은 아동들이다. 가정에서 억압을 당한다는 느낌을 만성적으로 갖고 있는 아동이며 지속적으로 불안감을 갖고 있다고 하겠다. 심한 질책과 제재는 자기 의사의 분명한 표현이 차단당하고 더 강한 질책을 염려하는 마음에서 그것을 회피하려는 심리가 작용하고 있기 때문인 것으로 보인다. 또한 행동에서도 분명하지 못하여 모호함이 많고 용기가 부족하여 소극적인 양상을 보인다.

(8) 주황색을 선호하는 아동

이런 아동들 중에서는 주위 환경에 잘 순응하는, 즐겁고 명랑한 기분을 가진 아이들이 많다. 그러나 자기의 강한 감정을 입 밖으로 나타내는 것을 주저하는 겁쟁이, 소심한 아동들이 주황색을 사용하는 일이 많다. 내적인 불안의 출구로서 사용되고 있다고 본다. 또 상상적인 놀이에 빠져버려서, 실제생활에서 도피하려는 아동에게도 주황색이 자주 나타난다.

(9) 고동색을 선호하는 아동

고동색을 즐겨 쓰는 어린이 중에는 너무 일찍부터 용변훈련을 받았거나, 청결 습관을 과도하게 강요하는 가정환경에서 자란 아이들이 많다.

(10) 보라색을 선호하는 아동

보라를 늘 쓰는 아동은 많지 않다. 알슐러 등이 연구의 대상으로 한 150명의 어린이 중에서, 단 3명만이 보라색을 사용하고 있음을 볼 수 있다. 그런데, 이 아동들은 모두 가정적으로 불행한 어린이였고, 친구들로부터 버림받은 아동들이었다.

(11) 흔색을 선호하는 아동

적극성을 갖고 있으며 자유롭게 자기를 나타내거나 감정 표현에 거침이 없는 아동이다. 다른 아동들과의 융화도 좋은 편이어서 대체로 인기 있는 아동이며 지적 수준이 높고 사물이나 상황 판단에 적절한 대응을 잘하는 아동이다.

(12) 색의 가짓수가 적은 아동

감정적인 적응이 부족하거나 생활 경험의 부족으로 창조성이 적다. 또한 망설임이 많고 표현의 폭이 넓지 않으며, 적극성이 떨어지는 아동이라고 할 수 있다.

(13) 필요 이상으로 덧칠을 하는 아동

열등감이 많고 자기의 감정을 감추기 위한 상징으로 나타낸다. 검정에서 보여주는 심리적 바탕과 유사한 양상을 보인다고 할 수 있으며 인정받지 못하는 것에 대한 회피 활동으로 또는 마음에 들지 않는 것을 감추려는 의식에서 나타나기도 하는 것이다.

02 김재은과 임형진의 연구

아동들이 자유화에서 사용하는 색채와 그들의 성격과의 관계를 연구한 김재은 · 임형진의 연구(1972) 결과 자유화를 1주일 간격으로 3번 그리게 해서, 그 그림에 나타난 색채 중 가장 큰 면적을 차지하고 있는 색채와 아동들의 인성 검사(퍼스낼리티 테스트) 결과를 소개하면 대략 다음과 같다.

일반적인 활동성이 높은 아동의 특징은 다음과 같다. 즉, 남아에 있어서는 파랑, 초록색, 황토색, 검정, 고동, 노랑, 주황, 빨강, 보라 등을 비교한 결과, 이들 색채 사이에 의미 있는 차이가 나타나지 않았으나, 여아에 있어서는 꽤 커다란 차이가 나타났다. 여아에 있어서는 <일반적인 활동성>이 높은 아이들은, 황토, 보라, 고동, 파랑의 색채보다는 초록색을 더 많이 쓰는 경향이 있다. 또한 보라색보다는 황토색을 좋아한다. 파랑은 일반적인 활동성이 높은 아이들이 즐겨 쓰지 않는 색으로 나타났다.

정서적 안정감이 높은 아동의 색채사용 특징은 다음과 같다. 즉, 주황색을 좋아하는 아동들보다 훨씬 정서적으로 안정되어 있으며, 기타의 색(고동, 빨강, 보라)과는 그리 큰 차이가 없다. 그런데 여자아이들의 경우는, 초록색을 좋아하는 아이보다 고동색을 좋아하는 아동들이 더 정서적으로 안정되어 있을 뿐 기타 색들 사이에는 차이가 없었다.

지배성이 높은 아동들의 색채사용을 보면, 남자의 경우, 황토색보다는 주황색을 좋아하는 아동들이 더욱 지배적이며, 기타 다른 색들 간에는 별로 차이가 없다. 여아의 경우는 보라색보다 파랑, 초록색, 고동색을 좋아하는 아이들이 더 지배적이며, 빨강 보다는 고동을, 황토보다는 초록색을 좋아하는 여아들이 더욱 지배적이다.

충동성에 있어서는 주황색에 비해 황토색을 좋아하는 남자아이들이 더욱 충동적이며, 파랑, 초록, 황토, 보라, 고동색에 비해서 빨강을 좋아하는 여자아이들이 더욱 충동적이며, 초록, 황토, 보라, 고동색보다 노랑을 더 좋아하는 여자들이 충동적이라고 할 수가 있다. 그러니까 빨강과 노랑은 다분히 여아의 경우에는 충동적인 성격을 가진 아이들이 좋아하는 색이라 할 수가 있겠다.

사려성에 있어서는 남아의 경우, 색채의 기호 간에는 번별이 불가능하며, 여아의 경우는, 빨강보다는 보라나 파랑을, 고동보다는 녹색을 좋아하는 여아들이 더 사려가 깊다고 하겠다. 그리고 다른 색채사이에는 별로 변별이 안 된다.

사회성이 높은 아이는, 파랑이나 황토보다 초록색을 좋아하는 남자아이와 파랑이나 노랑보다 오렌지를 더 좋아하는 남자아이가 더 사회성이 높으며, 여아의 경우는 파랑이나 노랑보다 빨강을 더 좋아하고, 노랑보다 파랑이나 초록색을 좋아하는 여자들이 더 사회성이 높다.

위의 결과를 종합해 보면, 보라색을 즐겨 사용하는 아이들이 성격요인 중 '활동성', '지배성', '충동성'이 약하다는 것을 알 수가 있었으며, 빨강은 많이 사용하는 것은 '사회성'이 높으며 특히 '충동성'이 높다는 것을 알 수 있다. 빨강을 적게 사용하는 것은 '사려성'이 높은 것과 깊은 관련이 있다. 노랑을 많이 사용하는 것은 충동성이 높고, 반면에, 빨강을 적게 사용하는 것은 "사회성"이 낮은 것을 의미한다.

고동을 많이 사용하는 것은 '지배성'이 높으며, 이 고동을 적게 사용하는 것은 충동성이 낮은 것을 의미한다. 오렌지색을 많이 사용하는 것은, "안전성"이 높으며, 황토를 적게 사용하는 것은 '지배성'이 낮은 것을 말한다. 또한 황토를 많이 사용하면 활동성이 높은 것을 뜻한다.

03 아사리 색채진단법

1) 심신동형설

아사리의 '무조건테스트'에 의한 묘화진단법은 매우 독창적인 착안에서 출발되었다. 아사리가 지도자가 되고 있는 일본아동화 연구회는 많은 일선 교사들이 그 회원이 되고 있다. 그런데 이들은 개별적으로나 또 공동으로 연구를 하는 회원이 많으며, 또한 많은 연구 업적을 내었다. 이들은 모두가 아사리의 분석모형에 따라 내용과 색채진단을 하고 있다.

이들은 묘화원리 이종동형(Isomorphism) 이론에 입각해서 만들어 내고 있는 것이다. 즉, 여기서 말하는 이종동형설이란 심신(心身)의 현상을 같은 모형으로 설명할 수 있다고 보는 이론이다.

이 심신동형설(心身同形設)이란 심리적 현상과 생리적 과정 사이에는 그 구조(構造)에 있어서나 형태에 있어서 공통된 점이 있고, 서로 대응하거나 병행하는 현상이 있다고 보는 입장을 말한다.

더구나 이들은 정신분석학의 원리를 집어넣어서 그림을 해석 할 때에는, 다음과 같은 가설들을 설정하고 있다. 이 가설은, 같은 연구를 하는 동지 교사들에 의해서 다년간의 임상실험의 결과 적중률이 높은 의미 내용을 그 기초로 하고 있다고 보고하고 있다.

우선 '무조건테스트'에 나타나는 색채의 심리적 의미를 아사리는 다음 <표 6-1>과 같이 설명하였다.

아사리는 색채에 의한 묘화분석에서 색채의 의미는 빨강에서 보라까지의 범위 내에서 인간의 감정이나 정서와 밀접한 관련성을 가지고 있다.

따라서 개인적인 의미가 자기 색채에 대응하는 감정에 깊게 관련되어 있어서, 색채의 의미와 감정, 이 두 가지는 결코 떨 수가 없다. 그리고 이 개인적인 의미는, 인간임으로 해서 공통된 것이다. 색채를 느끼고 가시광선(可視光線)의 범위 안에서 희노애락(喜怒哀樂)의 감정을 자리 잡게 한다. 하나의 색이 어떤 감정을 야기한다고 하는 것은, 인간의 기능으로서 만인(滿人)에게 공통적이다. 내외 환경의 자극에 의해서 감정이 만들어지기 때문에 그 감정에 결부된 색이 선택되어진다는 것은 모든 인간에게 공통된 현상이라 했다. 예를 들면, 질병으로 인해 야기되는 감정은 보라색을 택한다. 이것은 만인 공통된 현상이다.

표 6-1 | 아사리 색채언어(色彩言語)의 심리적 · 생리적 의미

	번호	색명	심리적 · 생리적 의미
색채	1	하양(White)	경계심 · 실패감
	2	검정(Black)	공포심 · 어머니의 히스테리
	3	빨강(Rad)	불만 · 비난 · 공격
	4	오렌지(Orange)	애정의 극도의 결핍
	5	노랑(Yellow)	애정요구
	6	고동(Brown)	욕구 · 식욕 · 물욕
	7	초록(Green)	허약 · 피로 · 비애
	8	파랑(Blue)	의무감 · 복종 · 순종
	9	보라(Violet)	질병상해와 그 영향
	10	분홍(Rosepink)	마음이 아프다(보라대용)
	11	회색(Gray)	불안(검정대용)
색채술어	12	검정 · 빨강	어머니의 꾸지람 · 부재(不在) · 사망
	13	검정 · 노랑	아버지의 꾸지람
	14	검정 · 고동	극도의 애정부족 · 도벽
	15	검정 · 파랑	체념 · 심술 나쁨
	16	검정 · 초록	반목 · 학대 · 계모
	17	검정 · 보라	어머니의 병적 히스테리
	18	검정 · 하양	공포심
	19	빨강 · 파랑	질투심 · 부러움
	20	빨강 · 초록	성적관심
	21	파랑 · 오렌지	불결 · 우둔
	22	파랑 · 노랑	걱정 근심
	23	보라 · 하양	부상 실패감 · 가해 죄악함
	24	보라 · 빨강	출혈 · 월경
	25	보라 · 노랑	질병 상해시의 고독감

2) 보라의 의미

아사리의 보라색 진단 예를 들어보자. 보라의 탁색(濁色)은 본인의 질병 중 이미 계속되어 오던 질병과, 가족의 질병과 관계가 있다고 했고, 인물의 복장중 세로나 가로 무늬 등에 보라가 칠해져 있으면 가족 중에 환자가 있음을 의미한다고 했다. 비(청소용)의 털 모양을 한 보라색의 가로의 스트로크는 '소아천식'임이 밝혀졌다고 한다. 여인의 상반신 그림(예컨대 선생님 그림)의 복장이 파랑색이고, 깃이 보라로 칠해진 그림이 있었다. 이 그림을 그린 아이는 '소아천식발작' 환자였다. 두 장의 그림에 공통되게 턱 밑을 보라로 칠했다. 그리고 가슴에 보라를 칠했기 때문에 진단을 의사에게 의뢰했더니 '패침윤(肺浸潤)'이었다고 한다.

3) 검정색의 의미

아사리는 학교에서 검정을 많이 사용하는 아동의 부모를 초청해서, 부모진단을 해보니, 다음과 같은 두 가지 형이 나타났다고 했다. 그 중의 하나는 자녀의 교육에 대해서 잘못된 적극성을 가진 어머니에게 대해서 아이들이 검정을 많이 사용한다는 것을 알았다. 검정을 사용한 어린이에게 물어보니, 그 날 아침이나 그 전날에 어머니에게서 심하게 꾸지람을 당한 아이들이 많았다고 한다.

검정을 계속해서 사용하는 아동은, 어머니가 일시적으로 화를 낸다거나 하는, 일시적인 현상에 그치지 않고, 성격화된 어머니의 히스테릭한 정서적 상태를 말해주는 경우가 상당히 많고, 그것 때문에 가정을 불유쾌한 분위기로 만드는 경우가 많았다고 한다. 온통 전 화면의 일부를 까맣게 칠하는 것은, 어머니의 히스테리에 대한 공포를 나타낸 것이기도 하다.

화면 가득히 검정을 칠하고, B2의 위치만을 공백으로 남겨놓고, 거기에 산(山) 같은 것을 그리고 있는 형(型)이 있을 때, 이 경우에는 대개 부친이 사망한 경우가 많다. 검은 색의 윤곽은 어머니의 훈육의 엄격, 검은 구름은 어머니가 화를 내지 않을까 하는 불안감을 의미한다.

4) 노랑의 의미

노랑은 그 단독적인 사용보다 검정과의 콘트라스트가 중요한 의미를 지난다. 가은 아이가 이 두 색의 대조를 계속 사용할 경우, 아버지가 사망한 아이들이 많았다고 한다. 아버지가 살아계시는 아이들일 경우에는, 아버지의 부재나 꾸지람을 나타냈다고 한다. 어른들의 경우도, 남편을 잃은 부인이 이 노랑과 검정의 콘트라스트를 잘 썼고, 검정과 황토, 검정과 고동의 콘트라스트도 가끔 나타냈다고 한다. 또 때로는 아버지의 사랑을 질투하는 경우도, 이와 같은 검정과 황토, 검정과 고동이 많이 나타났다고 한다.

5) 황토색의 의미

아사리는 황토색을 야뇨환경아(夜尿環境兒)의 특징이라 보았는데, 약 80%의 경우가 이에 적중했다고 한다. 특히 초등학교 1학년 정도가 되면 잘 나타났다고 한다.

오줌을 싸서 꾸지람을 들으면, 그날은 90%의 어린아이들이 황토를 쓴다고 한다. 이 야뇨아(夜尿兒)의 대다수는 부모에 대한 보복으로 오줌을 싼다. 특히 황토와 검정은 분명히 야뇨아(夜尿兒)들의 반응이라고 했으며, 그 이유로서는, 아마도 훈육(日本語의 しつけ)에 대한 보복일 것이라고 보았다. 이 황토가 야뇨아(夜尿兒)보다는 '아우샘'이 훨씬 더 많음을 알았다. 대체로 유아들은 동생이 새로 태어나면 이에 대한 애정의 박탈을 안달한 나머지, 여러 가지 퇴행증(退行症)의 하나로서도 하지만, 애정에 대한 질투가 대부분인 것으로 보았다. 그리고, 때로는 소변불리(小便不利)의 어린 아이들이 이 황토를 즐겨 쓰는 것을 상당 수 보았다. 즉 소변을 자주 찔끔 찔끔 보는 아이거나, 방광의 통제가 잘 안되는 아이, 그것이 때로는 보복의 기제(機制)로 나타나는 아이들에게서 볼 수가 있었다. 아사리는 황토가 나타나면 분명히 이것은 훈육과 관계가 있다고 한다.

6) 진고동 · 고동의 의미

진고동과 검정 또는 고동과 검정의 콘트라스트는 도벽(훔치는 습성이 있는 아동)을 가진 빈곤한 가정에서 자란 어린아이인 경우가 많다고 했으나, 빈곤해서가 아니라 부모가 물질 공급을 아이들이 요구하는 만큼 해주지 않을 때에도 나타나기 때문에, 빈곤으로만 진단할 수는 없다. 그러나 대체로 이 색들의 대조는 아버지의 사망 · 부재로 인한 극도의 애정 부족이 그 원인인 경우가 많다고 한다.

진고동과 고동을 아사리는 도벽환경아(盜癖環境兒)의 증거로 보고 있는 것이다. 고동계통의 색채는 교육적으로 중요한 의미를 지닌 색으로 본다. 노랑→황토→고동→진고동색으로 변화하기 때문에, 이들을 고동계통이라고 한다. 고동이란 황토와 진고동 중간에 위치하지만, 이 세 가지 색은 거의 같은 의미로, 서로 연관되어 있다. 고동이 아사리 분할법(分割法)에서 B1 및 3에 나타날 때에는, '뭔가 갖고 싶다', '물건을 훔쳤다'가 된다. B2는 공통적으로 '공복(空腹)이다'라는 것을 의미한다.

화면 중간의 고동색 밥상이나, B2 위치에 집안의 벽의 색을 고동으로 칠한 것 등은, 공복(空腹)을 호소하는 경우나, 음식을 훔쳐 먹는 아이들에게 잘 나타난다고 했다. 고등색의 복장은 극도의 애정 부족이나 물욕불만의 표시이기 때문에 빈곤색이라 했다.

7) 초록색의 의미

초록은 허약한 아이들이 즐겨 사용한다는 것이다. 그리고 또 피로한 후에 그리는 그림에 잘 나타난다고 한다. 아사리 분할법(分割法)에서 사용했을 경우에는 발의 피로, B1 및 B3에 사용되면 손의 피로, 나무의 둥치를 초록으로 그리면 피곤하기 쉬운 아이임을 나타내는 것이고, 졸음이 올 때도 초록이 잘 나타난다고 한다. 병을 앓고 난 후에는 보라색을 쓰다가 다음에는 초록으로 변한다고 한다.

이와 같이 초록은 소극적인 의미를 가지고 있으나 다른 색채와의 콘트라스트를 이루면, 매우 적극적인 의미를 갖게 된다. 즉, 빨강과 초록의 콘트라스트는 성적(性的) 관심을 표시하는 것이다. 어머니가 음식 유흥업을 하거나 어머니나 아버지가 바람을 피우는 사람일 때에는, 그림 속에 빨강·초록의 콘트라스트로 잘 나타난다는 것이다. 그러니까 도덕적으로 바람직하지 않는 직업을 가지고 있는 부모는 이런 두 색의 콘트라스트로 나타낸다는 것이다.

04 아동화의 색채 분석 규준

1) 색채의 분석

(1) 색채의 일반적 특징

색의 선택	내용
색의 가지 수가 적다.	감정적 적응도가 약하다.
불필요한 색이 많다.	가난한 집에서 자란 아동의 욕구를 효시하는 경우가 많다. 일반적으로 마음을 개방시키지 않으려는 욕구를 표현한다.
색채의 사용방법	**내용**
배색의 고려 없이 사용한다.	자기 통제력이 부족하다.
윤곽선을 강조한다.	검은 색의 윤곽은 부모의 엄격한 훈육을 말한다.
필요이상으로 몇 겹이고 덧칠을 한다.	열등감이 강한 것을 말하는데, 밑에 칠한 색은 자기감정을 숨기는 것을 말한다.
색칠이 선명하지 않다.	부모의 훈육이 불충분하고, 무의식적으로 움츠리는 경향이 있다.
부분적으로 색칠을 해서 지워 버린다.	자신감의 결핍, 열등감.
색을 문질러서 흐릿하게 한다.	그 대상물에 대한 불안을 표시한다.
선의 끝 부분에 힘이 빠져있다.	신체허약, 퇴행적 경향을 나타낸다.
선보다는 색칠에 더 치중한다.	정서적인 움직임이 강하다.

색채의 사용방법	내용
화면의 일부에 색이 엉켜있다.	말이 없고, 행동이 둔한 사람에게서 많이 보게 된다. 때로는 반항의 표시이기도 하다.
밝은 색에 어두운 색을 입히고 있다.	억압된 감정을 가지면서 희망을 잃어가고 있다.
어두운색에 밝은 색을 입히고 있다.	희망을 버리지 않고 있다.
한곳에 여러 가지 색이 몰려있다.	부모의 훈육의 불충분함을 표시한다. 때로는 훈육이 너무 엄격한 경우에도 나타난다.
화면의 둘레를 색으로 칠을 한다.	환경과의 단절상태를 표시하는 경우가 있다.
주된 상층의 색이다.	환경을 나타낸다.
주된 하층의 색이다.	내부적인 압력상태를 표시한다.
화면에 명암색 두 가지가 나타난다.	열등감의 표시이다.
여러 가지 색의 띠로 둘렀다.	소극적이고 도피하려는 경향이 있다.

(2) 색깔의 의미

색	의 미
흰색	경계심, 실패감, 지적 지체
회색	인간관계가 나쁨, 경계심이 강함, 열등감, 불안감(검은색 대용)
검정색	정서적 행동의 결핍, 때때로 개인(계부·계모 등)이나 환경(파괴된 가정이나 신체장애)에 대한 두려움을 표현, 일반적으로 감정이나 근심의 억제를 표현, 절망·우울, 어머니의 히스테리
빨간색	적개심 혹은 공격성 표현, 거세에 대한 두려움, 화면의 윗부분인 경우-열등감, 불만, 비난, 공격
주황색	동정과 우애를 구함, 수줍음을 타는 유아, 성숙하고 싶은 욕구 강함, 애정을 구하는 도피 반응을 표시, 극도로 애정 결핍
고동색	더럽히고 싶은 욕구, 유아적 경향, 방어적 반응 표시, 욕구, 식욕, 물욕
황토색	야뇨증이 80%, 형제간 애정의 경쟁, 유아적 경향(특히 장기 환자)
노랑색	유아적 경향·탐구력이나 대인관계가 부족, 강한 적의적 태도, 애정을 구하며 도피하려는 경향, 애정요구
녹색	자제·자신감·조심성 등의 결핍, 대소변과 음식 먹기에 어려움, 허약·피로·비애·무기력, 감정 불안·부모교육 불일치 등 환경적 문제, 신경피로
파란색	불안 조절, 자기 향상 욕구, 특히 부모 요구 수준이 높을 때, 사용·의존적 경향을 취하는 수가 있음, 의무감·복종·순종, 부모의 높은 요구 수준을 압력으로 느낌
보라색	거부적 불행한 아이·우울(Alschuler), 힘을 나타내고 싶은 욕구, 신체장애수반, 질병·상해, 환경적응 불량
분홍색	마음이 아픔, 몸에 열이 있음, 열등감(보라색 대용)

(3) 색채의 조합

색	의 미
검은색과 흰색	공포심
검은색과 빨간색	양친 사이에 심적 거리가 있을 때는 성적 호기심이 강한 태도, 어머니의 꾸지람・부재・사망・교사
검은색과 고동색	극도의 애정 결핍・도벽
검은색과 노란색	아버지의 꾸지람・부재・사망・교사
검은색과 녹색	반목・학대・계모
검은색과 파란색	인간관계 조화감이 낮고 반면 강한 반항심 가짐, 체념・심술
검은색과 보라색	어머니의 병적 히스테리
검은색과 다른 색	애정욕구・환경에 대한 불만 표시
고동색과 다른 색	부모 훈육 방법에 문제가 많음
노란색과 빨간색	적개심, 불안감, 부모의 히스테리에 번민・애정, 불만 상태 표시
노란색과 주황색	승인 받고 싶은 욕구
노란색과 파란색	유아적으로 남으려는 욕구(노랑색)와 성장하려는 욕구, (파란색)와의 갈등, 걱정, 근심
녹색과 빨간색	열등감 강함, 어머니에 대한 불만 표시, 성적 갈등 및 관심
녹색과 주황색	부모 요구 수준이 높음
녹색과 파란색	파란색을 더 강조하면 강한 기본 욕구를 승화시켜 표현, 녹색을 더 강조하면 강한 기본 욕구 승화의 결핍, 혹은 의식적 회피
녹색과 고동색	대소변 문제
파란색과 빨간색	인간관계 조절감 나쁨, 질투와 선망, 공격과 억제 사이의 갈등
파란색과 주황색	불결・우둔
파란색과 고동색	깨끗이 하려는 욕구(파란색)와 더럽히려는 욕구(고동색)와의 갈등, 대소변가리기에 문제가 있음
보라색과 흰색	부상・실패감, 가해적 죄의식
보라색과 빨간색	출혈・월경
보라색과 노란색	질병・상해 시의 고독감
보라색과 다른 색	부모간의 문제 포함, 때로는 신체장애 표시

07 대상별 미술치료

01 ADHD 아동미술치료

1) ADHD 아동 미술치료의 정의

ADHD는 충동적 행동, 무절제, 과다행동이 나타나면서 소근육 협응이 안되고 학습 장애를 보이면서 정서적으로 불안정한 모습을 보인다. 집중시간이 짧아 한 가지 일에 몰두하지 못하고 가벼운 자극에도 쉽게 산만해지는 특성을 가지고 있다. 이러한 아동을 대상으로 한 미술치료의 효과는 생활부적응으로 인한 세계와의 단절 회복에 도움이 되고 주의력과 과잉행동이 교정되며 내면의 욕구 불만을 해소함으로써 충동성이 억제된다. 상당한 단계를 거치면서 사건과 사물에 대한 개념이 확실해지고 대뇌가 조직적이고 체계적으로 인식하게 된다.

2) ADHD 아동 미술치료의 내용

ADHD의 특성상 미술치료 활동은 일관성 있게 계획하고 자유로운 형태의 미술 활동을 제공하는 것이 좋으며 최대한 아이가 만족할 수 있는 모든 작업을 선택하도록 하고, 한 번에 한 가지씩 끝낼 수 있는 단순한 과제를 제시해야 한다.

만일 활동 중 과잉 행동을 하는 경우 일단 아동이 활동할 수 있는 과제를 제시하고 손으로 만질 수 있는 재료로 관심을 유도하는 것이 좋고 치료사와 눈을 맞추며 활동할 수 있는 자리에 배치한다. 또한 정도가 심한 경우 계속 활동할 것인지, 지정된 장소에서 기다린 후 할 것인지 선택하도록 한다. 치료사와 아동과의 규칙이 적힌 종이를 만들어 붙여두는 것도 좋은 방법이다.

① 눈 가리고 그림 그리기

② 검은 바탕, 흰 그림

③ 내 마음의 쓰레기 받아줄래

④ 벚꽃 나무
⑤ 피자 만들기
⑥ 여러 사람이 보는 나의 모습
⑦ 화낼 때와 웃을 때
⑧ 나쁜 모습, 착한 모습
⑨ 내손이 한일과 할 일
⑩ 가족 종이 인형 그리기

02 노인 미술치료

1) 노인미술치료의 정의

노인미술치료는 비언어적, 시각적 표현을 통하여 노인들이 심리적, 신체적, 정서적, 심리사회적 갈등 및 병에 대한 문제들을 극복하는 것을 돕는다.

노인을 위한 미술치료는 병을 앓고 있는 노인뿐만 아니라, 노년에 들면서 동작의 어려움, 감각능력의 쇠퇴, 외로움과 소외감 등을 겪는 노인들에게도 이러한 상태를 조금이라도 경감시켜 줄 수 있어야 한다.

2) 노인미술치료의 내용

노인미술치료의 주제는 일반적으로 삶을 회상하는 주제, 노인들에게 중요했던 사건이나 경험, 삶을 마감하기 위한 준비, 정체성 체험, 죽음에 대한 불안, 상실감, 희망, 소원, 과거-현재-미래, 삶에 대한 긍정적 인식, 영적-종교적 체험의 표현과 창조성의 장려 등이 있다.

노인미술치료 기법은 주제와 목표, 노인 내담자가 앓고 있는 병에 따라 달라질 수 있다. 노인미술치료 기법은 주로 노인들의 감각과 근육운동을 활성화시키며, 자신들의 삶을 회상하며 정리하는데 도움이 되는 것을 선택한다.

① 감각기능 활성화 기법(풀죽으로 그리기, 꽃잎 장식, 스펀지로 색 흔적 남기기, 칫솔 그림, 점토 기법, 굴리기, 찢기, 찍기, 붙이기, 자르기, 데칼코마니 등)
② 이완 기법(수채화, 젖은 종이에 물감 찍기와 그리기, 음악 들으며 그리기)
③ 만다라 그리기와 만들기 기법
④ 콜라주 기법(찢기 및 자르기, 붙이기)
⑤ 모자이크 기법(천, 한지, 색종이 이용)
⑥ 모빌 만들기
⑦ 가면 만들기와 가면극
⑧ 자연물 활용기법
⑨ 상상여행, 동화나 이야기 그리기
⑩ 다른 예술과 통합작업
⑪ 둘이서 함께 하는 그림과 입체작업
⑫ 소집단으로 그리기 기법
⑬ 공동화 및 공동작업
⑭ 짚/한지 꼬기 기법
⑮ 스티로폼 자르기, 붙이기, 구성하기 기법

03 가족 미술치료

1) 가족미술치료의 정의

가족미술치료는 1960년대 이후 가족관계의 중요성이 부각되면서 가족 전체를 대상으로 하는 역동적 상담기법으로 고안되었다. 가족을 하나의 단위로 보며, 상호작용하는 과정을 통하여 진단하고 치료의 과정을 이끈다. 이러한 치료적인 개념은 가족치료에 필요한 긍정적 전이를 촉진시키고 개방된 태도를 가지게 하며 직관력을 키워주고 새로운 방법과 기술을 채택하는 경향이 있어 효율적이다.

가족미술치료는 가족의 염려와 문제를 돌아보면서 가족사 내의 개인의 역사를 다루는 것으로서 이에 대한 접근방법은 개인력 조사를 위한 가족 개인별 인터뷰와 가계도를 그리는 것으로부터 시작하여, 안전한 울타리로서 치료환경을 조성하는 것이며, 치료자는 가족의 창의적인 참여와 가족의 관심과 상상과 감정적인 요소를 행동과 연관하여 본다.

2) 가족미술치료의 내용

가족미술치료에서는 미술활동이 진단과 치료의 수단으로 사용되기 때문에 미술과정을 통해 치료적 개입이 시도된다. 가족미술치료의 과정에 대해 많은 학자들이 방법을 설명하지만 그중 크비아트코프스카(Kwiatkowska)의 가족미술치료 개입방법을 살펴보면 다음과 같다.

처음 가족을 만났을 때에는 분위기를 온화하게 하기 위해 주제가 없는 자유화를 그리고 이에 대한 설명과 토론을 하며 이를 통해 가족의 역할과 위치, 무의식적인 행동을 드러나게 한다. 다음에는 가족을 주제로 한 가족화를 그려 가족관계와 역할에 대한 인식을 확실히 볼 수 있게끔 한다. 또한 신체나 얼굴이 아닌 색,

동작, 선, 형태 등의 추상적 가족화를 그려 무의식적인 감정을 표출하는 기회를 갖는다. 다음의 과제는 개인난화이다 난화는 가족들이 무의식 속에 억압된 감정을 드러내는 강력한 도구가 된다. 공동 난화 작업에서는 가족 구성원이 함께 그림을 완성한 후 난화에서 이미지를 찾아 이야기하고 마지막으로 자유화를 한 번 더 그려 처음에 그린 자유화와 비교하며 변화를 살펴본다.

① **비지시적**: 자유화(자유연상, 맘속에 떠오르는 것을 무엇이든 그리기)
② **지시적**: 동적 가족화(가족이 함께 했던 것)
③ **지시적**: 추상적 가족화(가족과 닮은 것을 그림)
④ **지시적**: 난화(낙서 안에서 3가지의 상징을 찾고 이야기 꾸미기)
⑤ **지시적**: 가족협동화(공동난화, 제한된 색채 사용)

다음으로 가족미술치료 시 관찰내용을 살펴보면 다음과 같다.

① 누가 그림을 시작했고 그 사람이 그림을 그리기 시작하게 된 과정은 어떠한가
② 누구의 어떤 명령에 의해서 가족 구성원들이 작업에 참여하게 되었나
③ 성원들 중 누구의 제안이 유용했고 어느 것이 무시되었는가
④ 각자의 역할에 참여하는 수준은 어느 정도인가
⑤ 누가 자신의 영역에 그대로 머물러 있고 누가 왔다 갔다 했는가
⑥ 누가 다른 사람의 작품위에 자신의 이미지를 그림으로써 다른 구성원들의 영역을 침범했는가
⑦ 어떤 종류의 상징적 접촉이 일어나며 누가 이런 제안을 했는가
⑧ 구성원들이 교대로 그렸는가? 팀으로 또는 동시에 작업을 했는가
⑨ 만약 작업상에 변화가 있다면 무엇이 그 변화를 유도했는가
⑩ 각각이 참여하는 위치가 중심, 끝, 구석, 전체 중 어디인가
⑪ 각자가 차지하는 영역의 범위의 정도는 어느 정도인가
⑫ 각자가 참여하는 상징적인 내용은 어떠한가
⑬ 어느 구성원이 독립적으로 기능했는가

⑭ 누가 처음 시작했는가

⑮ 누가 추종자이고 반응자인가

⑯ 정서적인 반응들이 있었는가

⑰ 가족의 작업스타일(협동적, 개인적)은 어떠한가

표 7-1 | 분리불안으로 인한 등교거부 아동의 가족미술치료 사례

	회	활동명	프로그램 활동 내용	기대효과
초기단계		사전검사	J-학교생활화(KSD), 동적가족화(KFD), 불안검사	
	1	J, 엄마	자유화(귀신, 선생님 등)	연구대상 아동의 자아상태 파악
	2	J, 엄마	J-나의 나무(과거, 현재,미래), 엄마의 동적 가족화	연구대상 아동 자신의 과거, 현재에 대한 인식과 가족관계에 대한 진단
	3	J, 아빠, 엄마	가족체계화, 결혼만족도검사	가족구성원의 특성 및 역동성 파악
중간단계	4	J, 엄마	자화상	J와 엄마의 자아인식 및 이해증진
	5	아빠, 엄마	부부상담, 자유화	부부간의 갈등 요인 파악
	6	J	환상여행	J의 내면 탐색
	7	아빠, 엄마	부부상담, K-HTP	아빠, 엄마의 성향 알아보기
	8	J, 엄마	의미 있는 순간, 연상화	J와 엄마의 내면 탐색
	9	J, 엄마	연상화, 계란화, 동굴화	J와 엄마의 소망, 욕구 탐색
	10	아빠, 엄마	부부갈등, 만다라	부부 갈등 요인이 되는 행동 패턴 알기
	11	J, 엄마	9분할통합법	가족체계 및 서로에게 느끼는 감정 구체화
종결단계	12	아빠, 엄마	아빠의 9분할 통합법	아빠가 느끼는 가족
	13	언니, J	서로에 대해 느끼는 것	자매간의 관계 패턴을 알고 상호 이해하기
	14	아빠, 엄마	부부갈등, 자유화	문제의 원인에 직면하여 변화를 준비하기
	15	아빠, 엄마	전화상담	가족 간의 유대와 사랑을 확인하기
	16	J, 엄마	미해결과제, 소망 그리기	보다 나은 변화를 위한 탐색
	17	아빠, 엄마	배려하기	서로의 욕구 표현, 배려하기
	18	J	장단점 찾기	자신감, 자아성장
	19	J	만다라	보다 나은 학교생활을 위한 정서적지지
	20	아빠, 엄마	상담 후 느낌, 결혼만족도사	변화된 모습을 발견하고 지속하기, 가족 간에 서로 수용하고 노력, 감사하기
		사후검사	J-학교생활화(KSD), 동적가족화(KFD), 불안검사	

출처: 장혜경·최외선(2006). 미술치료연구, 13(1).

04 집단미술치료

1) 집단미술치료의 정의

집단미술치료는 집단치료와 미술치료를 통합한 것으로 심리치료의 이론을 기반으로 미술을 주 매체로 사용하여 집단을 치료하는 방법을 일컫는다. 집단미술치료에서는 개인 및 집단의 문제해결 능력을 증진시키는 한편, 집단의 역동과 대인관계의 상호작용에 따른 역할을 이해하고 집단의 적응을 통해서 개인의 성장과 사회성을 증진시켜주고자 한다.

집단미술치료의 치료적 이점으로는 내담자로 하여금 분노, 적대감 등의 부정적인 감정을 미술이라는 긍정적인 방법으로 해소시킬 수 있고 주저하거나 말이 없는 내담자와 친밀감을 형성하여 긍정적인 관계형성에 도움을 준다. 특히 아동을 대상으로 한 집단미술치료에서는 미술게임이나 미술놀이를 많이 활용하는데, 미술게임과 놀이에는 규칙이 있고, 시간과 공간의 제한이 있으므로, 소재의 특성에 따라 소재의 위치와 크기를 달리하여 다양하게 활동할 수 있다. 이를 통해 경험을 간접적으로 위험 없이 대처하면서 새로운 상황에 적응 능력을 기를 수 있다.

2) 집단 미술치료의 내용

집단미술치료는 비지시적인 방법과 지시적인 방법이 있는데 이중 비지시적 방법은 구성원들이 주제와 재료를 자유롭게 선택하고 대체로 치료기간이 장기적이며 구성원의 자아능력이 신뢰가 갈 때 적용하게 된다. 반면 지시적 방법은 치료자가 주제와 재료를 제공하는 방법으로, 주로 치료기간이 단기적이거나 구성원의 자아능력이 미성숙할 때 적용한다.

① 거품 그림
② 그림 이어 그리기
③ 사인 만들기
④ 오늘의 표정
⑤ 내 마음 들여다보기
⑥ 희망 이어 그리기
⑦ 감정 책 만들기
⑧ 친구 손 본뜨기
⑨ 공동 만다라
⑩ 안녕이라 말하기
⑪ 친구 장점 바구니 만들기
⑫ 가족 색 그래프
⑬ 동물 가족

표 7-2 | 정서장애아동의 대인관계증진을 위한 집단미술치료 사례연구

단계	주제
형성기	1. 자신을 나타낼 수 있는 그림(제목 맞추기)
	2. 점토놀이
	3. 나를 광고하는 콜라주하기
표출 및 탐색기	4. 손 본뜨기
	5.얼굴그림
	6. 내가 갖고 싶은 얼굴과 버리고 싶은 얼굴(가면 만들기)
활동기 1	7. 가족동물화
	8. 그림자놀이를 통한 신체 본뜨기
	9. 색 물총 놀이
	10. 파티상 차리기
	11. 돌려 그리기
활동기 2	12. 동화책 만들기
	13. 미래도시 만들기
	14. 꽃밭 만들기
	15. 신문 만들기
종결기	16. 전시회

출처: 오종은. 경희대학교 교육대학원 석사학위논문.

05 미술치료 프로그램 계획 및 구성

1) 미술치료 프로그램 계획

미술치료를 진행하기 위해서는 여러 가지 계획이 필요하다. 미술치료의 계획은 미술치료를 효과적으로 수행하기 위한 첫 단계이며, 전체 과정에서 가장 중요한 위치를 차지한다(정여주, 2003). 효과적인 미술치료를 위해서는 세밀한 계획이 필요하며, 이에 따라 치료가 시작되지만 그 계획이 항상 원칙적으로 적용되는 것은 아니며 내담자의 상황에 따라 유동적으로 변화될 수 있다. 따라서 치료사의 경험 및 융통성 있는 태도가 요구된다.

(1) 초기 단계

❶ 치료내담자 관찰

내담자가 미술치료실에 첫발을 디딘 순간부터 보여준 행동, 표정, 대화 등을 관찰한다.

- 치료사는 내담자에 대한 정보를 상세히 파악할 수 있어야 한다.
- 내담자가 그리는 그림의 패턴을 이해하도록 한다.
- 초기 과정에는 내담자에 대한 정보를 얻기 위해 그림 진단이 실시될 수 있다.
- 초기 과정에는 치료사와 내담자간의 신뢰관계 형성이 매우 중요하다.
- 치료사와 내담자의 치료적 동맹이 이루어진다.
- 치료 상황에 대한 녹음 및 녹취 등에 대한 동의를 얻는다.
- 내담자에게 동기유발을 줄 수 있도록 다양한 시도를 한다.
- 아동의 경우 사전에 부모와의 면접이 이루어져야 한다.

❷ 치료문제 선정

면담과 심리검사를 통해 나타난 문제가 많아도 가장 중요하고 긴박한 문제를 우선순위로 찾아낸다.

- 나의 어느 부분이 변화되기를 원하는가?
- 어떻게 변화되기를 원하는가?
- 어느 부분이 변하면 더 행복해질 수 있다고 보는가?
- 어떻게 변화하면 자신이 더 좋아지리라고 보는가?

❸ 치료목표 구성

광범위하되 분명하고 구체적으로 정해야 종결평가나 과정평가를 정확히 할 수 있다.

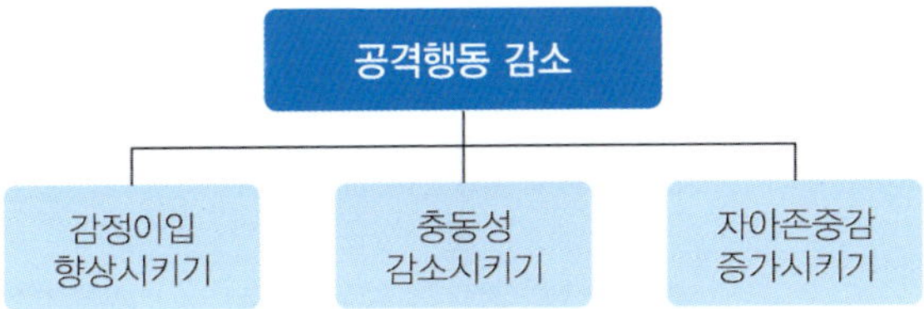

| 그림 7-1 | 상위목표와 하위목표

(2) 중기 단계

- 치료사와 내담자가 신뢰관계를 형성하여 구체적인 미술활동에 들어가는 시기로 내담자는 자신의 문제 해결에 적극적으로 노력하게 된다.
- 치료사의 변함없는 관심과 배려가 필요하고, 내담자를 전폭적으로 지지하고 이해하며 수용할 수 있어야 한다.
- 치료사의 계획보다는 내담자 스스로 주도해 나가는 경향이 많아지므로 치료사의 계획이 수정될 수 있다.

- 내담자는 자신의 한계를 수용하게 되며, 자신에 대한 인식이 확장되고 고통을 극복할 수 있는 힘이 생긴다.

(3) 후기 단계

- 치료사가 세운 목표가 이루어지는 시기로 내담자와 치료사는 종결이 다가옴을 인식하게 된다.
- 치료사는 내담자가 현실세계에 적절하게 대응하고 극복할 수 있는 능력을 키우도록 배려한다.
- 치료사는 치료종결을 내담자에게 알려주어야 한다.

2) 치료과정에 따른 미술치료 프로그램 계획

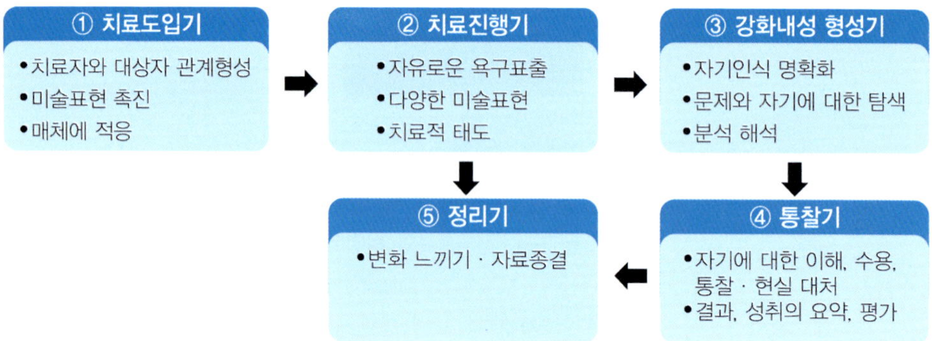

(1) 치료도입기 프로그램

① **난화 그림 그리기**

② **꿈의 활용**: "우리들은 매일 밤 꿈을 꿉니다. 자고나면 생각나지 않는 경우도 있지만 우리들은 매일 밤 꿈을 꿉니다. 떠오르는 꿈을 표현해보세요."

③ **색칠하기**: 여러 개의 원이 그려진 도화지를 제공해주고 칠하고 싶은 색을 칠하게 한다.

④ **스프레이 색 물총 쏘기**: 모조지 전지를 벽에다 붙이고 그 벽을 향해 색 물총을 발사한다.

⑤ **만일 내가 ~라면**: "내가 만일 돌이라면 어디에 있는 돌일까?", "무슨 생각을 할까? 무엇을 기다릴까?"

⑥ **테두리법**: 내담자에게 도화지를 제시하면서 내담자가 보고 있을 때 용지에 테두리를 그어서 건네주는 방법이다(풍경 구성법, 난화 상호 이야기법).

⑦ **그림 완성하기**: 치료사가 종이에 잡지에서 오린 얼굴사진이나 사람의 눈만을 붙여주어 그림을 완성하게 하는 방법이다.

⑧ **자신 표현하기**: 개인치료나 집단치료 시에 "나는 누구인가?"를 알리고자 할 때 자신을 표현토록 하기 위해서 콜라주로 자신을 표현하게 한다.

⑨ **이름 꾸미기**: 자신의 이름을 예쁘고 자유롭게 꾸민 후 설명하도록 한다.

⑩ 그 외 HTP, K-HTP, 난화 상호 이야기법, 학교화, 가족화, 동적 가족화.

(2) 치료진행기 프로그램

① **콜라주기법**: 다양하게 주제(자기감정 나타내기, 가족이나 친구에게 말하고 싶은 것, 선물로 주고받고 싶은 것, 타인에 대한 느낌 표현하기) 등으로 접근이 가능하다.

② **가족체계진단법**.

③ **내 인생의 중요한 세 사람**: 조용히 눈을 감고 자신에게 긍정적인 영향을 준 사람과 힘들게 한 사람을 머릿속에 글 본 후 그중 세 사람만 떠올려 그 사람에 대한 이미지를 그림으로 표현한다.

④ **9분할 통합 회화법**: 3×3으로 분할한 화면에 떠오르는 이미지나 단어들을 써 보게 한다.

⑤ **계란화**: 타원이 그려진 용지를 제시한 후 계란에서 지금 뭔가 태어나려고 하는 것을 그리도록 한다.

⑥ **동굴화**: 동굴 입구인데 만일 당신이 동굴 안에 살고 있다면 이 바깥 세계에는 어떤 세계가 보이면 좋을지 그려보도록 한다.

⑦ **자화상 그리기**: 자신의 얼굴을 기억하여 그리거나 거울을 보며 그리도록 한다.

⑧ **자소상 빗기:** 점토 등으로 자신의 얼굴을 빗도록 한다. 이는 자화상보다 더 감각적이며 손과 눈의 협응, 소근육의 발달을 관찰할 수 있고 집중력과 표현력이 증대된다.

⑨ **감정 사전 만들기**: 화지를 반으로 접어 오른쪽에는 기쁨, 슬픔, 우울함 등의 감정을 선, 면, 색으로 표현하게 하고 왼쪽에는 그 감정에 대한 제목이나 발생한 일을 적는다. 뒷면에 다른 감정을 붙여 감정 책으로 만든다.

⑩ **내가 좋아하는 것과 싫어하는 것**.

⑪ **감정과 관련된 단어 표현하기**(우울, 행복, 분노, 즐거움, 슬픔, 사랑 등).

⑫ **과거, 현재, 미래 나타내기**: 과거와 현재, 미래를 콜라주 사진을 골라 나타내게 하고, 특히 5년 후 또는 10년 후의 자기의 미래를 표현케 한다.

⑬ **자기 집 평면도 그리기**: 어린 시절(가능하면 유아시절)에 자기가 살았던 집의 평면도를 그려서 가장 무서웠던 곳, 비밀 장소, 누구와 함께 살았는가 등을 설명하여 자신의 과거를 회상한다.

⑭ **조소로 표현하기**: 언어화가 결핍된 내담자에게 유용하며 과도한 언어화를 나타내는 사람들에게는 감각적 요소를 강조할 때 사용한다. 특히, 분노나 적개심의 표현, 대상관계가 부족한 내담자의 치료에 유용하다.

⑮ 그 외 만다라, 가계도 그리기, 데칼코마니, 핑거페인팅, 조소활동법, 물감 흘리기, 물감 불기, 물감 뿌리기, 모래그림, 마블링, 물감 번지기.

(3) 강화내성 형성기 프로그램

① **초기기억**: "아주 어렸을 때 일어난 것에 대해 그려보고 이야기 해 주세요." 라고 하며 세상을 지각하는 방식과 생활방식, 잘못된 신념, 사회적 상호작용 등의 단서를 제공해준다.

② **나의 장점과 단점**: 종이 한 장에 손을 본뜬 후 자신의 장점과 단점을 기록하여 자신의 모습을 살펴보도록 한다.

③ **충격을 준 사건**: "당신이 경험한 것 중 가장 충격을 준 사건은 어떤 것입니까?"라고 해 사건을 그려보고 통합할 수 있도록 한다.

④ **자서전 만들기**: 자라 온 지난날의 기억들을 슬펐던 일, 기뻤던 일, 우울하고 언짢았던 일, 몹시 괴로웠던 일, 즐겁게 놀던 것들 중 가장 잊을 수 있는 경험을 그려보도록 한다.

⑤ **나의 소원**: 세 가지 소원을 표현하도록 해 가치관, 현재의 관심, 미래에 원하는 것, 과거의 경험 등을 알 수 있다.

⑥ **신체벽화(신체 꾸미기)**: 자신의 신체를 본 뜬 다음 예쁘게 꾸며본다.

⑦ **마음의 청소**: 어떻게 살아왔는지 어떤 마음이었는지를 되돌아보고 자신이 잘못한 것을 콜라주로 표현해 보게 한다. 잘못을 하나씩 날려 보낸 후 새로운 나의 모습을 표현해 보게 한다.

⑧ **라이프 라인 만들기**.

⑨ **나만의 비옷 꾸미기**: 우산이나 비옷에 자신만의 그림을 그리도록 한 후 유성매직으로 칠을 한다. 비가 오면 어떤 생각이 드는지 물어본다.

(4) 통찰기 프로그램

① **되고 싶은 나**: 지금부터 되고 싶은 나를 꾸며 보도록 한 후 이렇게 되기 위해 해야 할 노력에 대해 이야기한다.

② **10년 후의 나의 모습**: 10년 후의 나, 20년 후의 나, 50년 후의 나에 대해 표현하도록 한 후 변화된 모습을 표현한다.

③ **최초의 기억 그리기**: 태어나서 최초로 떠오르는 기억들을 그려보도록 한다. 자신의 무의식을 투영하고 그 기억이 현재 자신에게 미치는 영향을 인식하게 한다.

④ **생의 파노라마**: 어린 시절을 회상하게 한 후 떠오르는 사건들을 시간의 흐름에 맞게 차례대로 그려보게 한다. 그것과 현재의 연관성을 찾아 자신을 인식하고 통찰하도록 한다.

⑤ **나의 가면들**: 자신의 역할에 대해 생각해 보고 자신의 역할만큼의 얼굴을 그리도록 한다. 내담자 스스로 자신의 사회적 역할에 대해 생각해 보도록 하고 현재 자신의 모습을 돌아보게 한다.

⑥ **나의 그림자**: 내담자의 부정적인 측면을 다룰 수 있도록 하는 작업으로 자신이 생각하는 부정적인 부분이나 타인에게 자주 듣던 부분을 그림자라고 칭하고 얼마나 이러한 그림자가 있는지 표현해 보게 한다.

⑦ **내 신체에 고마움 표현하기**: 각각의 신체 부위에 고마움을 표현해 본다(자신의 신체상이 부정적인 아이에게 효과적).

⑧ **항아리 속의 나**: 세 개의 항아리가 그려진 종이를 주고 중요하지 않음, 중요함, 아주 중요함을 적게 한 후 그리거나 글로 쓰게 한다.

⑨ **벽화 그리기**: 소심하고 자신감 없는 내담자에게 좋은 활동으로 벽화를 그리게 한다.

⑩ **염색하기**: 자신이 원하는 그림을 티셔츠, 신발, 가방 등에 직접 그려 넣거나 염색 종이에 도안을 그리도록 한다.

⑪ **나만의 CD 케이스 만들기**: 자신이 좋아하는 음악에 대해 이야기하고 그 음악을 구운 후 노래에 맞는 표지 디자인을 그리게 한다.

⑫ **매직 방패**: 자신의 스트레스 요인을 생각해 보고 이를 막을 수 있는 무늬와 색으로 방패를 만든다.

⑬ 그 외 석고로 손 본뜨기, 신체 본뜨기, 석고 붕대를 이용한 가면 만들기, 소망 상자 만들기.

(5) 정리기 프로그램

① **치료사와 선물 주고받기**: 아름다운 이별을 위해 치료사와 내담자가 서로 선물을 만들어 주고받는다.

② **작품파일 만들기**: 내담자에게 자신의 작품이 얼마나 변화되었고 달라졌는지를 비교해 보도록 한다.

③ **상장 만들기**: 자신에게 주는 상장을 만들어 봄으로써 자신에 대한 자부심을 키워준다.

④ **꿈나무 만들기**: 자신의 장점과 진로와 희망을 생각해 보게 한 후 도화지에 자신의 나무를 그리고 꾸민다.

⑤ **변화된 나**: 눈을 감고 전반적인 프로그램에 대해 생각해 보고 자신이 변화된 모습을 적어본다.

표 7-3 | 가정폭력피해 아동의 정서부적응 행동개선을 위한 미술치료 사례연구

단계	회기	활동명	목적	준비물
초기단계	1	오리엔테이션 자기소개	미술치료 프로그램 소개, 자기소개	프로그램에 대한 이해, 라포 형성
	2	손바닥 찍기	치료자와 대상자가 함께 물감으로 손바닥을 찍고 자신의 장점을 써보기	라포 형성, 자아존중감 증진
	3	가족 상징화	가족을 상징하는 것을 그리기	상징을 통한 가족관계 파악
	4, 5	악기 만들기	재활용품을 이용하여 악기 만들기	억압된 감정 표현, 작업에 대한 흥미유발
중간단계	6	밀가루 놀이	밀가루 반죽을 이용하여 자유로운 활동	감정이완, 상호작용에 의한 신뢰감 형성
	7	땅따먹기	전지 두 장을 붙여서 물감에 바둑알을 묻혀서 자신의 영역 표시	배려, 자기 통제 조절능력향상
	8	동물 가족화	가족구성원을 동물로 표현	가족 역동성 파악

단계	회기	활동명	목적	준비물
중간단계	9	아버지	9분할 기법을 이용하여 아빠에 대한 상징이나 감정을 표현	핵심 감정 파악
	10	구겨진 내 마음	호일을 구긴 다음 그것을 다시 펴서 유성매직을 이용하여 자신의 기분이나 감정을 그림이나 글자로 표현	감정인식 및 명료화, 감정표출
	11	화산폭발	밀가루 반죽으로 화산의 모양을 형성하고 소다와 식초를 이용하여 폭발하는 장면을 연상하도록 구성	감정표출
	12	내가 바라는 아버지상	내가 바라는 아버지의 모습을 콜라주를 통해 표현	욕구 해소, 내적 감정 표출
	13	전분놀이	전분에 물을 섞어 가라앉힌 후 자기 통제와 조절에 대한 느낌 나누기	감정표출, 자기통제 조절능력 향상
종결단계	14	소망나무	콜라주 기법을 활용하여 자신이 원하는 것이 나무에 열리도록 표현	희망을 통하여 자신을 갖고 긍정적 사고 유도
	15	주고 싶고 받고 싶은 선물	주고 싶은 신물과 받고 싶은 선물을 표현, 자신에게 필요한 것, 소중한 것들을 탐색해보고 격려와 지지	상대방을 배려하는 마음 가지기
	16	나에게 쓰는 편지	미래의 나에게 하고 싶은 말들을 편지로 쓰기	목표와 희망을 가지고 실천 의지력 심기

출처: 석효정 · 이미옥(2006). 미술치료연구, 13(3).

부록

01 미술치료 사례

사례1

벽의 세밀한 벽돌무늬는 강박적 성향을 나타내며 가족 간의 따뜻한 교류와 상호작용에 강박적으로 집착하고 있음을 볼 수 있으며 지붕의 빗금은 내적 공상을 많이 하고 있음을 보여주고 길이 입구를 향해 나있지 않음은 타인과의 관계를 즐겨하지 않는 심리상태를 보여준다.

사례2

많은 창문은 타인과 관계 맺는 것을 불안해하면서도 충족하려고 노력하고 있음을 보여며, 굴뚝은 성에 대한 관심이나 심리적 온정에 대한 관심을, 그리고 연기는 긴장감을 보여주고, 울타리는 자기방어를 나타내며, 점점 좁아지는 벽돌길은 대인관계에서 주저하고 있음을 보여주나 주위의 꽃과 나무들, 강아지는 내적인 에너지와 생동감을 가지고 있음을 보여준다.

사례3

지붕의 그물무늬 음영은 공상에 대한 과잉 통제를 보여주고 세밀한 기와무늬는 집착적인 사람임을 보여준다. 벽의 벽돌 역시 강박적 성향이 있으며 집 둘레의 울타리는 자기 방어를 하고 있음을 보여준다.

사례4

문 앞의 자신은 뒷모습을 그려 자신에 대한 부정적인 이미지를 가지고 있음을 보여주고, 긴 울타리와 나무는 자기 방어적인 심리를 나타낸다. 안쪽의 집에 측면에 있는 문은 현실 도피적이고 신중한 성향을 가지고 있음을 보여준다.

사례5

나무의 수많은 열매는 강한 의존욕구와 지속성의 결여를 보여주며, 줄기의 상흔은 내담자가 가지고 있는 마음의 상처로 어릴 적 부모님의 이혼의 시기와 일치한다.

사례6

열쇠구멍과 같은 나무는 반항기의 아동에게서 자주 보이는 것으로 성격이 경직되어 있고 강한 적대감을 가지고 있으며 폭발적으로 행동하는 사람이나 반항적인 사람일수록 그리기가 쉽다.

사례7

공중의 새는 자유에 대한 갈망을 보여주고 남근을 닮은 나무는 저학년의 초등학생에게서는 어느 정도 많이 나타나고 특별한 의미를 부여하지 않으나 연령이 높은 경우에는 부적응의 상징이다.

사례8

여성의 옆모습은 여성에 대한 적의감과 양가감정이 옆모습으로 표출된다.

사례9

적당히 큰 크기의 인물상을 그려 자아상이 바르게 형성되어 있음을 보여주고 바깥으로 뻗은 팔은 애정과 사회적 상호작용을 위해 뻗고 있음을 의미한다.

사례10
좌측하단의 그림은 우울과 내향적 성향을 보여주고 위로 뻗은 손은 아동에게서는 흔한 그림이나 성인의 경우 타인과의 접촉을 제대로 하지 못하는 내담자에게서 많이 보인다.

사례11
동적 가족화에서 작은 인물상은 위축되고 열등감, 낮은 자아 존중감을 보여주고, 주먹 쥐고 까맣게 칠한 손은 공격, 절도 등에 의한 죄책감을 표현함. 실제 아동은 도벽의 성향이 있어 상담에 의뢰되었다.

사례12
하늘에 구름이 많이 떠 있음은 불안감을 나타내며 인물이 뒷모습을 보이며 혼자 고기를 굽고 있는 모습은 도피적인 성향을 보여주고 가정과 단절되어 있는 느낌을 준다. 조각난 해는 부친의 부재나 의사소통이 부족함을 보여주고 내담자는 부모님의 이혼으로 어머니와 생활하고 있다.

사례13

동적 가족화에서 부친상을 카펫에 누워 있다는 명목으로 포위한 것은 위협적인 부친을 의도적으로 분리하거나 자신의 감정을 닫아버리는 것으로 볼 수 있다.

사례14

가족이 모두 각자의 방에 있다는 내용으로 가족을 직선을 사용하여 구분한 것은 다른 가족 구성원들로부터 자신의 감정을 철회하고 분리하려는 시도로 내성적인 아동이나 솔직한 감정 표현이 허용되지 않는 가정에서 보인다.

사례15

자신을 제일 먼저 그리고 자신은 인형을 들고 춤을 추며 아빠가 기타를 쳐서 노래를 불러주고 어머니는 요리를 하고 있고 동생은 컴퓨터를 하고 있다고 하였다. 자신과 아빠는 정면으로 긍정적인데 반해 엄마는 옆모습으로 양가적 감정을 가지고 있고 동생은 뒷모습으로 사이가 좋지 않음을 암시한다.

사례16
자신은 아빠와 함께 방에서 tv를 보고 있고 형은 자기 방에서 게임을 하고 있고 엄마는 외출중이라고 한다. 자신은 아빠와 강하게 밀착된 관계이고 형에게는 양가적 감정을 가지고 있으며 어머니는 자신의 가족 일원으로 포함시키고 싶지 않은 개인적 감정을 표현한다.

사례17
동그라미 가족화에서 엄마와 자신은 밀접한 관계로 가깝게 묘사하였으나 부친은 권위적이고 힘이 센 존재로 그려 넣었고 부친에 대해 생각나는 것으로 싸움을 적어 폭력적인 부친을 암시하고 있다.

사례18
칸을 나누어 가족을 그려 넣음을 통해 가정 내에서의 정서적 단절과 개방적 의사소통의 어려움을 보여주고 있다.

1) 사례 1

HTP 검사 보고서

이름: 김민수	나이: 18세	성별: 남	생년월일: 1991. 12.
주소:		집 전화:	
직업: 고등학생(2학년)		직장전화:	
학교:	검사일시:	검사장소:	검사자:

의뢰 사유

심리검사결과가 궁금하고 상담의 필요성을 조금 느낌

가족배경과 개인력	FAMILY TREE
• 부: 회사원 • 모: 통장 • 대체로 화목한 편이나 형과 사이가 나쁨(형의 이기심) • 피험자는 머리가 늘 아프고 피부가 예민하여 치료 중	

검사 시의 행동관찰

거부반응 없이 제시하는 것을 흥미를 갖고 잘 진행함

요약 및 검사자의 견해

피험자는 현재의 자존감은 높은 편이다. 그러나 험악한 인상을 주는 남자그림이나 나무그림에서 아주 크고 강하게 그린 것은 자신의 약한 존재를 무의식으로 나마 보상받고 싶은 욕구를 표현한 것으로 보인다. 그것은 대인관계에서 또는 학교생활에서 받은 상처를 잠재된 무의식 속에서 강하게 표출함으로써 타인에게 위험인물로 적개심을 주어 자기를 방어하고 자신을 존재하고자 함으로 사료된다.

인물상(남자상)

전체적 인상	아주 강한 인상으로 조폭의 일원으로 보인다. 이것은 약한 자신의 신체를 보상을 위한 심리적 욕구이다.

	항목	표현적 특징 및 해석
형식적 분석	1. 소요시간	7분
	2. 피검사자의 태도	흥미를 갖고 바로 그리기 시작함
	3. 순서	위에서 아래로 일반적 순서를 지킴
	4. 크기 및 위치	전체적으로 크고 한 중앙에 그림
	5. 선 종류와 필압	이마 선을 그리다 지우고 강하게 다시 그림
	6. 방향	정면
	7. 대칭성	좌우 대칭
	8. 생략과 왜곡	눈과 다리 발목이 왜곡됨, 어깨선이 넓음
	9. 세부묘사	입술 주변
	10. 투시화	배

	항목	표현의 특징	해석
내용적 분석	1. 인물	남성	자화상 또는 그가 바라는 인물
	2. 성차의 표현	근육	남자답고 싶다는 심리적 욕구
	3. 팔과 손	팔이 건장	
	4. 얼굴	크고 상처를 표시	자신이 두려움의 존재가 되기를 원함
	5. 머리	깍두기 머리	
	6. 머리카락	없음	
	7. 입	치아를 그리고 수염 강조	구강적 공격성 및 남성에 대한 부적절성
	8. 귀	크고 귀걸이 착용	타인의 말을 듣는데 민감하게 받아들임
	9. 목	없음	감정의 통제가 안 됨
	10. 코	크게 강조, 삼각형	성적 미성숙
	11. 눈썹	짙음	공격적 성향
	12. 다리와 발	다리 근육강조, 발목 약함	자율성 상실 및 불안정감
	13. 어깨	어깨 지나치게 강조	자신의 신체의 약함을 보상
	14. 의복	운동복	
	15. 손가락	주먹 쥔 모습	억압된 공격성
	16. 턱	각지고 다부짐	공상적
	17. 가슴	없음	
	18. 자세의 특징	가분수	불안정감
기타 사항		몸통이 큰 것으로 보아 현실에서 만족 못한 것을 무의식으로 나마 자신을 과시하고 싶은 욕구 강함	
그린 후의 질문		현재의 생각을 물어보니 누군가를 때리고 싶다고 함	

인물상(여자상)

전체적 인상		화려하고 S라인을 강조된 소녀의 모습이다.	
항목		표현적 특징 및 해석	
형식적 분석	1. 소요시간	12분 정도	
	2. 피검사자의 태도	남성상보다 더욱 진지하게 그림	
	3. 순서	얼굴 윤곽을 그린 후 위부터 아래로 차례로 그림	
	4. 크기 및 위치	머리가 유난히 크고 중앙에 그렸으나 하체가 약함	
	5. 선 종류와 필압	눈 모양, 허리에 강한 필압	
	6. 방향	중앙	
	7. 대칭성	대칭	
	8. 생략과 왜곡	눈동자와 귀 생략하고 다리 빈약	
	9. 세부묘사	머리카락, 눈썹, 앞머리	
	10. 투시화		
내용적 분석	항목	표현의 특징	해석
	1. 인물	웃는 모습	자화상 또는 그가 바라는 인물
	2. 성차의 표현	머리, 가슴	
	3. 팔과 손	팔 길이 부조화, 뻗은 팔	대인관계에 접촉을 원함
	4. 얼굴	지나치게 크다	
	5. 머리	머리가 크다	지적욕구가 강하거나 정신의 중요성을 무의식 중에 강조하며, 정서면에 문제가 있고 친구관계가 순조롭지 않다.
	6. 머리카락	풍성하고, 양쪽으로 늘어짐	성적관심 많다
	7. 입	여러 번 지우고 치아가 보임	유아기적 공격성 및 유아기로의 퇴행
	8. 귀	없음	다른 사람의 말에 귀 기울이지 않음
	9. 목	두껍고 튼튼함	너무 통제가 강함
	10. 코	콧날만 그림	성적 미숙
	11. 눈썹	속눈썹 상세히 표현	
	12. 다리와 발	상체에 비해 가늘고 빈약	정신적 미발달 및 불안정
	13. 어깨	좁고 구분 안 됨	신체에 대한 열등감 내포
	14. 의복	야한 원피스	
	15. 손가락	짧다	손으로 하는 것에 대한 갈등
	16. 턱	뾰족	사회적 무능력
	17. 가슴	강조	성적 관심
	18. 자세의 특징	불안정한 모습	
기타 사항		머리스타일에 신경을 많이 씀	
그린 후의 질문		몸의 건강유무 질문에서 두통과 피부 알레르기 호소	

그림의 느낌과 내용

그림의 전체적 느낌		학업에 대한 성과 및 결과에 대한 심리적으로 불안해하고 타인으로부터 인정받고 싶고 자신을 나타내려는 욕구가 강하다. 자신을 보고하기 위해 방어를 사용하고 있음		
개별 그림 분석				
집		**유무**	**표현 특징**	**상징 및 해석**
주제				
필수요소	지붕	무	지붕이 없음	학습에 대한 위축 성격
	벽	유	벽을 통해 집의 내부 투시	비판력과 현실검증능력 부적절
	문	유	지나치게 큰문	타인에게 인상적인 존재가 되고픈 욕구
	창문	유	창문의 틀 강조	구순적 성격
기타요소	굴뚝과 연기	무		
	방	유		
	울타리	유		심리적으로 보호받고 싶고, 방어하고자 하는 경향
	길	무		
	계단과 보도	무		
	기타 및 행동특성			
나무		**유무**	**표현 특징**	**상징 및 해석**
주제			이 세상에 하나밖에 없는 큰 나무	자기 확대의 욕구
필수요소	줄기	유	줄기선이 지면선처럼 연속	자의식 결핍
	가지	무		
	수관	무		
기타요소	뿌리	무		
	꽃, 열매, 잎	유	다양한 과일이 달림	여러 가지 일에 있어 성과 및 결과를 중요시하는 심리적 기저
	지면선	유		
	동물	유	새 한 마리 나무 옆에 그림	자유로움에 대한 열망
	옹이구멍	유	4개의 상흔	치유되지 않은 상처
	나무껍질			
	기타 및 행동특성		비오고 있고 전체적인 나무그림이 남근을 상징하는 것 같음	

DAP 질문지

성명	김민수	생년월일	2001년 4월 6일 (만 15세)		
검사일자	2014년 4월 17일	학년	중3	성별	남

아동이 그린 그림을 보여주면서 다음과 같은 질문을 하여 기록하십시오.

		남자	여자
1	이 사람은 지금 무엇을 하고 있니?	기분이 나빠 인상을 찌푸림	쇼핑을 막하고 나옴(가방을 그리지 못함을 후회)
2	이 사람 나이는 몇 살이니?	약 15세 정도	21살
3	이 사람은 누구니?	상상속의 인물	나이 많은 조직보스의 여친
4	이 사람은 지금 어디에서 뭘 하고 있니?	크게 싸우다가 옴	보스가 관장하는 나이트의 짱 마담
5	이 사람은 지금 무슨 생각을 하고 있니?	싸운 상대방을 혼내줄 생각	비싼 명품 사는 것
6	이 사람은 기분이 어떠니?	매우 안 좋고 정신도 오락가락함	아주 좋다. 방금 쇼핑을 하여서
7	이 사람 소원은 무엇이니?	무조건 복수에 성공하는 것	보스 급사 후 조직 관장
8	이 사람은 몸의 제일 나쁜 곳은 어디니?	어깨	무릎
9	이 사람은 제일 좋은 곳은 어디니?	배	가슴
10	이 사람은 잘 지내고 있니? 잘 못 지내고 있니?	잘 못 지냄	잘 지냄
11	이 사람은 지금 무슨 걱정을 하고 있니?	적에게 당할까봐 걱정	걱정 없음
12	이 사람은 어떤 때 화를 내니?	시비를 걸거나 쳐다보는 것	화를 못 냄(보스 때문에)
13	이 그림속의 날씨는 어떠니? 무슨 계절이니?	신선한 바람이 부는 맑은 가을	백화점에서 나와 약간 비를 맞음

House 그림 그린 후 질문지

질문사항	피검사의 답변
1. 이 집은 도심에 있는 집입니까? 교외에 있는 집입니까?	교외
2. 이 집 가까이에 다른 집이 있습니까?	아니오
3. 이 집은 당신에게서 멀리 있는 집입니까? 가까이 있는 집입니까?	멀리 있을 수도 있고 가까이 있을 수도 있다
4. 이 집에는 누가 살고 있습니까?	나 혼자와 로봇들
5. 안에서 무엇을 하고 있습니까?	요리
6. 이 집을 보면 무슨 생각이 납니까?	나만의 자유를 느낄 수 있는 생각
7. 이 집을 보면 누가 생각이 납니까?	아이어 맨
8. 이 집은 당신의 집입니까?	나의 집
9. 당신의 방은 어디 입니까?	모든 곳
10. 집은 행복합니까?	네
11. 이 그림에 첨가해서 더 그리고 싶은 것이 있습니까?	배경에 출렁이는 파도와 바위들
12. 이 집이 가장 필요로 하는 것이 무엇입니까? 왜 그렇게 생각합니까?	이집 주인인 나, 내가 없으면 집도 없으니까?
13. 이 집의 날씨는 어떻습니까? 계절은 어느 계절입니까?	가을/화창하다

Family 그림 그린 후 질문지

질문사항	피검사의 답변
1. 가족들이 무엇을 하고 있습니까?	손잡고 눈을 맞고 있다
2. 가족들은 지금 어디에 있습니까?	초원(눈 오는 날)
3. 가족들의 기분은 어떠합니까?	행복하다
4. 가장 친한 가족은 누구입니까?	엄마
5. 아빠, 엄마(부부)는 사이가 좋으니? 자주 싸우니?	좋다(자주 싸운다)

Tree 그림 그린 후 질문지

질문사항	피검사의 답변
1. 이 나무는 어떤 나무입니까? (불확실할 경우에는 상록수 혹은 낙엽수인지 질문)	세계에서 한 그루 있는 중앙나무
2. 이 나무는 어디에 있습니까?	매일 장소가 바뀐다
3. 한 그루만 있습니까? 여러 나무와 함께 있습니까?	한 그루
4. 이 그림의 날씨는 어떠합니까?	하루 종일 화창하다
5. 바람이 불고 있습니까? 바람이분다면 어떤 바람이 어느 방향으로 불고 있습니까?	나무가 적당한 바람 쪽으로 매일 찾아간다. 바람은 위에서 아래로 분다
6. 이 나무는 몇 살입니까?	3101살
7. 이 나무는 살아있나요? 말라죽었다면 언제쯤 어떻게 말라 죽었나요?	절대 안 죽는다
8. 이 나무는 강합니까? 약합니까?	엄청 강함
9. 해가 떠 있습니까? 떠 있다면 어느 쪽에 떠 있습니까?	해는 오른쪽 바다에 뜨고 있다
10. 이 나무는 누구를 생각나게 합니까?	과일들
11. 이 나무는 남자입니까? 여자입니까?	중성
12. 이 나무는 당신에게 멀리 있습니까? 가까이 있습니까?	매일 바뀐다
13. 이 나무에 필요한 것은 무엇입니까?	텔레포트
14. 이 나무는 당신보다 큽니까? 작습니까?	크다
15. (상흔 등이 있으면) 이것은 무엇입니까? 어떻게 해서 생겼습니까?	없다
16. 이 그림에서 더 첨가해서 그리고 싶은 것이 있습니까?	없다
17. (그림에서 이해하기 곤란한 부분에 대하여) 이것은 무엇이며 왜 그렸습니까?	과일은 매일 먹고 싶고 새로운 것을 생기게 하고 싶다

〈사례1〉 남자 인물화

〈사례1〉 여자 인물화

〈사례1〉 나무 그림

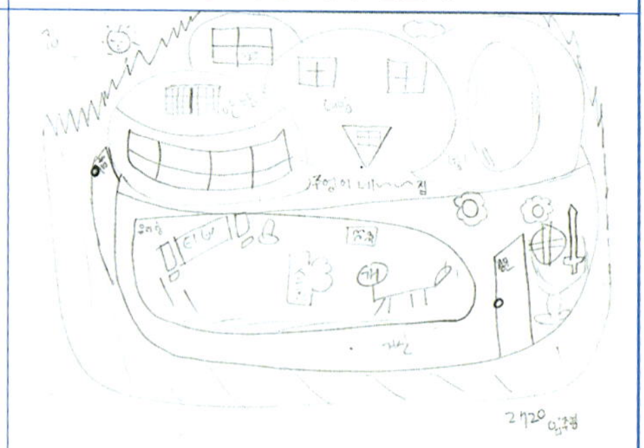

〈사례1〉 집 그림

〈사례1〉 가족 그림

〈사례1〉 풍경화 기법

2) 사례2

<table>
<tr><th>대상자</th><td>이○○</td><th>생년월일</th><td>2012. 2. 15</td><th>성별</th><td>남</td></tr>
<tr><th rowspan="5">진행
내용</th><th>날짜</th><th colspan="2">활동</th><th colspan="2">치료평가</th></tr>
<tr><td>1주</td><td colspan="2">HTP 심리검사
K-CBCL</td><td colspan="2">• HTP: 인지적 미발달, 과잉행동장애, 주의산만 경향성, 부적절한 양육태도.
• K-CBCL: 문제행동증후군(사회적 미성숙, 주의집중문제, 규칙위반, 공격행동)
• DSM척도: ADHD, 품행문제, 정서문제</td></tr>
<tr><td>2주</td><td colspan="2">활동명: 마음대로 표현하기
찰흙과 점토조각도를 가지고 "이것으로 무엇을 해볼까" 칼을 가지고 찰흙을 자르고 더 작게 자르고 뾰족한 조각칼로 찰흙에 구멍을 낸다. 손으로 주무르고 다시 자르고 다시 붙이고 다시 작게 자르고를 반복한다.
"이것은 햄이예요", "가짜 햄이에요.", 작은 햄 조각을 하나씩 넓은 찰흙에 붙이더니 날카로운 조각칼로 찰흙을 관통시켜 조각칼을 빼낸다. "햄 구워야겠다"면서 마구 찔러 구멍을 내고 작은 조각 햄들을 붙인다. "다 됐다."라고 하면서 다시 점토를 길게 만들더니 작은 점토로 눈을 붙이더니 "뱀이 똬리 튼다.", "사람이 올 때는 동글동글", "사람이 안 올 때는 길쭉길쭉" 펴면서 유아 입으로 뱀 혀처럼 날름거린다. 조각칼을 들더니 뱀과 맞서 공격을 하면서 뱀이 조각칼을 부순다. 그리고 다시 똬리를 튼다. (제목: 뱀차)</td><td colspan="2">정서적 긴장 이완
공격성 분출</td></tr>
<tr><td>3주</td><td colspan="2">활동명: 동그라미 연결하기
엄마뱀, 아기뱀, 아빠뱀을 만든다.
다시 점토로 달팽이를 만들고 난후 점토를 뭉쳐 눈사람을 만든다. 눈사람을 만든 후 다시 큰 공과 작은 공을 만든 후 작은 아기 공에게 "쭈쭈 주세요. 배가 고파요."라고 한다.
큰 공안에 작은 아기 공을 집어넣고 하나로 만들면서 "배고파요. 쭈쭈 주세요."라고 한다.
이쑤시개를 가지고 다른 공들을 찌르면서 공격한다. 작은 공들을 하나로 합치면서 "힘들어요." 라면서 점토를 더 첨가한다. "안 무너지는 공룡을 만들 거예요." (제목: 공룡싸움)</td><td colspan="2">공격성 분출
자기조절능력
집중력 향상</td></tr>
<tr><td>4주</td><td colspan="2">활동명: 동물 가족 만들기
아빠: 공룡, 엄마: 사슴, 동생: 곰, 아동: 염소, 삼촌: 얼룩말.
점토를 작은 동그라미를 만들어 "공룡이 알을 낳았어요.", 얼룩말(삼촌)과 공룡(아빠)이 서로 공격한다. 다른 곳에 가서 사자를 가져오더니 공룡(아빠)을 공격하여 쓰러뜨리더니 염소(아동)도 함께 쓰러진다. 점토로 뱀을 만들어 염소(아동)가 뱀을 뿔로 받고 뱀을 한쪽으로 치운다. 다시 뱀을 만들더니 "뱀 몸이 아파요. 잘라져서 붙여줘요." 라면서 점토를 작게 잘라 뱀 몸에 붙여 준다. 그런 후 "다 치료해 줬어요."라고 한다. (제목: 목도바뱀)</td><td colspan="2">자기조절 능력
자기표출
집중력 향상</td></tr>
</table>

	날짜	활동	치료평가
진행 내용	5주	활동명: 달팽이 만들기 아빠: 검정, 엄마: 하양, 아동: 파랑, 동생: 검정. 달팽이를 만든 다고 하니 "난 뱀을 만들 거예요. 뱀이 더 좋아요." 라고 한다. 위 선택한 클레이로 길쭉하게 밀더니 "달팽이를 만들어요." 라면서 동생(검정) 달팽이를 만든다. 그 다음 아동(파랑) 달팽이를 만들고, 엄마(하양) 달팽이를 만든다. 아빠(검정) 달팽이를 만든다. 빨강색 클레이를 꺼내어 만들더니 "아기 달팽이예요."라고 한다. 하얀색이 가장 크다면서 아빠 달팽이(하얀), 엄마(초록), 아동(파랑), 동생(빨강), 검정은 유치원 형아라고 하면서 "빨리 엄마 보여줘야지."라고 말한다. (제목: 달팽이)	자기조절능력 성취감, 집중력 향상
종결 평가	아동은 초기에 주의산만행동, 과잉행동, 정서적 문제 행동이 많은 것으로 나타났다. 2회기에서 3회기 때 점토를 가지고 자유롭게 표출할 수 있는 기회를 통해 공격성 분출을 할 수 있도록 하여 정서적 불안감을 감소시켰다. 4회기 5회기는 자기조절 능력과, 성취감, 자신감을 증진시켜 줌으로 주의가 산만하고 과잉행동장애 경향성과, 정서적 불안감을 감소시켜 긍정적으로 변화되는 것을 보여주었다.		

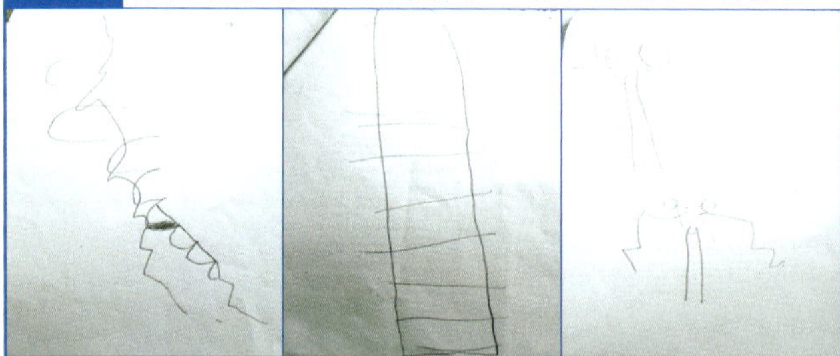

1회기 사진
(HTP)

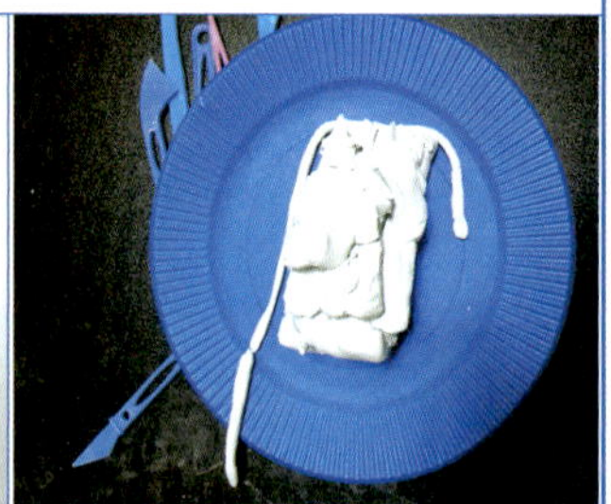

2회기 사진
(마음대로 표현하기)

3회기 사진
(동그라미 연결하기)

4회기 사진
(동물가족)

5회기
(달팽이 만들기)

3) 사례3

<table>
<tr><th>대상자</th><td>김○○</td><th>생년월일</th><td>2007. 5. 13</td><th>성별</th><td>남</td></tr>
<tr><th rowspan="4">진행
내용</th><th>날짜</th><th colspan="2">활동</th><th colspan="2">치료평가</th></tr>
<tr><td>1주</td><td colspan="2">HTP 심리검사
K-CBCL</td><td colspan="2">• HTP: 위축과 정서적 불안감, 주의산만 경향성, 자신감 결여, 부적절한 양육태도.
• K-CBCL: 문제행동증후군, 불안/우울, 사고 문제, 규칙위반, 사회적 미성숙, 주의집중문제, 공격성 문제.
• DSM척도: 정서문제, 품행문제, ADHD.</td></tr>
<tr><td>2주</td><td colspan="2">활동명: 마음대로 표현하기
찰흙을 만지더니 "잘라야지." 두 개로 찰흙을 막대로 자르더니 "벽돌 격파해야지." 라면서 손으로 찰흙을 격파한다. 한참 후 "뚫어도 되요.", "잘라도 되요." 점토를 만지면서 옆 상담소에서 엄마소리가 듣다가 "엄마는 무슨 말을 할까 아마도 내 얘기를 하는 것이겠죠." 라면서 "김밥 만들어야지."
밖에서 구급차 소리가 들리니 "무슨 소리지? 어디 가지?" 라면서 주의집중하지 못하고 다른 소리에 민감하게 관심을 갖는다.
냄비를 만든 후 다양한 재료를 넣고 "된장국"이라고 한다.
또한 찰흙으로 벽돌을 만들고 막대로 세우고 격파를 시도한다. 나무를 격파한다고 잡아달라고 한다. 아동은 계속해서 격파를 한 후 격파한 나뭇조각이 진짜 칼처럼 뾰족하다면서 나무에 찰흙을 붙여 손잡이를 만든다.
찰흙을 주먹으로 치고 계속해서 손바닥을 이용하다 일어서서 힘껏 내친다. (제목: 쟁반위에 장난감과 음식이 가득)</td><td colspan="2">정서적 긴장 이완
자기표출
공격성 표출</td></tr>
<tr><td>3주</td><td colspan="2">활동명: 동물가족 만들기
태권도 1~9단까지 시범을 보인다.
아동(강아지)을 가져오더니 찰흙으로 "따스한 난로 만들어 주고 싶어요."라고 한 후 동물을 바꿔 동생은 강아지 아동은 사자로 바꾸고 아빠는 공룡이라면서 제가 "엄마 잡아먹게 생겼네." 라면서 "제가 육식동물이잖아요."
"아빠는 목도리 해줘야지." 라면서 공룡 목에 찰흙으로 목도리를 만들어 준다. "동생도 좋겠다. 따스한 난로가 있잖아요."라고 한다. 아동(사자)이 엄마(기린)을 공격한다. 또 아동(사자)가 아빠(공룡)을 공격하더니 "내가 힘이 약하니 나도 공룡을 만들어야겠다." 라면서 찰흙으로 공룡을 만든다. 그런 후 아빠공룡을 공격한 후 "내가 아빠 공룡을 살려줬어요." 라면서 "아빠 오랜만이에요."라고 쓰다듬어 준다.
죽은 얼룩말을 공룡과 사자가 먹더니 뼈를 묻어주면서 "다시 살아나죠.", "다시 살아났으면 좋겠어요."라고 하면서 묻어준 얼룩말(할머니)을 꺼내어 "살아났어요."라고 말한다. (제목: 가족끼리 있는 사진 책)</td><td colspan="2">자기표출
공격성 분출
주의집중력 향상
자신감 향상</td></tr>
</table>

종결 평가	아동은 초기에 위축과 불안감으로 눈치를 보는 경향이 많아 보였으며 자신감이 결여 되어 실행하는 데 머뭇거리며 행동하는 경향이 있었고, 또한 주의산만으로 주의 집중하는데 어려움이 있는 것으로 나타났다. 2회기에서는 찰흙으로 자유롭게 표현화동을 통해 정서적 긴장감을 감소시키고 공격적 부분을 표출할 수 있는 기회를 통해 주의집중 시간이 길어지고 스스로 기뻐하거나 만족하는 모습을 볼 수 있었다. 3회기에서는 자신을 표출할 수 기회를 통해 정서적 불안감과 위축 부분을 이완시켜 정서적 긴장감을 감소시켰다. 또한 이를 통해 아동은 성취감과 자신감을 증진시키고 공격성 부분은 감소되고 주의집중문제는 긍정적으로 변화되는 것을 보여주었다.

1회기 사진
(HTP)

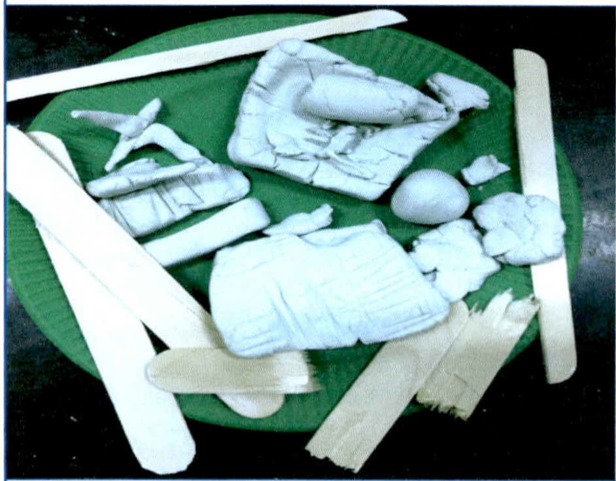

2회기 사진
(마음대로 표현하기)

3회기 사진
(동물 가족 만들기)

4) 사례4

<table>
<tr><th>대상자</th><td>조○○</td><th>생년월일</th><td>2005. 3. 12</td><th>성별</th><td>여</td></tr>
<tr><th rowspan="6">진행 내용</th><th>날짜</th><th colspan="2">활동</th><th colspan="2">치료평가</th></tr>
<tr><td>1주</td><td colspan="2">HTP 심리검사
K-CBCL</td><td colspan="2">HTP: 사회적 미성숙, 품행장애, 정서적 불안감, 주의산만 경향성, 부적절한 양육태도.
K-CBCL : 문제행동증후군, 주의집중문제, 사회적 미성숙, 규칙위반.
DSM척도: 품행문제, ADHD.</td></tr>
<tr><td rowspan="2">2주</td><td colspan="2">활동명: 난화기법
동그라미처럼 생긴 풍선이 자유롭게 하늘을 다닌다. (회호리바람-동그라미-풍선-산) (제목: 자유로운 풍선)</td><td colspan="2" rowspan="2">정서적 긴장 이완
자기표출</td></tr>
<tr><td colspan="2">활동명: 마음대로 표현하기
"초콜릿 단 것을 좋아해요." 작은 막대를 이용해 찰흙을 잘라서 초콜릿을 만든다. 만들면서 "선생님 힘들어요. 도와주세요. 너무 많아서 못하겠어요."
계속해서 의존적인 성향을 가지고 상담자한테 만들어 달라 요청한다. 함께 만든 다음 "와! 이것을 다 만들었네." 하면서 초콜릿을 접시에 담는다. 이 초콜릿을 가족과 친구들과 나눠먹는다고 한다. (제목: 음식만들기)</td></tr>
<tr><td>3주</td><td colspan="2">활동명: 돌멩이를 접목한 클레이놀이
"만들기 싫어요.", "손에 묻는 것이 싫어요."라고 처음부터 거부한다. "나와 친한 친구는 무엇을 하고 노는지 점토와 자갈을 이용해 꾸며보도록 하자."라고 하니 "선생님 도와주세요."라고 해서 "선생님이 무엇을 도와주길 원하니?"라고 물으니 뜬금없이 "방학하면 좋아요." "그럼 친구들을 못 만나잖아요.", "괜찮아요."라고 한다.
클레이로 9개의 친구를 만들고 자갈 한 개를 골라 아홉 친구의 두목이라 한다. 자갈 9개가 친구들을 깔고 앉는다. "두목은 빛을 싫어하고 어두움을 좋아하는 아이예요."라고 하면서 자갈중 하나를 골라 "나예요."라고 한다. (제목: 나쁜 짓 하지 마/학교폭력)</td><td colspan="2">자기표출
공격성 분출
집중력 향상</td></tr>
<tr><td>4주</td><td colspan="2">활동명: 달팽이 만들기
아동은 오늘 아빠가 소리 질러 짜증이 나서 핸드폰을 던졌는데 액정이 깨졌다고 한다.
아빠: 검정, 엄마: 흰색, 오빠: 초록, 아동: 빨강.
엄마(흰색) 달팽이를 만들고 더듬이를 만든 후 보라접시에 놓는다. 아동(빨강) 달팽이를 만들면서 "최대한 길게 해야겠다." 라면서 아주 길게 만들면서 "지렁이 닮았어요."라고 한다. 더듬이를 만들면서 "선생님이 해 주세요. 잘 안돼요."라고 한다. 더듬이 만드는 방법을 알려주니 스스로 해보면서 잘 만들어지지 않는 부분은 계속해서 만들어 본다.
오빠(초록) 달팽이를 만들고 더듬이를 스스로 만들면서 잘못되면 다시 만들고 만족할 때까지 만든다.</td><td colspan="2">자기조절 능력
자기표출
자신감 증진</td></tr>
</table>

<table>
<tr><th></th><th>날짜</th><th>활동</th><th>치료평가</th></tr>
<tr><td>진행 내용</td><td>4주</td><td>아빠(검정) 달팽이가 "제일 길어요. 더듬이는 선생님이 해주면 안돼요. 너무 어려워요."라고 한다. 상담자는 "그래 잘 만들려고 하니 잘 안 되는 구나. 그러나 오빠 더듬이도 몇 번 시도해서 잘 만들었잖니?"라고 용기를 주자 아동은 다시 시도하면서 "이만 하면 됐지." 라고 한다.
갈색 클레이로 막대처럼 만들더니 "오빠 미워." 하면서 때린 후 아빠도 때린다. 그런 후 갈색 클레이로 "재미있는 모기향을 만들 거예요"라면서 "다 만들었어요. 모기들이 우릴 안 잡아먹어요."라고 한다. (제목: 달팽이 가족)</td><td></td></tr>
<tr><td>종결 평가</td><td colspan="3">아동은 초기에 주의산만행동, 사회적 미성숙, 품행문제, 자신감 결여 행동으로 친구관계와 부모와의 관계성에서 부적절한 행동이 많은 것으로 나타났다. 2회기에서 3회기 때 점토를 통해 정서적 긴장감을 이완시키고 품행 문제 및 자신감 결여로 친구와, 부모와의 부정적 관계로 자신감이 결여 되어 있었지만 자기표출을 통해 공격성 및 사회적으로 미성숙한 부분을 감소시켰다. 4회기는 자기조절 능력과, 성취감, 자신감을 증진시켜 줌으로 사회적 미성숙, 과잉행동장애 경향성과, 정서적 불안감을 감소시켜 긍정적으로 변화되는 것을 보여주었다.</td></tr>
</table>

02 미술치료 상담 시 필요 서류

표 1 | 동의서 양식

<table>
<tr><td>

동의서 양식

내담자 명:

동의인 명:

주민등록번호:

주소:

연락처:

상기 본인은 동의서 내용을 충분히 이해하고 다음의 사항에 동의할 것을 약속합니다.

1. 치료사와 결정한 치료 시간을 엄수하도록 합니다.
2. 내담자의 사정으로 치료시간에 참석하지 못한 경우에는 늦어도 이틀 전에는 통보할 것을 엄수합니다.
3. 본인은 치료과정에 대한 비디오, 사진 및 녹음등을 허락합니다.
4. 본인은 미술치료시간에 그룹 혹은 개인별로 만든 미술작품을 치료사의 교육, 연구, 출판 등 학술연구 목적하에 사용할 수 있음을 허락합니다(단 내담자에 대한 개인적인 정보를 가명으로 제시할 것을 치료사(　　)로부터 약속받았습니다.)

년　　월　　일　　서명

</td></tr>
</table>

표 2 | **프로그램 계획서**

단계	회기	목표	활동내용	준비물
	사전 검사			
	1			
	2			
	3			
	4			
	5			
	6			
	7			
	8			
	9			
	10			
	11			
	12			
	13			
	14			
	15			
	사후 검사			

표 3 | 프로그램 회기 기록지

<table>
<tr><td>회기(일시)</td><td>회기 월 일</td><td>성명</td><td></td><td>연령</td><td>세</td></tr>
<tr><td>활동명</td><td colspan="5"></td></tr>
<tr><td>목표</td><td colspan="5"></td></tr>
<tr><td>준비물</td><td colspan="5"></td></tr>
<tr><td rowspan="2">치료과정</td><td>치료사의 언어
및 행동</td><td colspan="2">대상자의 언어
및 행동</td><td colspan="2">비고</td></tr>
<tr><td></td><td colspan="2"></td><td colspan="2"></td></tr>
<tr><td>대상자 특이
행동</td><td colspan="5"></td></tr>
<tr><td>치료사 평가</td><td colspan="5"></td></tr>
<tr><td>다음 회기
계획</td><td colspan="5"></td></tr>
</table>

03 심리검사지

1) 문장완성 검사지(SCT 아동용 간편용)

이름: ______ 성별: (남, 여) 연령: ___세 실시일: 20 . . . 요일 ______
학교: ______ 학년: ______ 반: ______

다음의 낱말로 시작되는 문장을 완성시켜 보세요. 반드시 자기의 생각을 솔직하게 하나도 빠뜨리지 말고 모두 써 넣으세요.

1. (P) 나는 친구들을 좋아하는데 ______
2. (F) 우리아빠는 ______
3. (S) 내가 하고 싶은 일을 하지 못하게 되면 나는 ______
4. (E) 우리 선생님은 ______
5. (S) 바보 같게도 내가 무서워하는 것은 ______
6. (E) 우리 선생님에게 화가 날 때는 ______
7. (P) 내가 가장 좋아하는 친구는 ______
8. (E) 수학은 ______
9. (E) 학교의 가장 나쁜 점은 ______
10. (S) 내가 더 행복해지려면 ______
11. (P) 친구들이 알지 못하는 나의 두려움은 ______
12. (S) 내가 가장 하고 싶은 일은 ______
13. (F) 우리 엄마는 ______
14. (E) 학교에서 내가 힘들어 하는 일은 ______
15. (F) 내가 아빠에게 바라는 것은 ______
16. (F) 나는 아빠를 좋아하지만 ______
17. (S) 내가 가장 걱정하는 것은 ______
18. (P) 친구들이 귀찮다고 생각되면 ______
19. (S) 내가 가장 슬펐을 때는 ______
20. (P) 여러 명이 함께 하는 운동은 ______

21. (P) 대부분의 친구들은 ______________________________
22. (F) 가족들이 나를 대하는 태도는 ______________________________
23. (E) 학교의 친구들은 ______________________________
24. (S) 내가 가장 잘못 했던 때는 ______________________________
25. (P) 친구들이 나를 놀리는 이유는 ______________________________
26. (E) 만일 학교에 갈 수 없게 된다면 ______________________________
27. (S) 나에게 가장 좋지 않았던 일은 ______________________________
28. (P) 나와 가장 친하게 지내는 친구는 ______________________________
29. (F) 나는 엄마를 좋아하지만 ______________________________
30. (F) 나의 형제(자매)는 ______________________________
31. (F) 내가 엄마에게 바라는 것은 ______________________________
32. (S) 내가 화가 날 때 ______________________________
33. (E) 학교 수업은 ______________________________
34. (F) 부모가 나에게 어떤 일을 시키면 ______________________________
35. (E) 중학교 (혹은 고등학교)에 갈 생각을 하면 ______________________________
36. (P) 친구랑 담배를 피우는 것은 ______________________________
37. (S) 내가 가장 잘 꾸는 꿈은 ______________________________
38. (P) 내가 없을 때 친구들은 ______________________________
39. (E) 책을 읽은 것은 ______________________________
40. (F) 내가 가족에게 바라는 것은 ______________________________

〈채점표〉

자기(S)	긍정적		중립적		부정적		무응답		부적절함	
	N	%	N	%	N	%	N	%	N	%
가족(F)										
또래(P)										
교육(E)										

2) 문장완성검사(청소년용)

이름: ________ 성별: (남, 여) 연령: ___세 실시일: 20 . . . 요일 ________
학교: ________ 학년: ________ 반: ________

아래에 제시되어 있는 문장은 완성되지 않은 상태입니다. 각 문장을 읽으면서 맨 먼저 떠오르는 생각을 뒷부분에 기록하여 문장이 완성되도록 해 주십시오. 시간제한은 없으나 될 수 있는 대로 빨리 작성해 주십시오. 만약 문장을 완성할 수 없으면 표시를 해두었다가 나중에 완성하도록 하십시오.

1. 내가 가장 좋아하는 사람은
2. 내가 백만장자라면
3. 이번 방학에 꼭하고 싶은 것은
4. 내가 신이라면
5. 내가 앞으로 하고 싶은 일은
6. 내 생애에서 가장 행복한 날은
7. 만일 내가 지금 나이보다 10살이 위라면
8. 다른 사람들은 나를
9. 내가 가장 우울할 때는
10. 내가 가장 성취감을 느낄 때는
11. 내가 가장 싫어하는 사람은
12. 나를 가장 화나게 하는 사람은
13. 담임선생님과 나는
14. 아빠와 나는
15. 엄마와 나는
16. 친구들과 나는

17. 내가 가장 두려워하는 것은
18. 내가 가장 따뜻하게 느끼는 사람은
19. 아무도 모르게 내가 원하는 것은
20. 나는 공부는
21. 내가 믿는 것은
22. 집에 혼자 있을 때, 나는
23. 우리 엄마는
24. 내가 가장 자신하는 것은
25. 다른 사람이 내게 기대를 많이 하면 나는
26. 언젠가 나는
27. 우리 아빠는
28. 우리 선생님은
29. 내가 좀 더 어렸다면
30. 요즘 나는
31. 내게 제일 걱정되는 것은
32. 나의 좋은 점은
33. 나의 나쁜 점은
34. 내가 만약 외딴 곳에 혼자 살게 된다면, 와 제일 같이 살고 싶다.
35. 현재 나의 큰 즐거움은
36. 나의 학교생활은
37. 무엇보다도 좋지 않게 생각하는 것은
38. 내 소원이 마음대로 이루어진다면 첫째 소원은 둘째 소원은 셋째 소원은

3) 문장완성검사(성인용)

이름: ________ 성별: (남, 여) 연령: ____세 실시일: 20 . . . 요일 ________

다음의 기술된 문장은 뒷부분이 빠져 있습니다. 각 문장을 읽으면서 맨 먼저 떠오르는 생각으로 뒷부분을 이어 문장이 완성되도록 하면 됩니다. 시간의 제한은 없으나 되도록 빨리 하십시오.

1. 나에게 이상한 일이 생겼을 때
2. 내 생각에 가끔 아버지는
3. 우리 윗사람들은
4. 나의 장래는
5. 어리석게도 내가 두려워하는 것은
6. 내 생각에 참다운 친구는
7. 내가 어렸을 때는
8. 남자에 대해 무엇보다도 좋지 않게 생각하는 것은
9. 내가 바라는 여인상(女人像)은
10. 남녀가 같이 있는 것을 볼 때
11. 내가 늘 원하기는
12. 다른 가정과 비교해서 우리 집안은
13. 나의 어머니는
14. 무슨 일을 해서라도 잊고 싶은 것은
15. 내가 믿고 있는 내 능력은
16. 내가 정말 행복할 수 있으려면
17. 어렸을 때 잘못했다고 느끼는 것은
18. 내가 보는 나의 앞날은
19. 대개 아버지들이란
20. 내 생각에 남자들이란
21. 다른 친구들이 모르는 나만의 두려움은
22. 내가 싫어하는 사람은

23. 결혼 생활에 대한 나의 생각은
24. 우리 가족이 나에 대해서
25. 내 생각에 여자들이란
26. 어머니와 나는
27. 내가 지지른 가장 큰 잘못은
28. 언젠가 나는
29. 내가 바라기에 아버지는
30. 나의 야망은
31. 윗사람이 오는 것을 보면 나는
32. 내가 제일 좋아하는 사람은
33. 내가 다시 젊어진다면
34. 나의 가장 큰 결점은
35. 내가 아는 대부분의 집안은
36. 완전한 남성상(男性像)은
37. 내가 성교를 했다면
38. 행운이 나를 외면했을 때
39. 대개 어머니들이란
40. 내가 잊고 싶은 두려움은
41. 나의 평생 가장 하고 싶은 일은
42. 내가 늙으면
43. 때때로 두려운 생각이 나를 휩싸일 때
44. 내가 없을 때 친구들은
45. 생생한 어린 시절의 기억은
46. 무엇보다도 좋지 않게 여기는 것은
47. 나의 성생활은
48. 내가 어렸을 때 우리 가족은
49. 나는 어머니를 좋아했지만
50. 아버지와 나는

4) 아동 정서 · 행동발달 검사(CPSQ)

이 설문은 초등학생 학부모를 대상으로 자녀의 정서, 행동을 나타내는 문항입니다. 지난 한 달 동안 관찰하신 자녀의 행동에 대해 해당란에 ∨표해주십시오.

학년: ________ 반: ______ 번: ______ 성별: (남, 여) 이름: ________

번호	문항	전혀 없음	약간 있음	상당히 있음	아주 심함
1	너무 말랐거나 혹은 너무 뚱뚱하다.	①	②	③	④
2	꼼지락거리거나 가만히 앉아있지 못한다.	①	②	③	④
3	도벽이 있거나 거짓말을 자주 한다.	①	②	③	④
4	우울한 기분으로 생활하는 일이 많다.	①	②	③	④
5	정신을 잃고 쓰러진 적이 있다.	①	②	③	④
6	성질이 급하고 참을성이 부족하다.	①	②	③	④
7	지능이 낮다.	①	②	③	④
8	무단결석 혹은 가출을 한 적이 있다.	①	②	③	④
9	매사에 의욕이 없어 보인다.	①	②	③	④
10	다른 아이들과 주먹질을 하며 싸운다.	①	②	③	④
11	술 혹은 담배로 인해 문제를 일으킨 적이 있다.	①	②	③	④
12	어른(부모 혹은 교사)에게 반항적이거나 도전적이다.	①	②	③	④
13	대소변 가리기에 문제가 있다.	①	②	③	④
14	불만이 많고 쉽게 화를 낸다.	①	②	③	④
15	양보심이 부족하다.	①	②	③	④
16	불안하거나 긴장된 표정을 보인다.	①	②	③	④
17	여기저기 자주 아프다. (예: 두통, 복통 등)	①	②	③	④
18	또래에 비해 읽기, 쓰기, 셈하기를 잘 못한다.	①	②	③	④
19	언어발달이 늦어 대화에 지장이 있다.	①	②	③	④
20	자신감이 부족하다.	①	②	③	④
21	잘 먹지 않는다.	①	②	③	④
22	컴퓨터(혹은 인터넷)를 너무 사용하여 생활에 문제가 있다.	①	②	③	④
23	집중력이 짧고 주의가 산만하다.	①	②	③	④
24	다른 아이들과 잘 어울리지 못한다.	①	②	③	④
25	신경이 날카롭고 신경질적이다.	①	②	③	④
26	틱(눈 깜박거림, 킁킁 소리내기, 어깨 으쓱거리기 등)이 있다.	①	②	③	④
27	누군가로부터 신체적 언어적 폭력을 당한 적이 있다.	①	②	③	④
28	친구들이 괴롭히거나 따돌림을 당한 적이 있다.	①	②	③	④
29	나를 괴롭히는 친구가 있다.	①	②	③	④

* 30. 이 학생에 대해 전문가와 상담을 한 적이 있습니까? (예, 아니오)
* 31. 이 학생에 대해 전문가의 상담을 원하십니까? (예, 아니오)

작성자: 학생의 ________________

아동 정서 · 행동발달 선별검사(CPSQ) 채점 및 절단점

(채점방법 ①②③④: ①=0점, ②=+1점, ③=+2점, ④=+3점)

하위척도	점수범위	문항	절단점
내재화 문제 척도	0-15	4, 9, 16, 20, 24	3
외현화 문제 척도 1) ADHD 2) ODD 3) CD	0-30 0-9 0-12 0-9	2, 3, 6, 8, 10, 12, 14, 15, 23, 25 2, 6, 23 12, 14, 15, 25 3, 8, 10	8
인지적 문제 척도	0-9	7, 18, 19	1
오남용 척도	0-6	11, 22	1
정신 신체화 문제 척도	0-18	1, 5, 13, 17, 21, 26	2
총 점			13

하위척도	점수범위	문 항	절단점
폭력 피해 징후	0-9	별도문항(27, 28, 29)	3

* 폭력 가 · 피해 징후(별도문항)를 보인 학생은 개인면담 등을 통해 폭력정도를 확인하고 추가조치가 필요한 경우 '폭력대책위원회(가칭)'에 의뢰하여 학교 폭력근절대책 추진계획에 따라 조치할 수 있도록 연계

* 내재화 문제 척도에 경향성을 보인 학생은 반드시 개인면담을 통해 '자살' 문제경향을 확인하고 이상이 있다고 판단되는 경우에는 관련 전문가 의뢰 및 학부모에게 통보하여 학생에 대한 심층 사정평가 및 필요한 지원을 할 수 있도록 조치하고 해당 사항에 대해 기록 · 관리/자살생각 유무 확인

* 검사지와 함께 주의를 요하는 점수 기준(선별점) - 절단점

5) 아동용 우울척도 CDI

다음 각 문항에는 여러분의 느낌과 생각에 대한 것이 적혀 있습니다. 지난 2주 동안의 나를 가장 잘 나타내어 주는 문장을 하나 골라 주십시오. 이것은 정답을 고르는 것이 아닙니다. 단지 자신에게 가장 잘 해당된다고 생각하는 것을 하나 골라 주시면 됩니다.

문항	점수	내용
1.	0	나는 가끔 슬프다
	1	나는 자주 슬프다
	2	나는 항상 슬프다
2.	0	나에겐 모든 일이 제대로 되어 갈 것이다
	1	나에게 제대로 되어 가는 일이란 없다
	2	나는 일이 제대로 되어갈지 확신할 수 없다
3.	0	나는 대체로 무슨 일이든지 웬만큼 한다
	1	나는 잘못하는 일이 많다
	2	나는 모든 일을 잘 못한다
4.	0	나는 재미있는 일들이 많다
	1	나는 재미있는 일들이 더러 있다
	2	나는 어떤 일도 전혀 재미가 없다
5.	0	나는 가끔 못 됐다
	1	나는 못됐을 때가 많다
	2	나는 언제나 못됐다
6.	0	나는 가끔씩 나에게 나쁜 일이 일어나지 않을까 생각한다
	1	나는 나에게 나쁜 일이 일어날까 걱정한다
	2	나는 나에게 무서운 일이 일어나리라는 것을 확신한다
7.	0	나는 나 자신을 좋아한다
	1	나는 나 자신을 좋아하지 않는다
	2	나는 나 자신을 미워한다
8.	0	잘못되는 일은 보통 내 탓이 아니다
	1	잘못된 일 중 내 탓인 것이 많다
	2	잘못된 일은 모두 내 탓이다
9.	0	나는 자살을 생각하지 않는다
	1	나는 자살에 대하여 생각은 하지만 그렇게 하지는 않을 것이다
	2	나는 자살하고 싶다
10.	0	나는 때때로 울고 싶은 기분이 든다
	1	나는 울고 싶은 기분인 날도 많다
	2	나는 매일 울고 싶은 기분이다

11.	0	간혹 이 일 저 일로 해서 성가실 때가 있다
	1	이 일 저 일로 해서 성가실 때가 많다
	2	이 일 저 일로 해서 늘 성가시다
12.	0	나는 사람들과 함께 있는 것이 좋다
	1	나는 사람들과 함께 있는 것이 싫을 때가 많다
	2	나는 사람들과 함께 있는 것을 전혀 원하지 않는다
13.	0	나는 쉽게 결정을 내린다
	1	나는 어떤 일에 대한 결정을 내릴 수가 없다
	2	나는 어떤 일에 대한 결정을 내리기가 어렵다
14.	0	나는 괜찮게 생겼다
	1	나는 못생긴 구석이 약간 있다
	2	나는 못 생겼다
15.	0	나는 별로 어렵지 않게 학교 공부를 해낼 수 있다
	1	나는 학교 공부를 해 내려면 많이 노력하여야만 한다
	2	나는 학교 공부를 해 내려면 언제나 노력하여야만 한다
16.	0	나는 잠을 잘 잔다
	1	나는 잠들기 어려운 밤이 많다
	2	나는 매일 밤 잠들기가 어렵다
17.	0	나는 가끔 피곤하다
	1	나는 자주 피곤하다
	2	나는 언제나 피곤하다
18.	0	나는 밥맛이 좋다
	1	나는 밥맛이 없을 때가 대부분이다
	2	나는 밥맛이 없을 때가 많다
19.	0	나는 몸이 쑤시고 아프다든지 하는 것에 대해 걱정하지 않는다
	1	나는 몸이 쑤시고 아픈 것에 대해 걱정할 때가 많다
	2	나는 몸이 쑤시고 아픈 것에 대해 항상 걱정한다
20.	0	나는 외롭다고 느끼지 않는다
	1	나는 자주 외롭다고 느낀다
	2	나는 항상 외롭다고 느낀다
21.	0	나는 학교생활이 재미있을 때가 많다
	1	나는 가끔씩 학교생활이 재미있다
	2	나는 학교생활이 재미있었던 적이 없다
22.	0	나는 친구가 많다
	1	나는 친구가 좀 있지만 더 있었으면 한다
	2	나는 친구가 하나도 없다

23.	0	나의 학교 성적은 괜찮다
	1	나의 학교 성적은 예전처럼 좋지는 않다
	2	내가 예전에 무척 잘하던 과목에서 요즈음 성적이 뚝 떨어졌다
24	0	나는 다른 아이들처럼 착하다
	1	나는 내가 마음만 먹으면 다른 아이들처럼 착할 수가 있다
	2	나는 절대로 다른 아이들처럼 착할 수가 없다
25.	0	분명히 나를 진심으로 좋아하는 사람이 있다
	1	나를 진심으로 좋아하는 사람이 있을지 확실하지 않다
	2	나를 진심으로 좋아하는 사람은 아무도 없다
26.	0	나는 나에게 시킨 일을 대체로 한다
	1	나는 나에게 시킨 일을 대체로 하지 않는다
	2	나는 나에게 시킨 일을 절대로 하지 않는다
27.	0	나는 사람들과 사이좋게 잘 지낸다
	1	나는 사람들과 잘 싸운다
	2	나는 사람들과 언제나 싸운다

(1) 아동용 우울척도 CDI 특징

아동용 우울척도는 코바치와 벡이 아동기 우울증의 인지적, 정서적, 행동적 증상들을 평가하기 위해 개발한 자기보고서이다(Kovacs & Beck, 1977). CDI는 7~17세 아동과 청소년들에게 실시할 수 있으며 27문항으로 구성되어 있다. 각 문항들에 대한 지난 2주일 동안의 자신을 가장 잘 기술해주는 정도를 0~2점으로 평정하도록 되어있으며 각 문항에 대한 개인의 평정치를 합산한 총점이 우울정도를 나타낸다. 총점의 범위는 0~54점으로 점수가 높을수록 우울정도가 심한 우울 증상을 보인다.

(2) 실시방법

자기보고식, 자신의 상태를 3개의 문항 중 하나에 표시.

(3) 검사시간

총 20~30분 소요.

(4) 채점방식

자신의 5가지 하위영역(우울정서, 행동장애, 흥미상실, 자기비하, 생리적 증상) 파악점수가 높을수록 우울의 정도가 심하고 다양한 우울 증상을 파악. (22~25점: 약간우울상태, 26~28점: 상당히 우울상태, 29점 이상: 매우 심한 우울.)

6) 벡 우울척도

다음의 각 내용은 모두 네 개의 문항으로 되어 있는데, 이 네 개의 문항을 읽어 보시고 지난 일주일 동안의 자신을 가장 잘 나타낸다고 생각되는 문항의 번호를 선택하여 주십시오.

문 항	내 용
1	0) 나는 슬프지 않다.
	1) 나는 슬프다.
	2) 나는 언제나 슬픔에 젖어 헤어날 수가 없다.
	3) 나는 너무나 슬프고 불행해서 도저히 견딜 수 없다.
2	0) 나는 앞날에 대해서 별로 비관적이지 않다.
	1) 나는 앞날에 대해서 비관적이다.
	2) 나는 앞날에 대한 기대가 아무 것도 없다.
	3) 나의 앞날은 아주 절망적이고 나아질 가망도 없다.
3	0) 나는 실패자라고 생각하지 않는다.
	1) 나는 다른 사람들보다 더 많이 실패한 것 같다.
	2) 내가 살아온 과거를 돌이켜 보면 생각나는 것은 실패뿐이다.
	3) 나는 인간으로서 완전한 실패자인 것 같다.
4	0) 나는 전과 같이 일상생활에서 만족하고 있다.
	1) 나는 일상생활은 전처럼 즐겁지가 않다.
	2) 나는 더 이상 어떤 것에도 참된 만족을 느끼지 못한다.
	3) 나는 모든 것이 다 불만스럽고 지겹다.
5	0) 나는 별로 죄책감을 느끼지 않는다.
	1) 나는 죄책감을 느낄 때가 많다.
	2) 나는 거의 언제나 죄책감을 느낀다.
	3) 나는 항상 죄책감을 느낀다.
6	0) 나는 벌을 받고 있다고 생각하지 않는다.
	1) 나는 벌을 받을지도 모르겠다.
	2) 나는 벌을 받아야 한다고 생각한다.
	3) 나는 지금 벌을 받고 있다고 생각한다.
7	0) 나는 내가 다른 사람보다 못한 것 같지는 않다.
	1) 나는 나의 약점이나 실수에 대해서 내 자신을 책망한다.
	2) 내가 한일이 잘못되어 있을 때 언제나 나를 탓한다.
	3) 나는 주위에서 일어나는 모든 안 좋은 일을 내 탓으로 돌린다.

문 항	내 용
8	0) 나는 자살 같은 것은 생각지 않는다. 1) 나는 자살할 생각은 하고 있으나, 실제로 하지는 않을 것이다. 2) 나는 자살하고 싶다. 3) 나는 기회만 있으면 자살하겠다.
9	0) 나는 평소보다 더 울지는 않는다. 1) 나는 평소보다 더 많이 운다. 2) 나는 요즈음 항상 운다. 3) 나는 전에는 울고 싶을 때 울 수 있었지만, 요즈음은 울래야 울 수도 없다.
10	0) 나는 요즈음 평소보다 더 화를 내는 편은 아니다. 1) 나는 평소보다 더 쉽게 화가 나고 짜증이 안다. 2) 나는 요즈음 항상 화가 난다. 3) 전에는 화나던 일에 요즈음은 전혀 화조차 나지 않는다.
11	0) 나는 다른 사람들에게 여전히 관심을 가지고 있다. 1) 나는 평소보다 다른 사람들에게 관심이 줄었다. 2) 나는 다른 사람들에게 거의 관심이 없어졌다. 3) 나는 다른 사람들에게 관심이 완전히 없어졌다.
12	0) 나는 평소처럼 결정을 잘 내린다. 1) 나는 평소보다 결정을 미루는 때가 많다. 2) 나는 결정 내리는 것이 전보다 더 힘들다. 3) 나는 이제 아무 결정도 내릴 수가 없다.
13	0) 나는 평소보다 내 모습이 더 나빠졌다고 생각하지 않는다. 1) 나는 나이 들어 보이거나 호감을 못 줄 것 같아 걱정이다. 2) 나는 내 모습이 아주 볼품이 없어져 버린 것 같다. 3) 나는 내가 추하게 보인다고 생각한다.
14	0) 나는 평소처럼 일을 할 수 있다. 1) 어떤 일을 하려면 평소보다 더 힘이 든다. 2) 무슨 일이든 하려면 무척 힘이 든다. 3) 나는 전혀 마무 일도 할 수가 없다.
15	0) 나는 평소처럼 잠을 잘 수 있다. 1) 나는 평소처럼 잘을 자지 못한다. 2) 나는 평소보다 새벽에 일찍 깨고 다시 잠들기가 어렵다. 3) 나는 평소보다 몇 시간이나 일찍 깨고 다시 잠들 수가 없다.
16	0) 나는 평소보다 더 피곤하지는 않다. 1) 나는 평소보다 더 쉽게 피곤해 진다. 2) 나는 무엇을 해도 언제나 피곤해진다. 3) 나는 너무나 피곤해서 마무 일도 할 수가 없다.

문 항	내 용
17	0) 내 식욕은 평소와 다름없다.
	1) 나는 요즈음 평소보다 식욕이 없다.
	2) 나는 요즈음 식욕이 많이 떨어졌다.
	3) 요즈음에는 전혀 식욕이 없다.
18	0) 요즈음 체중이 별로 줄지 않았다.
	1) 전보다 몸무게가 2킬로그램 가량 줄었다.
	2) 전보다 몸무게가 5킬로그램 가량 줄었다.
	3) 전보다 몸무게가 7킬로그램 가량 줄었다.
19	0) 나는 건강에 대해 전보다 더 염려하고 있지는 않다.
	1) 나는 여러 가지 통증, 소화불량 또는 변비 등으로 건강이 염려된다.
	2) 나는 건강이 매우 염려되어서 다른 일을 거의 생각할 수가 없다.
	3) 나는 건강이 너무 염려되어서 다를 일은 아무 것도 생각 할 수가 없다.
20	0) 나는 요즈음 성(性)에 대한 관심이 별다른 변화가 있는 것 같지는 않다.
	1) 나는 평소보다 성에 대한 관심이 줄었다.
	2) 나는 요즈음 성에 대한 관심이 상당히 줄었다.
	3) 나는 성에 대한 관심을 완전히 잃었다.

▶ 벡 우울 채점 방식

0~9: 정상, 10~15: 경한 우울증, 16~22: 중등도 우울증, 23 이상: 심한 우울증

*10~15점의 경우 주의가 필요하고, 16점 이상의 경우 치료가 필요

7) 자아 존중감

( )학년 ( )반 이름( )

다음의 문항들은 당신이 자신의 가치에 대해 스스로 내리는 판단, 신념, 느낌을 포함하는 자기 자신에 대한 경험에 대해 알아보고자 하는 진술문입니다.
아래의 문항은 우리가 항상 자신에 관하여 생각하고 있는 것들을 나타낸 것입니다.
자신이 항상 느끼고 생각하고 있는 것을 고르고 맞으면 0표, 틀리면 X표를 하십시오.
옳고 그른 답은 없습니다. 가능한 있는 그대로의 당신의 모습을 솔직하게 기술하십시오.

1. 지금의 나 자신과는 다른 사람이 되었으면 좋겠다. ( )
2. 나는 반 전체 학생 앞에서 말하는 것이 많이 두렵다. ( )
3. 만약 가능하다면 나 자신에 대해 바꾸고 싶은 것이 많다. ( )
4. 나는 어떤 일이든지 쉽게 결정할 수가 있다. ( )
5. 나는 가만히 생각해 보면 재미있는 사람이다. ( )
6. 나는 집에서 자주 화를 낸다. ( )
7. 나는 새로운 일에 적응하는데 오랜 시간이 걸린다. ( )
8. 나는 내 또래의 아이들에게 인기가 있다. ( )
9. 나는 부모님은 항상 내 기분을 생각해 주신다. ( )
10. 나는 다른 사람이 하는 대로 잘 따라가고 만다. ( )
11. 나의 부모님은 나에게 지나친 기대를 하신다. ( )
12. 때때로 나 자신이 싫어질 때가 있다. ( )
13. 여러 가지 일들이 얽혀서 내 공부를 방해한다. ( )
14. 나보다 나이 어린 사람들은 내 말을 잘 듣는다. ( )
15. 나는 나 자신을 신뢰하고 있다. ( )
16. 나는 학교에서 어떻게 하면 좋을지 몰라 당황할 때가 자주 있다. ( )
17. 집을 나오고 싶다는 생각을 자주 한다. ( )
18. 친구들에 비해 내 얼굴은 너무 못 생겼다. ( )
19. 말하고 싶은 것이 있으면 곧 그것을 말한다. ( )
20. 나의 부모님은 나를 잘 이해해 주신다. ( )

21. 나는 다른 사람들에게 호감을 주지 못한다. ( )
22. 나에 대해 부모님의 기대가 지나친 것으로 느껴진다. ( )
23. 나는 학교에 갈 의욕을 자주 잃어버린다. ( )
24. 나는 무슨 일이든지 힘들어하거나 괴로워하지 않는다. ( )
25. 나는 믿을만한 가치가 없는 사람이다. ( )

*다음과 같이 계산하여 맞게 답한 문항수가 나의 점수이다.

▶ X라고 답하는 문항: 1, 2, 3, 6, 7, 10, 11, 12, 13, 16, 17, 18, 21, 22, 23, 25

▶ O라고 답하는 문항: 4, 5, 8, 9, 14, 15, 19, 20, 24

21점 이상: 자아 존중감이 매우 높다.

16~20점: 자아 존중감이 높다.

11~15점: 보통.

6~10점: 자아 존중감이 낮다.

5점 이하: 자아 존중감이 매우 낮다.

저자소개

천은영

원광대학교 대학원 유아교육학과 졸업(문학박사)

ACADCI COLLEGE 중독상담학과 졸업(중독상담학박사)

전) 참성장아동상담센터 연구소장

현) 부설) 서해대학교 아동·청소년상담소 연구소장

서해대학교 아동복지과 교수

저서) 유아미술교육 외 다수

김경신

전북대학교 생활과학과 아동가족학 박사과정 수료

현) 군산 초록나무 상담소 연구소장

부설) 서해대학교 아동·청소년상담센터 연구원

서해대학교 아동복지과 겸임교수

저서) 유아발달 외 다수

김 영

중앙 신학대학원 졸업(철학박사)

성균관대학교 일반대학원 박사수료(동양미학 전공)

개인전 5회

미술심리 연구회 전 '마음의 창 전' 및 다수의 공모전 및 해외 출품전 등

현) 신한대학교 겸임교수

행복한 가정 문화원 미술치료 전임교수

남서울예술종합학교 실용미술과 외래교수

미술치료

초판 1쇄 발행 / 2016년 8월 30일
초판 2쇄 발행 / 2019년 1월 30일

•

공저자 / 천은영·김경신·김 영
발행인 / 이 중 수
발행처 / **동 문 사**

•

서울특별시 서대문구 홍제원 1길 12
(홍제동 137-8)
Tel : 02)736-3718(대), 736-3710, 3720
Fax : 02)736-3719
등록번호 : 1974.04.27 제9-17호
가격 : 18,000원

•

ISBN : 978-89-8251-854-6(93370)
E-mail : dong736@naver.com
www.dongmunsa.com